Die Schinkes

Für meine Familie

Helga Hafner

Die Schinkes

Eine Familiengeschichte

Kinder die während eines Krieges geboren werden, deren Mutter damit rechnen muss, eventuell mit Kindern auf so etwas wie eine „Flucht" zu gehen, müssen schon mit dem ersten Sprechen-Lernen ihren Namen sagen können. So auch ich, die ich im Februar 1941 in Berlin zur Welt kam. „Helga Schinke" konnte ich sagen, wobei der Zischlaut nicht recht gelang, was von den Erwachsenen mit Rührung belächelt wurde, denn es hörte sich an wie „Helga Schinke".

Damals, mitten im sogenannten „dritten Reich", waren alle Deutschen verpflichtet, einen „Ahnenpass" zu erstellen und vorzulegen, um eventuelle „jüdische Vorfahren" aussortieren zu können. Verfolgt wurden diejenigen, deren Großvater oder Großmutter jüdisch gewesen waren.

Meine Mutter stammte aus Ostpreußen, von einer Familie die „Bauer" mit Nachnamen hieß und allein das war schon recht unverdächtig. Ich selbst und die Familie meines Vaters hießen „Schinke". Die Eltern und die meisten von meines Vaters Geschwistern lebten in Südbrasilien, wohin der Großvater, Karl Wilhelm Schinke, erstmals 1893 und definitiv 1913 ausgewandert war.

Dieser Großvater war die alles überragende Orientierungsfigur in meiner bewussten Kindheit, an die ich deutliche Erinnerungen habe. 1947 war es meinen Eltern gelungen - nach einigermaßen abenteuerlichen Fluchterlebnissen in den Kriegsjahren, aus dem zerstörten, hungernden Nachkriegsdeutschland heraus zu kommen und ins Elternhaus meines Vaters nach „Novo Hamburgo"/Bundesstaat Rio-Grande-do-Sul/Südbrasilien, heimzukehren.

Den Großvater habe ich dort nicht mehr erlebt. Er war just in meinem Geburtsjahr, 1941, gestorben, hatte jedoch von meiner Geburt noch erfahren. Sogar Tränen der Rührung soll der alte, todkranke Mann vergossen haben bei der Mitteilung, dass ihm endlich eine Enkeltochter geboren war, und zwar von seinem jüngsten Sohn, der schon 41 Jahre alt war, der als einziger der vielen Kinder von Karl und Lenchen, in Deutschland lebte und bisher vier Jahrzehnte lang keinerlei Anstalten gemacht hatte, eine Familie zu gründen – geschweige denn Kinder in die Welt zu setzen. Die anderen sechs Kinder des Karl Wilhelm Schinke, der ein berühmter Arzt war in Südbrasilien, lebten in seiner Nähe und hatten allesamt nur Söhne. Die Geburt einer weiblichen Enkelin war eine kleine Sensation in der Familie –

daher die Rührung. Er erfuhr von meiner Geburt auf ungewöhnliche Weise: Mein Vater, sein jüngster Sohn, Otto Ernst Schinke hatte seit 1939 in Deutschland beim „Reichsrundfunk" in der Abteilung „Richtstrahler Südamerika" als brasilianischer Nachrichtensprecher gearbeitet und sprach Siegesmeldungen und sonstige den damaligen Nationalsozialismus verherrlichende Texte nach Brasilien. Für jedes Südamerikanische Land gab es eine derartige Abteilung beim „Reichsrundfunk" mit eigener Redaktion. Außerdem hatte man Herrn Schinke dort eine spezielle „Gruß-Sendung" anvertraut, die Hörerwünsche erfüllte. Diese durfte er allein redigieren und in deren Verlauf hatte er seiner brasilianischen Familie die Geburt der Tochter bekanntgegeben.

Er muss ein sehr guter Rundfunksprecher gewesen sein. Jedenfalls haben seine Hörer in Südbrasilien ihn noch viele Jahrzehnte später, wenn sie ihm persönlich begegneten an seiner Stimme erkannt und darauf angesprochen. Ich habe als Halbwüchsige häufig erlebt, wie man ihn und seine damaligen Sendungen lobte, dabei versichernd, keine davon je versäumt zu haben. Zu jener Zeit als Otto Ernst Schinke beim „Reichsrundfunk" arbeitete – zunächst in Berlin, ab 1942 in Königswusterhausen - tobte in Europa

7

Hitlers barbarischer Krieg. Meinen Eltern, Otto und Lotte Schinke, war es zunächst gar nicht in den Sinn gekommen, nach Brasilien auszuweichen als noch Zeit dazu gewesen wäre. Beide hatten fest und steif – sogar noch nach dem „Russlandfeldzug" 1942 - an Deutschlands Sieg geglaubt. Als der „Sender" im selben Jahr, 1942, aus Berlin nach Königswusterhausen verlegt wurde – aus Sicherheitsgründen, denn Berlin wurde immer heftiger bombardiert - hatte Otto Schinke sich gerade wieder freiwillig für „die Front" gemeldet, er wollte unbedingt als Soldat das Land, das er liebte verteidigen. Es wurde ihm verwehrt. Seine Sendungen im Rundfunk seien „kriegswichtig" wurde ihm gesagt und die Hörer in Übersee liebten seine Stimme besonders. Ins Brasilianische Elternhaus zurückzukehren nach verlorenem Krieg, wahnwitziger Flucht, nach schmerzlichem Begraben seiner nationalsozialistischer Ideale und dem Verlust aller materiellen Wert. Diese „Heimkehr" muss für meine Eltern einer persönlichen Kapitulation gleichgekommen sein. Zudem hatte die „brasilianische Familie" uns drei aus Deutschland „raus geholt", hatte Geld und Schiffspassagen auf einer französischen Bank hinterlegen müssen, denn nur so gelang die sogenannte Heimkehr. Anfang 1947, während in

Europa das Nachkriegs-Chaos und der eisige Winter 1946/47 wüteten, Deutsche Städte in Schutt und Asche lagen und die Überlebenden vor Hunger, Kälte und Identitätsverlust am Ende ihres Überlebenswillens waren.

Als meine Eltern mit mir, ihrer gerade sechsjährigen Tochter, schließlich in „Novo Hamburgo" im Schoß der Familie ankamen, standen wir in einem riesengroßen, finsteren Steinhaus, in „altdeutscher" Einrichtung, schwarz lackierten, gedrechselten Möbeln mit spiralförmigen Säulen und Häkeldeckchen auf Plüsch-polstern.

Einer meiner ersten Eindrücke war das große, silbern gerahmte Foto meines Großvaters, auf der mittleren Empore des hohen, düsteren Buffets. Es thronte dort in Augenhöhe der Erwachsenen, wie auf einem Altar und wachte über alles, was in seinem Haus geschah. Der ehrwürdige Herr darauf blickte sehr ernst, sehr kompetent, etwas müde über jeden Betrachter hinweg in unendliche Fernen. Über mich damals hinwegzublicken war keine Kunst, das taten alle. Ich war ein hellblond-bezopftes, mageres Kriegskind, etwas zu klein für meine sechs Jahre, lähmend-schüchtern, ängstlich und fühlte mich überhaupt nur an der Hand, auf dem Schoß oder

9

am liebsten im Bett meiner Mutter richtig wohl und geborgen.

Das raumbeherrschende Bild des Großvaters machte mir mächtigen Eindruck. Er hatte einen großen, weißen Zwiebelschnurrbart, volles weißes Haar, trug eine Weste mit Uhrkette nach der soeben seine Hand zu greifen schien, dergestalt, dass das Kind seine körperliche Gegenwart ständig zu spüren glaubte. Die neuen Tanten und Onkel erwähnten ihn auch fast in jedem Satz: „Vaterchen" hätte dies oder das nicht gewollt, Jenes niemals gutgeheißen...." Und so weiter. Das Kind wusste instinktiv, dass mir „Vaterchen" eben dieser beschnurrbartete Herr auf dem Bild gemeint sein musste.

Dass er so maßgeblich in das Alltagsleben des kühlen, immer halbdunklen Steinhauses mitten in Novo Hamburgo (ehemals „Neu Hamburg") einzugreifen schien, hatte Ursachen, die man als Sechsjährige nicht gleich ergründen konnte, nur, dass er der Patriarch war an dem man gemessen wurde, wenn man „Schinke" hieß. Das wurde schnell klar und überaus lästig.

Schon an einem der ersten Aufenthaltstage im damals noch brütend-heißen süd- brasilianische März wurde ich zum Einkaufen nach gegenüber in den kleinen „Laden von Pilgers" geschickt, weil man „ja überall Deutsch sprechen…" konnte und weil „…die Kleine doch unbedingt mal von Mutters Rockzipfel loslassen und selbständig werden muss…" - so sprachen die beiden kinderlosen Schwestern meines Vaters, die „Väterchens" Haus führten. Als ich stumm vor Angst und Schüchternheit im Laden stand und fremde Erwachsene mich neugierig musterten, sagte eine Frau: „ Guck doch emol, des muss e klaa Enkelsche vom alte Dokter sin, des hot des rischtische Schinke-Gesischt…" Mindestens drei Mais-Stroh-Zigaretten rauchende Männer bückten sich um mir ins Gesicht zu sehen, nickten zustimmend und stellten fest „….Iiiio, iiio, mer sieht sofort: des Gesischt vom alte Doktor und der selbische Weiskopp. Awwer die habbe sonst doch nur Buuwe….. kai Meedscha.." „Des kennt vom jingschte Sohn soi, der wo is von Reichsdeitschland kumme…"

So gingen jedes Mal die Reden, wenn ich mich irgendwo auf den Straßen von Novo Hamburgo blicken ließ. Es war wie Spießrutenlauf. Ich brauchte alle Kraft und Tapferkeit, zu der ich fähig war, um tatsächlich in Zukunft täglich für „die Tanten" Gänge zu erledigen. Niemals ging es ohne vorausgehendes Flehen meinerseits, man möchte

11

es mir ersparen, allein auf die Straße zu müssen, meine Mutter möge mich wenigstens begleiten.... Alles was ich von ihr erreichte war das Versprechen, dass Mutter hinter einem der fast 3-meter-hohen Fenster des Empfangsraumes (ehemals Wartezimmer vom „Doktor") die schwere, dunkelbraune Plüschartige Gardinen beiseite schob, Wache-stand und mir durch die Scheibe zusah, wie ich über das heiße Kopfsteinpflaster wanderte, dass sie dort stehen blieb bis ich zurück kam und sie mir die wuchtige Haustür öffnete, wenn ich die Eingangstreppe zum überdachten, seitlichen Vorraum hochstieg, denn das Hochparterre lag etwa anderthalb Meter über Straßenniveau; die hohe Zierglockenklingel zu bedienen, dafür war ich zu klein. Wenn ich erfolgreich wieder zurück war, meine Einkäufe den Tanten abgeliefert hatte durfte ich auf ihrem Schoß sitzen und sie erzählte von der Geschichte des Hauses, dass die vielen hohen, geschnitzten Holzstühle in diesem weiten Raum noch aus der Zeit stammten, als dies das Wartezimmer zu des Großvaters Arzt-Praxis gewesen war, ...

„.....denn dort drüben, jenseits des langen Korridors jener Raum, den Onkel Willy jetzt als Zeichensaal für seine Bau-Zeichnungen benutzt, das war Großvaters Behandlungsraum. Die

Großmutter, die jetzt gebeugt und schrumpelig im Ledersofa vom Esszimmer sitzt, war damals seine wichtigste Praxis-Helferin. Das heutige „Gäste-Schlafzimmer war damals der „Entbindungsraum im Falle zu erwartender Schwierigkeiten bei Geburten". In seinem Praxisraum hat Großvater sogar operiert, ein Krankenhaus mit speziellem „Op-Raum" gab es in der ganzen Umgebung nicht, in solchen Fällen musste Großmutter assistieren und die Tanten als junge Mädchen und Junge Frauen auch – alle mussten helfen. Und weil das Haus einfach nicht alle Patienten aufnehmen hat können, wurde die Familie Pilger mit dem kleinen Laden von gegenüber gebeten, Patienten zum Gesundpflegen aufzunehmen, so kamen sie auf die Idee, ein Hotel zu bauen, das häufig vom Großvater wie ein „Spital" genutzt wurde." …
Ich konnte das bescheidene, zweistöckige Steinhaus an der Ecke gegenüber gut sehen und die Aufschrift „Hotel Pilger" war noch gut zu erkennen – obwohl überstrichen mit Farbe, denn inzwischen war das Haus an die evangelische Kirche verkauft und zu einem Kindergarten umfunktioniert worden.
Nach und nach entstand in mir ein Bild, wie anders alles gewesen sein musste, als Großvater noch lebte.

13

Lange hat es gedauert und ich musste sehr viel älter werden, um zu begreifen, dass selbst dieser Patriarch im vorigen Jahrhundert einmal ein kleines Kind gewesen war, ein deutsches Bauernkind, der älteste Sohn eines angesehenen „freien Bauern" auf einem großen Gehöft im damals deutschen (– heute polnischen -) „Ober-Schlesien". Im Jahr 1859 war er geboren auf dem „Hofgut Ellsnig". Die Ahnenreihe konnte bis ins siebzehnte Jahrhundert zurückverfolgt werden, was während des Hitler-Regimes zur Erbringung des "Arier-Nachweises" notwendig war. Denjenigen Schinkes aus der Generation meines Vaters, die das Nachsuchen in alten Kirchenbüchern unternommen hatten, war die Erforschung eine große Freude. Der älteste, urkundlich erwähnte Schinke, den sie fanden, war ein "Adam" - wie passend - von 1632, dessen Sohn hiess Elias und es war tatsächlich noch eine museumsreife, handgeschriebene Urkunde im Familienbesitz über den Kauf des "Hofgut-Ellsnig" durch einen Bartholomaeus Schinke, der war da erst fünfundzwanzig Jahre alt und Enkel jenes "Adam". Bartholomäus hat 1782 für das Hofgut dreihundert Taler – Goldtaler! – bezahlt, wie in der Urkunde verzeichnet steht. Zur Zeit Friedrichs des Großen war die Regierung daran interessiert, das von Österreich frisch eroberte

„Schlesien" so schnell wie möglich preussisch zu besiedeln.   Vor dem „alten Fritz" war es nicht üblich gewesen, dass einfache Bauern die Genehmigung erhielten, ein „freies Hofgut" zu erwerben, wodurch sie zu „freien Bauern" wurden.

Das Original jener Kauf-Urkunde existierte noch im Jahr 1986. Da sah ich es zuletzt. Tante Eva, die damals mit viel Hinwendung und Exaktheit Familienforschung betrieb, besaß es und hütete es sorgsam. Sie versprach mir für jeden von uns aus der Enkel-Generation eine Fotokopie anfertigen und uns zukommen zu lassen.   Heute, fünfundzwanzig Jahre später,   ist weder das Original noch sind die Kopieen aufzufinden.

Der Name Schinke kommt in allerlei Abwandlungen in den Kirchenbüchern vor, Schimke, Schincke, Schink, Schinck, Schiemke und Schenk, vermutlich hat er seinen Ursprung in dem Wort "Schenke" (=Wirtshaus, Ort des Ausschanks), womit möglicherweise die Vorfahren jenes Bartholomaeus die Goldtaler verdient und erspart haben, mit denen schließlich das eigene Hofgut erworben werden konnte.   Jedenfalls ist 1632 der Name des Adam schon "Schinke" geschrieben worden.

Anfang siebzehn-hundert muss ein schlimmes Zerwürfnis in der Familie Schinke vorgekommen sein, - es könnten religiöse Gründe infrage kommen, durch die von Martin Luther losgetretenen Reformen, wodurch mancherlei Familien gespalten wurden. Jedenfalls sagten sich bei den Schinkes einige Familienmitglieder von den Älteren los. Verzeichnet findet sich eine solche "Lossagung" von einer Margaretha Maria, die das "freie Hofgut" der Schinkes verließ, in das Nachbardorf zog, sich dort bei einem Bauern als "niedere Magd" verdingte und sogar ihren Namen im Kirchenbuch zu "Schenk" ändern ließ.

Offenbar war eine solche Namensänderung damals nicht so ungewöhnlich, wie es uns heute erscheint, denn den Berichten meiner Großeltern zufolge wiederholte sich das fast genau ein Jahrhundert später: Der Hofhutbesitzer Bartholomaeus Schinke starb 1814 mit 57 Jahren und hinterließ den Sohn und Gutserben Hans Heinrich Schinke, der schon mit 18 Jahren als Hofbauer eingesetzt war. Um einen solchen Hof angemessen zu bewirtschaften, brauchte er eine Ehefrau. So heiratete er noch im selben Jahr die sechs Jahre ältere Anna Springer, die als enorm fleissig, tüchtig und sparsam galt. Gleichzeitig gingen im Streit und Zorn zwei jüngere

Geschwister Hans Heinrichs aus dem Haus, sogar aus dem Ort, und ließen sich in Gnadenfeld nieder. Es handelte sich um einen Johann George Schinke und seine Schwester Johanna, die sich beide von nun an Schenk nannten.

Johanna Marie heiratete in Gnadenfeld den Freigärtner und Schulze Georg Weicht. Diesem Paar wurde 1836 ein Töchterchen geboren, Marie Mathilde Weicht, - meine spätere Urgroßmutter.

Wie gut oder nicht gut unterdessen Hans Heinrich Schinke im Hofgut Ellsnig mit seiner sechs Jahre älteren, schwierigen Frau zurecht kam, wissen wir nicht. Jedenfalls wurde den beiden pünktlich nach einem Jahr Ehe am 27.Mai 1821 der einzige Sohn geboren, Johann Gottlieb Schinke, später der Vater meines Großvaters. Anna Springer war an dieser Erstgeburt fast gestorben und konnte danach keine Kinder mehr haben. Auf den beiden Fotografien, die von ihr erhalten sind, sieht sie schmallippig, verkniffen und böse aus. Ich glaubte immer erkennen zu können, wie enorm geizig und ablehnend sie gewesen sein muss. Ähnliches erzählten auch mein Großvater und seine Geschwister, deren Oma sie gewesen war.

Von Johann Gottlieb, Ana Springers einzigem Sohn, wissen wir aus Beschreibungen und

Erzählungen seiner späteren Kinder, dass er gern länger zur Schule gegangen wäre, was seine Mutter verhinderte, - sie hielt Lesen und Schreiben für Teufelswerk, fast so schrecklich wie Photographie. Wir wissen nur, dass er kleinwüchsig war, "ungeheuer lebhaft, sehr belesen, urdeutsch und demokratisch gesonnen", später galt er als überzeugter Konservativer, aber immer aufgeschlossen und interessiert. Aus seinem wohl gehüteten und vor Mutter und Ehefrau verborgenen Besitz stammten viele sehr schöne Bücher, "Klassiker in Miniaturausgaben", die später bis ins Haus Dr.Karl Schinke, Novo Hamburgo/Brasilien kamen und leider nicht mehr existieren. Er war es auch, Johann Gottlieb, der später für seinen eigenen Sohn, Karl Wilhelm, die "höhere Bildung" durchsetzte. Aber zunächst, als junger Bauer auf dem Hofgut war ihm darum zu tun, Frieden in der Familie zu haben.

So machte sich Johann Gottlieb mit sechsunddreißig Jahren auf den Weg nach Gnadenfeld, wohin eine Generation zuvor die beiden jüngeren Geschwister seines Vaters im Zorn fortgezogen waren und kam auch in das Haus von Georg Weicht und dessen Frau Johanna, die väterlicherseits seine Tante war. Deren Tochter Marie Mathilde war mittlerweile zweiundzwanzig Jahre alt. Vetter und Cousine verliebten sich heftig und verlobten sich. Am 03.10.1858, am Hochzeitstag ihrer Eltern, heirateten sie in Gnadenfeld, der legendäre Familienzwist war beigelegt und am 09.09.1859 wurde ihnen das erste Kind, Karl Wilhelm Schinke, mein Großvater, im Hofgut Ellsnig geboren.

Johann Gottlieb Schinke und seine Frau Marie Mathilde Weicht, bekamen noch drei Söhne und zwei Töchter, traditionell hätte die Übernahme des Gutes dem ältesten, nämlich Karl, zugestanden. Da sowohl der Dorfschullehrer als auch der Pastor bei Karls Eltern vorstellig wurden und empfahlen, diesen hochbegabten Jungen weiter lernen zu lassen – ihn jedenfalls zunächst aufs Gymnasium nach Neustadt/Schlesien zu schicken – kam der Vater, Johann Gottlieb Schinke, gegen den erbitterten Widerstand seiner Mutter, Anna Springer, der Oma des Jungen, dem Vorschlag nach. Karlchen wurde in Neustadt bei einem Schuster einquartiert, und zwar in dessen winziger Werkstatt, wo sich unter der Treppe ein Verschlag befand, darin er schlafen durfte. Diese Unterbringung war für die Eltern zwar billig, viel Ruhe hatte der Junge dort gewiss nicht. So hielt er sich zum Lernen, üben und Hausaufgabenmachen meist bei seinem Lehrer auf, der von der Wissbegierig und dem Fleiß des Buben bald genauso beeindruckt war wie vormals der Dorfschullehrer in Ellsnig. Unterdessen wurde Karls nächstjüngerer Bruder, Fritz (Friedrich Schinke 1861-1932), zum künftigen "Hofgut-Ellsnig-Erben" herangebildet. Später hatten er und seine Frau neun Kinder: Adolf, Louise, Hermann, Karl, Paula, Lisbeth, Ernst, Gertrud und Gustav.

Die nächsten beiden Kinder von Johann Gottlieb und Marie Mathilde waren Mädchen, diese beiden jüngeren Schwestern meines Großvaters kamen in den Erzählungen der Familie kaum jemals vor. Sie müssen unauffällig und ohne viel Kontakt mit Karl Wilhelms Kindern gelebt haben. Pauline (1865-1937) war verheiratet mit Gustav Irmer, sie hatten 8 Kinder: Alfred, Emma, Louise, Paula, Karl Gustav, Elfriede und Else. Die Zweite, Luise, wurde Diakonisse und hatte keine Nachkommen.

Es folgten noch weitere drei Jungen, Adolf Schinke (1869-1940), Kunstgärtner und Ministerialassistent. Kinder: Fritz und Lieschen. Diese beiden, Cousin und Cousine meines Vaters und seiner vielen Geschwister, kamen später in den Geschichten häufig vor, waren sogar auf alten

Gruppenfotos zu sehen. Da muss es lebendige Kontakte gegeben haben.

Der nächste Bruder meines Großvaters, Hermann Schinke (1871-1961) hatte ein Geschäft für Bürobedarf in Frankfurt/Oder und war Patenonkel von Karls Sohn Gerhard, dem späteren Vater meines Cousins Heinz, und somit Opa von Claudia und Renate Schinke in Brasilien. Hermann adoptierte einen Sohn, Ulrich, der später nach Brasilien/RS, Sapiranga, zog. Ursprünglich soll er Flugzeugmechaniker gewesen sein und während des ersten Weltkriegs für das berühmte "Richthofen-Geschwader" als Mechaniker gearbeitet haben.

Der jüngste Sohn von Johann Gottlieb Schinke und Marie Mathilde Weicht hieß Ernst (1874-1903) und war Schriftsetzer von Beruf. Er übte also jene "schwarze Kunst" aus, die bei seiner Großmutter schwer in Verruf stand. Dieser jüngste von Karls Brüdern, Patenonkel meines Vaters galt als kränklich, wobei Oma Anna Springer logisch folgerte, seine "schlechte Gesundheit" sei die "Strafe Gottes" für die Hinwendung zur "schwarzen Kunst", denn – so sagte sie – „....schon mit dem Bücherlesen hatte der Teufel bei uns den Fuß in der Tür...".

Auch er, Ernst Schinke, soll übrigens nach Südbrasilien ausgewandert sein, entweder gemeinsam mit seinem älteren Bruder, oder letzterer hat ihn nachkommen lassen angesichts des dort herrschenden großen Mangels an Gedrucktem. Ernst Schinke starb jung in Porto Alegre, mit nur neunundzwanzig Jahren, als sein Patenkind, mein Vater, erst drei Jahre alt war. Karl Wilhelm, der diesen seinen jüngsten Bruder sehr geliebt hatte, führte ein Vierteljahrhundert später als erfahrener Arzt dessen frühen Tod auf den täglichen Umgang mit Blei-Lettern beim Zusammensetzen der Schriften, zurück.

Auch Karls Mutter, Marie Mathilde Weicht, hatte die Entscheidung ihres Mannes den ältesten Sohn nach Neustadt aufs Gymnasium zu schicken, mit großer Besorgnis gesehen. Selbstverständlich widersetzte sie sich ihrem Gatten nicht, obwohl die Angst, an den Befürchtungen der Schwiegermutter könnte DOCH "etwas dran" sein, sie bis in den Schlaf verfolgte.

Karl erzählte später seinen Kindern - so auch meinem Vater - mehrfach, der Großvater, Johann Gottlieb, habe " Dantes Göttliche Komödie hinter dem Pflug hergehend bei der Feldarbeit gelesen", weil er sich vor seiner Frau mit einem Buch in der

Hand nicht blicken lassen durfte..." . Er habe seine geliebten Bücher - unter Anderen auch jene schon erwähnten Klassiker-Miniatur-Ausgaben - in Scheune und Remise sorgsam versteckt gehalten, da seine Frau – schon etwas moderner als ihre Schwiegermutter und alle Dorfbewohner der Umgebung, - das Lesen von Büchern mindestens für verderblichen Müßiggang hielt. Jene besagte Großmutter Anna Springer Schinke – es war die auf den Fotos mit dem schmalen, verbissenen Mund - muss überdies arg geizig gewesen sein – nicht nur "sparsam"; Karl wusste später seinen Kindern viele amüsante Geschichten zu erzählen, die von deren Omas eifersüchtiger Bewachung der Speisekammerschlüssel handelten und von den entsprechend pfiffigen Tricks der halbwüchsigen Enkel, zu denen er selbst gehört hatte, diese dennoch zu erobern, in die Speisekammer einzubrechen und sich an süßem Mus, Schinken und Speck satt zu essen.

Karlchens Lehrer in Neustadt /Oder bewog die Eltern, nachdem Karl schon 1879 das Abitur mit Auszeichnung bestanden hatte, den Jungen zum Medizinstudium nach Greifswald zu schicken, wohin dieser Lehrer selbst aus seiner eigenen Korporation Verbindungen hatte. Dort trat Karl in eine der wenigen nicht-schlagenden

Studentenverbindungen ein, nämlich in die "ATV" (=Akademischer Turnerschaft-Verbindung).

Sich einer Studenten-Korporation anzuschließen war zu jener Zeit, besonders für einen Bauernsohn, wie Karl einer war, ganz unerlässlich und brachte einem jungen Menschen viele Vorteile. So bot das "Verbindungs-Haus" Räume, in denen man sich außerhalb der UNI aufhalten, sogar übergangsweise wohnen konnte. Man traf dort immer auf Kommilitonen, die weiterhalfen, mit denen man sich austauschte, von denen man betreut wurde und lernte und man schloss Freundschaften, die ein Beziehungsnetz fürs ganze eigene Leben und die Nachkommen knüpften. Jeder junge Student wurde als "Fuchs" einem "Leibburschen" zugeteilt, der dem Neuling als "Mentor" half, ihm alles erklärte, Wege ebnete, ihn begleitete und beriet – sowohl was das reine Studium betraf als auch das damals so wichtige "gute Benehmen" und den "gesellschaftlichen Schliff" von den korrekten Anreden, Ausdrucksweisen und Höflichkeit gegenüber Respektspersonen, Professoren und Damen, über die Art und Form "gute Konversation" zu machen, ohne sein Gegenüber oder die Tanzpartnerin Unwissenheit oder mindere Bildung fühlen zu lassen, von

Tischmanieren bis hin zur Reihenfolge, in welcher die verschiedenen Damen am Tisch zum Tanz aufgefordert werden mussten. Es durfte kein "Mauerblümchen" geben während der häufigen Festlichkeiten. Der Zusammenhalt von "Bundesbrüdern" erstreckte sich lebenslang über alle Landesgrenzen hinaus. Hier konnten Probleme mit älteren, erfahreneren Fachleuten besprochen werden, hier wurden Beratung und Hilfen bei beruflicher Weiterbildung und Positionierung gegeben. Karl hat von diesem Beziehungsgeflecht regen Gebrauch gemacht; als er für zwei Studiensemester nach Halle an der Saale ging kam er dort augenblicklich bei "Gothia Halle" unter, die in die Farben tragende, aber "nicht-schlagende" Korporation "Saxo-Thuringia" überging, der er zeitlebens angehörte. Mit Bundesbrüdern stand und blieb er bis zu seinem Tod in Brasilien in vertrauensvoller Korrespondenz.

Am 01.Oktober 1881 begann Karl Wilhelm seinen Militärdienst in Greifswald als "Einjähriger Freiwilliger" bei den "Pommerschen Jägern-2" und wurde pünktlich am 31.03.1882 "überzähliger Gefreiter" , so dass er vom 1.April 82 an in der "Ersten Compagnie des Sanitätscorps" Dienst leistete. In dieser Zeit entdeckte er seine erstaunliche Treffsicherheit beim Schießen. Noch häufig in seinem Leben, übrigens auch bei Schießübungen während seines späteren Einsatzes als Arzt in der damaligen "Kolonie Deutsch-Südwest-Afrika" (heute Namibia), machte er damit großen Eindruck, verblüffte Vorgesetzte und gewann Siegestrophäen. Einige Pokale aus Schützenvereinigungen, denen er im Laufe seines späteren Brasilien-Lebens angehörte, sind heute im Besitz des Enkels, Sigurd Schinke/Novo Hamburgo/Brasilien.

Während der Greifswalder Studienzeit wohnte Karl Wilhelm in einem "möblierten Zimmer" bei der Witwe Klohe. Der jüngst verstorbene Vater Klohe, dessen Zimmer er mieten durfte, war Beamteter Sekretär der Greifswalder Universität gewesen. Der dreizehnjährigen, kessen Tochter, Helene Marie Mathilde Klohe, schrieb der junge Medizinstudent ins "Poesie-Album" 1884 ein selbstverfasstes Gedicht:

> "Wenn dereinst nach wen´gen Lenzen
> Von der Tugend selbst geführt,
> Edle Liebe Dir mit Myrthenkränzen
> Deine blonden Locken ziert,
> Dann ermahne dich dies Blatt bescheiden,
> Daß man auch im süßesten Genuss
> Seine Freunde nicht vergessen muss!
>
> Ein Andenken soll ich dir geben?
> Doch, WAS hielt aus in diesem Leben?

Blumen - so schnell verblichen sind,
Ein Hauch der Liebe verweht der Wind!
Drum sei's ein Gruss, den meine Hand
Auf dieses Blatt hier festgebannt!
Ein Gruss, so oft von mir gesendet,
Als sich dein Auge darauf wendet.

C.Schinke, 4.August 1884

Als Carl Wilhelm das Medizinstudium – übrigens
"summa cum laude" - abschloss, erhielt er 1886
die Approbation als Arzt und promovierte 1887 mit
der Doktorarbeit-Dissertation "Zur Kasuistik der
Leberkrankheiten". Im selben Jahr am 1.April
wurde er zum "Unterarzt beim Kaiserlichen Heer
der Reserve" befördert, bewarb sich um die
Assistentenstelle beim "Geheim- und Medizinalrat
Dr.Mosler" in Greifswald und konnte diese am
6.August antreten.

Schon wenig später sammelte er die ersten
praktischen Erfahrungen als Schiffsarzt bei
diversen Überfahrten nach Nord- und
Mittelamerika.

Am 4. Dezember 1888 war es endlich soweit. Er
hatte genug zusammen gespart um
verantwortungsvoll eine Familie gründen und sein
Lenchen Klohe heiraten zu können. In einer
Arztpraxis auf der Insel Usedom, mitten in der

gleichnamigen Hauptstadt, die nicht allzuweit entfernt lag von Greifswald, Lenchens Geburtsstadt und seiner zweiten Heimat, wurde er sesshaft und trat seine erste Stelle als "niedergelassener Arzt" an.

Aus Lenchens Blüte-Jugendzeit wurde uns darob staunenden Enkelkindern nur bekannt, dass sie damals ein sehr hübsches, zierliches Geschöpf gewesen sein soll, mit schlagfertig-lebhaftem, etwas zu losem Mundwerk und mecklenburgisch-pommerschem Dialekt. Ich selbst lernte sie erst sechzig Jahre später in meiner Südbrasilianischen Kinderzeit kennen. Da war sie zu einer kleinen, fülligen Witwe mit dünnem, weißem Haarknötchen geworden, deren viele Runzeln in Gesicht und Händen meine erste Vorstellung von "Alter" prägten. Noch zu jener Zeit waren in einem ihrer alten Überseekoffer weiße "Stiefelletten" aus ihrer Greifswalder Mädchenzeit erhalten, die vom Fußblatt bis unters Knie hinauf mit Dutzenden von kleinen, runden Knöpfchen verschlossen, welche mithilfe eines langstieligen, dünnen "Löffelchens" durch die Knopflöcher gezogen werden mussten. Diese hochhackigen Stiefeletten sollen Lenchens ganzer Stolz gewesen sein. Sie sei damit klappernd und schnell in den knöchellangen mit Spitzen besetzen Röcken über Greifswalds

Straßen gelaufen und die Gassenjungen haben sie wegen ihres auf dem Rücken wippenden, weiss blonden Zopfs und wegen besagter Stiefeletten übel gehänselt und sie das "Bezopfte Lenchen mit den schiefen Hacken" gerufen. Die Absätze der Stiefelchen waren tatsächlich immer schiefgelaufen, für den Schuster fehlte oft das Geld und Lenchen mochte überdies aus Eitelkeit nicht auf das täglich getragene Schuhwerk verzichten. Solche etwas despektierlichen Einzelheiten waren Lenchens Kindern später von deren heiß geliebtem Onkel Karl, Lenchen´s älterem Bruder, erzählt worden. In selbigem Koffer waren außerdem aus der frühen Usedomer Zeit Briefe von Lenchen an ihre Mutter nach Greifswald erhalten, in der die junge Arztfrau die Kleinheit, die spießige, dörfliche Enge und das eintönige Inselleben in Usedom auf sehr gescheite, witzig-geistvolle Weise zu schildern - wenn auch ein wenig zu beklagen wusste. Dort wurden, in Abständen von jeweils 15 Monaten, ihre ersten vier Kinder geboren.

Den Eheleuten wurde bald klar, dass beide von der gemeinsamen Zukunft mehr erwarteten, als das Leben in Usedom zu bieten hatte. Außerdem reichte das Einkommen für die schnell wachsende Familie nicht in dem kleinen Ort, der höchstens während der Monate zwischen Mitte Juli und September durch Sommerfrischler aus Berlin zwar etwas mehr Abwechslung aber immer noch zu magere Einnahmen brachte.

Schon als Junge hatte Karl Wilhelm vom "Auswandern" geträumt. Am liebsten wollte er nach Mittelamerika, ".....in die Tropen". In seiner Usedom-Zeit bewarb und erkundigte er sich über Möglichkeiten, bis ihm über eine Hamburger Auswanderer-Agentur das Angebot nach Südbrasilien gemacht wurde, das ihm reizvoll genug vorkam. So packten die Schinkes ihre Kinder und ihre Habseligkeiten ein. Karl Wilhelm hatte längst für einen Nachfolger in Usedoms Arztpraxis gesorgt. Sie verabschiedeten sich ausführlich von Lenchens Mutter, der Witwe Klohe, die in die Garnisonstadt Spandau gezogen war, wo sie in der Nähe ihrer beiden Brüder und bei der "Weltstadt Berlin" lebte. Dort erkrankte der fast vierjährige Erich, den die Eltern dennoch mitnahmen auf ihre Abschiedsreise nach Ellsnig zu Karls Eltern und Geschwistern. Ausserdem hatte Karl seine Angehörigen schon vorher brieflich um verschiedene Pflanzenstecklinge, Samen und dergleichen gebeten, die er in Südbrasilien heimisch zu machen plante. Und dann starb ihnen der kleine Erich im aller niedlichsten Alter, was

Lenchen ganz untröstlich schwer nahm. In Ellsnig, wo schon so viele Schinke-Vorfahren beerdigt waren, wurde der kleine Kindersarg in die Erde gesenkt, während das tieftraurige Lenchen mit all ihrer Zukunft haderte . Ohne die Lebenspläne im geringsten zu ändern, reiste Karl Wilhelm mit ihr und nur noch drei Söhnen, dem sechsjährigen Werner und den "beiden Kleinen", dem zweijährigen Günther und dem einjährigen Gerhard, der gerade Laufen lernte, nach Hamburg. Von dort trug ihr Auswandererschiff die Familie mit dem erneut schwangeren Lenchen kurz nach dem Nikolaustag, am 8. Dezember 1895, "aus dem bisherigen Heimatland fort ins Unbekannte"... , wie Lenchen sich in einem späteren Brief ausdrückte. Übrigens war Karl Wilhelm kurz vor seiner Auswanderung noch in einen höheren militärischen Rang befördert worden, nämlich zum "Assistenzarzt Erster Klasse der Reserve". Möglicherweise hat ihm dieser Rang später, als er zur Truppe in die Afrikanischen Kolonien berufen wurde, den Einsatz ermöglicht.

In Karl Wilhelms Brust müssen wohl zeitlebens zwei Seelen gewohnt haben – die des sesshaften, pflanzenden, düngenden, veredelnden Landwirts aus Ellsnig und die zweite des wissbegierigen, ruhelosen Pioniers, den es ständig auf Abenteuer

31

in die Ferne zog. Gemeinsam war diesen gegensätzlichen Anlagen die Ehrfurcht vor der Schöpfung, die Neugier auf ihre unzähligen Spielarten und Möglichkeiten und der Drang zu heilen, zu helfen, zu erfahren und neue Kenntnis, auch Erkenntnis anzusammeln. Er soll ein wunderbarer Arzt gewesen sein mit geradezu magischer Diagnosefähigkeit. Seine hingebungsvolle Ruhe bei der ärztlichen Arbeit war später sprichwörtlich. Allerdings war ebenso sprichwörtlich seine erstaunliche Hartnäckigkeit, - von den Söhnen später gern "Dickschädel" genannt.

Auf dem Auswanderungsschiff beförderte er außer Familie und deren Gepäck, zahlreiche Kübel mit Pflanzen und Stecklingen, die er in der "neuen Welt"ausprobieren wollte. Insbesondere hatte er sich vorgenommen, Reben in Südbrasilien heimisch zu machen, was ihm später auch ganz vorzüglich gelang.

Der Dampfer, ein Halbfrachter namens "Lusitania", mit dem sie den Ozean überquert hatten, legte schließlich in dem südlichsten der Brasilianischen Häfen an: in Rio Grande. Dort mussten die Passagiere, die – wie die Schinke-Familie – nach Sao Leopoldo wollten, in kleinere, dampfbetriebene "Barkassen" umsteigen und noch zwei weitere Tage und Nächte die ganze, weite Süßwasser-Lagune hinauffahren bis in die Mündung des Guahyba, eines riesigen Gewässers, gebildet aus dem Zusammenfluss von fünf gewaltigen Strömen. Einer davon heißt "Rio dos Sinos" (=Fluss der Glocken), an dessen Ufer liegt die Stadt Sao Leopoldo, in der die Schinke-Familie Fuß fasste. Um dorthin zu gelangen, stiegen sie im Hafen von Porto Alegre aus und fuhren weiter mit der Eisenbahn, die im Jahr 1876 eingeweiht, nun dort regelmäßig verkehrte.

Sao Leopoldo hatte seinen Namen einundsiebzig Jahre zuvor zu Ehren der Kaiserin Leopoldine erhalten, die aus Wien stammte und dem damals noch sehr jungen portugiesischen Thronfolger an vermählt worden war. Der portugiesische König, Joao VI, hatte, um der von England gegen Napoleon verhängten Seeblockade zu entgehen, seinen gesamten Regierungssitz, Hofstaat und Familie einschließlich Kronprinz Pedro in seine Übersee-Besitzung Brasilien verlegt. Das war dem jungen Kolonialland sehr gut bekommen, es wurden Schlösser gebaut, der König war nicht mehr gar so schwer zu erreichen, er kümmerte sich höchstpersönlich um die anstehenden Probleme und lernte bald, dass dieses Land unübersehbar groß und vielgestaltig war. Nachdem die Kunde von Napoleons Sturz bis in die "neue Welt" gedrungen war, kehrte Dom Joao VI mit Gemahlin und Hofstaat nach Lissabon zurück, ließ jedoch seinen erst halbwüchsigen Sohn Pedro als Regenten in Brasilien. Da der junge Mann einige unbequeme, rebellische Ideen hatte schafften die Eltern ihm rasch eine standesgemäße Gemahlin, die man in der jungen Leopoldine von Österreich fand. Diese sorgte nicht nur dafür, dass deutsche Bauern den Süden des Landes besiedelten und entwickelten, sie unterstützte ihren Mann auch weitgehend in seinen Bemühungen, das Land regierbar zu machen. Dies wurde immer wieder und jedes mal störender erschwert durch die Tatsache, dass der Prinz Dom Pedro allein nichts entscheiden konnte, sondern nur begrenzte Kompetenzen hatte. Ständig musste er dringliche Entscheidungen aufschieben, weil aus Lissabon die entsprechenden Antworten und Vollmachten nur mit enormen Zeitverzögerungen zu erlangen waren.

Als Prinz Pedro am 7.September 1822 während eines Ausrittes mit Gefolgsleuten, gerade zu Pferde das Flüsschen Ypiranga überqueren wollte von einer Abordnung mit Höflingen eingeholt und um eine Entscheidung gebeten wurde, die zu fällen seine Kompetenzen überschritt, soll er sein Schwert gezogen, in einer theatralischen Geste gen Himmel gestreckt und dazu gerufen haben : "Independencia ou Morte!" (=Unabhängigkeit oder Tod!). Anschließend ließ er sich unter dem unermesslichen Jubel der Bevölkerung zum Kaiser von Brasilien krönen, fällte von nun an seine Entscheidungen sofort eigenmächtig und seine junge Gemahlin leitete die Einwanderung deutscher Siedler ein, die am 25.Juli 1825 erstmals brasilianischen Boden betraten und dem Ort wo sie anlandeten den Namen „Sao Leopoldo" gaben. Übrigens wurde den Einwanderern die Sklavenhaltung von Anfang an untersagt, im Unterschied zu den lang ansässigen Plantagenbesitzern.

All diese historischen Begebenheiten lagen bereits ein Dreivierteljahrhundert - das sind drei Menschenalter - zurück, als die Schinkes nach Brasilien kamen. Inzwischen war sogar schon die Regierungszeit des Sohnes jenes ersten Kaiserpaares, vergangen, nämlich die des Dom Pedro Segundo, der ein hochverdienter, weitsichtiger Landesvater gewesen war, offen für alle technischen Errungenschaften, - wie Postwesen, Telephon, Bergbau, Eisenbahnen, etc., - die er seinem Land hatte zugute kommen lassen. Mehrmals war er nach Europa gereist – auch nach Deutschland - um Kenntnisse, Rat und Tat zum Aufbau seines Landes zu holen. Daneben hatte er das staatsmännische Kunststück zuwege gebracht, sein riesiges Land unter einheitlicher Landessprache zusammenzuhalten. Mehrmals hatte dieser kluge, gütige, vorzeitig alternde Kaiser das Innere Brasiliens bereist, was damals ungleich viel strapaziöser war, als sich heute ermessen lässt. Sein Wunsch war, dieses Land bis in die entferntesten Ecken kennenzulernen. 1875 hatte er mehrere Schübe norditalienische Einwanderer in den Gebirgen Südbrasiliens ansiedeln lassen. Deren Nachkommen bauen heute noch dort Reben-Felder an und keltern leckere Weine. Ein Jahr vor dem Ende seiner Regierungszeit unterschrieb die hochgeschätzte "Princesa Isabel" seine ihn vertretende Tochter, das Edikt zur vollständigen Abschaffung der Sklaverei (auch für alteingesessene Großgrundbesitzer) und 1889 wurde die Republik ausgerufen. Sang- und klanglos ging der alte, schon kranke Kaiser nach Paris ins Exil.

Der Süden des Landes hatte sich in der Kaiserzeit mithilfe der vielen deutschen und norditalienischen Einwanderer zur reichsten, fruchtbarsten und erfolgreichsten Gegend Brasiliens entwickelt. Es waren nicht nur Bauernfamilien gekommen. Nachdem in Deutschland die Revolution von 1848 erfolglos niedergeschlagen war, flüchteten viele ihrer Rädelsführer um drohender Haft oder schlimmeren Strafen zu entgehen in Brasiliens hoffnungsvollen, deutsch-besiedelten Süden, wo sie "Brummer" genannt wurden – da sie eigentlich im Herkunftsland hätten "im Knast brummen" müssen. So kamen zahlreiche verfolgte Intellektuelle mit hochfliegenden humanistischen Idealen, verkannte Künstler, Offiziere sowie unzählige erwerbslos gewordene Militärs nach Beendigung des Preußisch-Dänischen Krieges. Es waren nicht nur einfache "Legionäre" sondern häufig gut ausgebildete Leute, die sich mehr dem Handel, verschiedenen Lehrerberufen und sogar der Politik widmeten.

Es hatte dort im Süden zwei grausig blutige Kriege um den sogenannten Jesuiten-Staat oder „Par-Aquarien" gegeben. Der erste schon von 1754 bis 59 im Anschluss an die vom damaligen Papst angeordnete "Auflösung und Verbot des Jesuiten-Ordens" . Der Papst hatte widerstrebend dem gemeinsamen, massiven Druck von Spanien und

Portugal nachgegeben, bei denen der "Heilige Stuhl" und die gesamte Kirche hochverschuldet war. Diese beiden Länder, "Säulen des Katholizismus", damals die stärksten und reichsten See- und Übersee-Mächte - sonst traditionell verfeindete, immer-misstrauische Rivalen, hatten sich ausnahmsweise verbündet, da ihnen die Jesuiten-Missionen in Südamerika verdächtig erfolgreich, viel zu zahlreich und besonders beängstigend erschienen, da sie sich beharrlich jedem politischen und militärischen Einfluss beider Landesregierungen verweigerten, und sich ständig allein Gott und ihrem Orden untertan fühlten. Gewiss – es waren "nur" Stadtstaaten, ausschließlich von Indianern und jeweils einem einzigen Jesuiten bewohnt. Immerhin beriefen sich jedoch schon mehr als hundert solcher Städte auf ihr "Uhrbevölkerungsrecht", respektierten keinerlei politische Landesgrenzen, verweigerten Steuern- und sonstige Abgabenzahlungen an abstrakte, ferne Regierungen, hatten gemeinschaftliche, blühende Handwerks- und Ackerbau-Betriebe und trieben einträglichen Handel. Dazu lebten sie in Gemeinschaften ohne Privateigentum, waren so sanftmütig und friedliebend, dass es keine Polizei und kein Militär, ja, nicht einmal Waffen in ihren Städten gab.

Spanien und Portugal sahen darin eine Bedrohung all ihrer staatstragenden Systeme und Ideologien, wobei die Grenzverletzungen als politisches Hauptargument ins Feld geführt wurden und dem Päpstlichen Stuhl die durch Abgabenverweigerung entgangenen Steuern als Argument für das geforderte Verbot des gesamten Ordens vermutlich besonders eingeleuchtet haben werden. Letztendlich gab der Papst dem Druck nach und erklärte den gesamten Jesuitenorden für „aufgelöst".

Somit wurden damals sämtliche Jesuiten aus allen 132 blühenden Missionsstationen gleichzeitig nach Rom zurückgerufen und tatsächlich leisteten alle dem Ruf ihres Ordens getreulich Folge. Nach inständigen Ermahnungen an ihre jeweiligen Stadtvölker reisten sie gehorsam ab.

Anschließend überfielen angeworbene Söldnerheere, denen Beutefreiheit zugesagt war, auf der Suche nach dort vermutetem Gold und der sagenhaften Formel dieses herzustellen, die wehrlosen Städte, brannten sie nieder, richteten grausige Gemetzel unter den Indios an und machten die Städte dem Erdboden gleich.

Hundert Jahre später, unter dem letzten Kaiser, Dom Pedro Segundo, war von 1864 bis 70, ein zweiter, nicht weniger blutiger und schauriger Krieg um diese Gebiete ausgebrochen. Die wenigen übriggebliebenen, ehemals von den Jesuiten gut unterrichteten und geschulten Indianer, von denen die klügsten beizeiten in die Sümpfe und Dschungel des Parana-Flussystems geflüchtet waren, hatten mehrere Städte in dieser unwegsamen Gegend mit dem mörderischen Klima wieder aufgebaut und hatten ihr erlerntes Wissen sowie ihre Bildung weitergegeben, wie die verehrten Jesuiten es getan hatten. Diesmal allerdings verschafften sie sich die in jener Reichweite bestmögliche militärische Ausbildung sowie Kenntnisse in Herstellung und Benutzung wirksamer Waffen bei den Argentiniern in der La-Plata-Gegend. Sie versuchten das Land Paraquarien zu einer autonomen Nation zu erklären und erbaten in diversen friedlichen Verhandlungen von den Nachbarn, Argentinien und Brasilien einen Zugang zum Meer. Beide in dieser Weise angesprochenen Nationen waren derartigen Vorschlägen gegenüber eher entsetzt. Das erneute Aufleben und Erstarken der damaligen Jesuitenrepublik war fast unbemerkt geschehen und versetzte beide jungen Regierungen derart in Schrecken, dass sie sich in geheimen Verhandlungen zusammenschlossen und gemeinsam Söldner anwarben, um in derselben Weise wie vor hundert Jahren mit dem Unwesen dieser Indianer-Republik „reinen Tisch zu machen".

Der neue Krieg, der an Grausamkeit und Gewalt seinesgleichen suchte und in welchem die Indio-Kämpfer ebenso tapfer wie aussichtslos fochten wurde von den Paraquariern verloren. Unter dem Namen „Guerra do Paraguay" (=Paraguay-Krieg) fand er Eingang in die Geschichtsbücher der Brasilianischen und Argentinischen Schulen.

Was nach diesem Grauen übrigblieb von jenem ehemals so hoffnungsvollen Par-Aquarien – von den Jesuiten so bezeichnet, da es jenseits des großen Süßwassersystems vom Paraná begonnen hatte - ist das heutige, kleine und unbedeutende Land Paraguay. Bedingungslos ergeben in seine aufgezwungenen Grenzen ist es bis heute ohne jeglichen Zugang zum Atlantik-Meer. Damals war es durch die Kämpfe derart entvölkert, dass die erste diktatorische Regierung nach dem Krieg jeden noch lebende Mann verpflichtete, neun Frauen zu nehmen, zu begatten und für deren Unterhalt und Versorgung aufzukommen, um die verwüstete Gegend wieder aufzubauen und bewohnbar zu machen.

Noch bis in die zweite Hälfte des zwanzigsten

Jahrhundert war Paraguay das einzige Land unserer gesamten Welt, in welchem ein originales Eingeborenen-Idiom als Landessprache gesprochen, geschrieben und in Schulen unterrichtet wurde: das Guarany, - das die Jesuiten schon damals erlernt, aufgeschrieben und dem sie somit eine Stimme verliehen hatten. Heute ist auch in Paraguay die offizielle Landessprache das Spanisch, wie in ganz Süd- und Mittel-Amerika, mit Ausnahme von Brasilien, wo man Portugiesisch spricht und schreibt; wie in allen Ländern dieser Erde hat sich die Sprache der Eroberer durchgesetzt.

Von den Emissionsstädten sind einige wenige Ruinen erhalten – teils malerisch vom Urwald überwuchert - teils freigelegt und als Amphitheater bei "Licht- und Ton-Shows" als Touristenattraktion genutzt. Im heutigen Paraguay-Grenzland und im Urwald von Missionen/Argentinien südlich der Iguassu-Wasserfälle sind sie in Reiseführerbüchern und auf Postkarten zu bewundern. Viele Städte mit "Heiligen-Namen" sind Nachkommen der damaligen Jesuitenstädte in Südbrasilien, Nordargentinien und Paraguay. Sie erstanden auf den Ruinen und Fundamenten von Par-Aquariens Originalen, so wie Santo Angelo, Santa Rosa, Santa Cruz, usw. und die erfolgreichste aller jesuitischen Gründungen ist Sao Paulo.

Bis zum Jahr 1960, als ich mit dem frisch bestandenen Brasilianischen "Abitur" von meinen Eltern nach Deutschland gebracht wurde, hatte ich noch niemals von diesen blutigen Zerstörungen der Jesuitenmissionsstädte gehört. Da ich zu den wenigen Menschen gehöre, die sowohl in Argentinien als auch in Brasilien den Geschichtsunterricht der Schulen "genossen" habe, kann ich bezeugen, dass in keinem der beiden Länder bis 1960 die tatsächlichen Hintergründe und Ursachen jener beiden grausigen Zerstörungszüge erläutert wurden. Beide wurden als "Grenz-Kriege", bzw. als Expeditions- und Eroberungs-Kämpfe dargestellt. Wir Schulkinder erfuhren lediglich, dass es im Zuge der Christianisierung Jesuiten-missionen gegeben habe, die leider von marodierenden, ungebildeten Söldnern zerstört wurden und von denen schöne, erhaltenswerte Kunstwerke übrig sind. Da Geschichte allenthalben von den Siegern geschrieben wird, hat man die am wenigsten beschämende "Historie" in die Lehrbücher Brasiliens und Argentiniens gedruckt.

Die kriegerischen Auseinandersetzungen um die

43

Jesuiten-Missionsstation waren Vergangenheit ebenso wie das Kaiserreich, als die Arztfamilie Schinke in das südlichste Bundesland Rio Grande do Sul der jungen "Föderativen Republik Brasilien" einwanderte.

Nach wie vor war das Land von wilden Unruhen heimgesucht. Arbeitslose Söldner zogen umher, missverstanden die sechs Jahre zurückliegende Ausrufung der Republik dahingehend, daß nun auch die ehemals vom Kaiser mit großen Gütern belohnten oder beschenkten Land-Edelleute entrechtet waren und man sich von deren Land ungestraft ein Stück abtrennen und sich nehmen dürfe. So geschahen immer wieder die abscheulichsten Überfälle und Morde, häufig wussten die Landbesetzer gar nicht mit den eroberten Äckern oder Feldfrüchten umzugehen.

Nach wie vor schwelte in vielen gebildeteren Kreisen der wohlhabenden südlichen Bundesländer, die Verbitterung darüber, dass die Früchte ihrer harten Arbeit und des unermüdlichen Fleißes ständig von dem riesigen, bitterarmen "Nordosten" des Landes "aufgefressen" wurde, so dass es fortdauernd mehr oder weniger spürbare Bestrebungen gab, die südlichen Bundesstaaten zusammen mit dem heutigen Land

Uruguay als unabhängige Nation vom Norden und Nordosten abzutrennen. Das hatte schon mehr als ein halbes Jahrhundert zuvor, nämlich 1836, zu einem längeren Krieg – dem sogenannten Farroupilha-Krieg geführt. Währenddessen hatte der "abtrünnige Süden" sieben Jahre lang als eigene Republik, "Republica do Rio Grande", mit General Bento Gonzalves als Präsident und Regierungssitz in seiner damaligen Hauptstadt "Piratinih" existiert. Heute ist Piratinih nur noch eine historische Kleinstadt mit sehr holprigem Kopfsteinpflaster, wohin sich kaum ein Tourist verirrt, ebenso wie Cassapawa, wohin Bento Gonzalves' Regierung verlegt wurde, nachdem bei den andauernden Kämpfen Piratinih von den gross-Brasilianischen Truppen zurückerobert worden war.

All das war schon "Geschichte" und von derartig revolutionären Gedanken und hatten die Schinkes vor ihrer Ankunft in Sao Leopoldo und sicher auch kurz danach noch keine Ahnung. Solange sie in "ihrem" Dampfer die brasilianische Küste südwärts fuhren und alle 3 bis 4 Tage in einem anderen Hafen anlegten, wo Ladung gelöscht oder übernommen wurde, staunten sie nur, dass ihre Fahrt entlang der Brasilianischen Küste länger dauerte als die Überquerung des Atlantik mit dem nur durch eine kleine Festlichkeit bemerkbaren Äquator.

Jeden Tag von Neuem fragten die Kinder, wie lange es noch dauern würde und warum man nicht aussteige, da man doch in Brasilien angekommen sei. Im tiefen, geschützten Hafen von Paranaguah lagen sie vier volle Tage untätig, weil keine Arbeiter zum Ent und Beladen da waren. Ein freundlicher Zollbeamter gab ihnen zusammenfassend den ersten Unterricht in Landeskunde: "Das wichtigste Wort, das Sie in diesem Land beherrschen müssen, heißt PACIENCIA " (=Geduld).

Das hatte Lenchen sich lebenslang gut gemerkt. Ihr tat es nicht leid um die unfreiwillig verlängerten Aufenthalte in den brasilianischen Häfen. Immer wieder wunderte sie sich über die Grösse des Landes, die Endlosigkeit und Üppigkeit der Uhrwaldküste, die gar nicht wieder aufhörte "Brasilien" zu heißen. Wann immer es möglich war ging sie, zunächst mit Karl Wilhelm, später auch zusammen mit anderen mutigen Schiffspassagieren ohne Karl Wilhelm, an Land und genoss die Verschiedenartigkeit der Menschen, die unsägliche Armut in unbekümmerter Fröhlichkeit, die Farbigkeit der fremden Früchte und Gemüse in den Märkten, den Spaß des Volkes am Lärm, das Durcheinander an Sprachen, sie staunte verblüfft über die Einfachheit und Leichtigkeit der weiblichen Kleidung, was ihr bei der störenden, feuchten Hitze des Klimas immer vernünftiger erschien. Im Norden war die überwiegend schwarze Haut der Menschen für sie und die Kinder noch erstaunlich gewesen, je weiter sie in den Süden kamen, desto weniger rein-schwarze, jedoch mehr verschiedene Rassen konnten Karl und Lenchen unterscheiden. Die Araber, Inder, Afrikaner, Asiaten, die einheimischen Indianer und die leicht zu erkennenden Europäer... all diese Buntheit der Eindrücke, die bis in ihre Träume reichte, dazu die Vollpension auf dem Schiff, die Lenchen totalen "Urlaub vom Alltag" verschaffte, berauschten sie mit Lebensfreude.

In Sao Leopoldo angekommen verwunderte sie nur noch die Platzvergeudung und die Achtlosigkeit mit der die Einheimischen Gelände zersiedelten und benutzten, als sei alle Erde ihr Privateigentum. Grundsätzlich wurde Natur von den Einwanderern als "feindlich" empfunden und bekämpft, egal ob Pflanzen, Landschaft oder Getier. Selbst jene, die erst kürzlich aus Deutschland gekommen waren und mit denen Karl Wilhelm vor der Abreise korrespondiert hatte, um

47

in Erfahrung zu bringen, WAS man mitbringen solle, welche Pflanzen, Samen und Stecklinge eventuell gedeihen könnten, selbst diese Leute sahen mit Gleichmut zu, wenn der Nachbar sein Grundstück um einige Meter in den Urwald ausdehnte, wenn in Blüte oder Frucht stehende Bäume gefällt, niedergebrannt oder brutal gerodet wurden.

Die junge Doktorfamilie war langersehnt, respektvoll begrüßt und von der gesamten "deutschen Kolonie" mit offenen Armen empfangen, denn einen Arzt hatte die deutsch-evangelische Gemeinde und die ganze Bevölkerung dringend nötig, besonders einen deutschsprachigen. Es gab dort zwar schon einen freundlichen alten Doktor Matzo, der kein Deutsch verstand und ebenso zwei Militär-Ärzte, Castilhos und Dutra, alle völlig überarbeitet.

Vermutlich hat sich Lenchen Klohe an die Primitivität, das fehlende Straßenpflaster, die barfüßigen, wenig-bekleideten Menschen und vor Allem an den vielen Schmutz erst langsam gewöhnen können. Die Wäsche wurde im Fluss "Rio dos Sinos" gewaschen, Trinkwasser wurde aus grossen Fässern, die auf Ochsenkarren durch die Stadt gezogen kamen, gekauft. Später liess der "deutsche Doktor" einen Brunnen in seinem Hof bohren. Dem gekauften Wasser traute er nicht. Dennoch sahen beide Eltern mit Sorgfalt darauf, dass jedes Wasser, das in Küche oder Zahnputzbecher kam, sorgsam abgekocht war.

Karl Wilhelm genoss die Tatsache, dass es deutschsprachige Zeitungen zu lesen gab. Auf diese Weise erfuhr er, was in der Welt und in der lokalen Umgebung vorging. Der damals bekannteste Journalist war Karl von Koseritz in Porto Alegre, seit 1864 Schriftleiter der "Porto-Alegrenser Deutschen Zeitung". Nach langer und andauernder Polemik arbeitete Koseritz nun endlich in Eintracht mit Dr. Wilhelm Rothermund zusammen, die beiden kämpften gemeinsam für die "politische Gleichberechtigung der deutschen Einwanderer". Dritter in diesem erlauchten Bund war der liberale, ehemalige Finanzminister, Silveira-Martins, der 1879 aus Protest zurückgetreten war, da die von ihm vehement geforderte Religionsfreiheit in Brasilien nicht hatte durchgesetzt werden können, sondern der Katholizismus Staatsreligion blieb. Das hatte, unter Anderem, zur Folge, dass Protestanten keine Kirchen bauen durften, die als solche zu erkennen gewesen wäre.

Übrigens ist auch dies ein Grund, weswegen im Jahr 1980, also gut hundert Jahre nach Silveira Martins Protest, die Deutschstämmigen das Dekret von der Trennung zwischen Staat und Kirche so begeistert gefeiert haben. Das Dekret selbst war zwar schon 1930 von Getulio Vargas erlassen worden, allerdings im Zuge gleichzeitiger Errichtung einer Diktatur unter Abschaffung der Republik, was jenes Dekret wirkungslos machte und den Deutschen wesentlich mehr Nachteile bis zu Misshandlungen brachte. So konnte jenes große „Aufatmen" der Deutschstämmigen, das ihnen völlige Religionsfreiheit brachte, erst 1980 gefeiert werden.

Aber nun wieder zurück zu 1895/96: Ob Lenchen etwas über die Geschichte des brasilianischen Kaiserreichs, über die erst kürzlich zurückliegende Ausrufung der Republik mit den daraus folgenden Missverständnissen und blutigen Unruhen und von Hintergründen für die dauerhaft schwelende politische Unzufriedenheit wusste, erfahren wir nicht. Sicherlich hat Karl Wilhelm sich intensiver als sie um die politische Lage, die Geschichte und die aktuellen Rebellionsströmungen gekümmert. Er kam auch näher mit den Folgen von Brutalitäten in Berührung. Zwei Jahre zuvor, 1893, hatte es den

Aufstand der sogenannten "Federalistas" gegeben, wobei vielfach fleißige Siedler und Bauern mit "adligen Ausbeutern" verwechselt wurden, zumal wenn sie weiße Ausländer waren. Besonders heftig sollen die Unruhen in Estrela gewütet haben, dieser heute so hübschen, friedlichen Stadt, in dem hundert Jahre nach den „Federalistas" mein Cousin, Dr.Werner Schinke, der Enkel Karl Wilhelms, als Arzt mehr als drei Viertel seines Lebens praktiziert, gewohnt und gewirkt hat.

Als Karl Wilhelm gerade eingewandert und noch kaum recht niedergelassen war, tobten entsetzliche Brutalitäten im Inneren des Bundeslandes Rio Grande do Sul. Es waren zwar nur noch die "Nachwehen" der "Federalista-Revolution", jedoch wesentlich schlimmer, als wenn ausgebildete Militärs ihre Kriege führten. Primitive, rohe Plünderer stellten ihre gefangenen Gegner in Reihen auf und zogen ihnen Draht durch die Oberschenkel bevor sie einen nach dem Anderen mordeten. Mit abgetrennten Köpfen sollen sie Kegel gespielt haben, wie Lenchen noch als Achtzigjährige berichtete. Sie habe sich "zu Tode" geängstigt, wenn ihr Karl als Notarzt so weit ins Land gerufen zu Pferde unterwegs war. Einmal stürzte sein

51

Pferd in der unwegsamen Wildnis, er geriet darunter, wurde durch gnädigen Zufall gefunden und kam mit einer Becken-Stauchung einigermaßen gut davon.

Karl Wilhelm und seine Familie waren bei ihrer Ankunft in Sao Leopoldo zunächst für etwa drei Monate im "Hotel Sperb" untergebracht worden, dann bekamen sie neben der Seifensiederei Hoffmann eine Wohnung, dort wurde ihnen am 17.04.1895 Herbert geboren, später der Lieblingsbruder meines Vaters. Schliesslich erhielten die Schinkes gegenüber der evangelischen Kirche ein Grundstück mit steinernem Haus, worin die Familie einschließlich Praxis gut Platz hatte. Dazu wurden sie schnell mit sehr gutem "Personal" versorgt, ein farbiges junges Paar kam zu ihnen, so schwarzhäutig, dass Lenchen Klohe sich nicht genug wundern konnte über deren geläufige deutsche Sprache. Die beiden – Maria und José, (wie dazumal Jesus` Eltern im alten Bethlehem) – waren bei deutschsprachigen Siedlern geboren und aufgewachsen. Sie brachten viel Fröhlichkeit, gute Laune, liebevolle Fürsorge, unendliche Geduld und Kinderliebe ins Haus. Da im Kaiserreich den Immigranten die Sklavenhaltung verboten gewesen war, hatten viele

Einwandererfamilien   dies umgangen, indem sie Sklavenkinder oder sogar freigelassene Sklaven-Familienväter pro forma "adoptierten". So waren viele farbige Kinder mit   deutschen zusammen aufgewachsen   und konnten gar keine andere Sprache, als diese, die sie von klein auf gewohnt waren. So kam auch jene überlieferte Geschichte zustande von "Manoel da Silva ARNDT" mit rabenschwarzer Haut, adoptiert von Familie Arndt, der bei einem jener unruhigen Aufstände als es um   "Fremdenfeindlichkeit   und Klassenunterschiede"   ging überzeugt seinen blonden deutschen "Brüdern" zurief: "Mir deitsche Buuwe misse zammehalde !!"

Jedenfalls pflegte der fröhliche, schwarze José für die Familie Schinke   Stall und Garten, die beiden   Pferde,   die   dem   Doktor   für   seine Krankenbesuche zur Verfügung standen, und die großen Hunde, die   seine Ritte oft begleiteten. Maria wusch Wäsche, putzte und verrichtete alle gröberen Arbeiten, die ihr die Hausverwalterin auftrug - das war die treue Auguste! Sieben lange Jahre   – bis zur Rückkehr der Arztfamilie nach Deutschland   - war Auguste die gute Seele des Haushalts und der Kinder.

Lenchen arbeitete in der Praxis mit ihrem Mann

zusammen, sie lernte schnell mit den neuen Gegebenheiten, den Kräutern, heilenden Pflanzen, Ölen, Tees und Umschlägen zu arbeiten und war – wie schon in Usedom - anstellig, fleissig, geschickt und klug. Der "deutsche Doktor" hatte bald schon einen sehr guten Ruf weit über die Grenzen des Stadtkreises hinaus. Während seiner Abwesenheiten, wenn er Ritte zu entfernten Patienten unternehmen musste, versorgte Lenchen die Praxis und erledigte die Versorgung derjenigen Patienten, die zu sich-wiederholenden Behandlungen kamen, wie Umschläge machen, Verbände wechseln, "Einspritzungen", Klistiere und/oder sonstige Medikamente verabreichen.

Im Steinhaus gegenüber der Kirche kam mitten im brasilianischen Winter am 15.07.1896 - als sechstes Schinke-Kind - endlich das langersehnte Töchterchen, Hertha Lydia Luise zur Welt. Die beglückten Eltern konnten sich diesmal trotz ausgiebiger Diskussionen um den Vornamen des Kindes nicht einigen. So kam es, dass der Vater seinen Wunsch nach dem Namen Hertha durchsetzte und ihn urkundlich eintragen ließ. Benutzt wurde dieser Name niemals im Leben. Bis zu ihrem Tod wurde Hertha Lydia Luise ausschließlich "Lotte" oder "Lottchen" gerufen wie

Mutter Lenchen es sich gewünscht hatte.

Auch wir, Neffen und Nichten, erfuhren erst siebzig Jahre später, beim Tod unserer geliebten "Tante Lotte", dass diese eigentlich Hertha Lydia Luise geheißen hatte.

Die älteren Schinke-Kinder gingen zuerst in die deutsche "Gemeindeschule", dort wechselten die Lehrer beinahe monatlich. Der erste, der, wie damals üblich, alle Grundschulklassen in einem einzigen Raum und bei Hitze im Freien unterrichtete, erwies sich als schwer alkoholkrank und sein Unterricht nützte nur ganz selten. Selbstverständlich hatten zu jener Zeit alle Lehrer das Recht, bittere Strafen zu verabreichen, wobei Stockschläge als "normale" Züchtigung galten. Der nächste Lehrer erwies sich als homosexuell und verfolgte die Knaben unmissverständlich. Etwas länger blieb Lehrer Müller. Dessen einziges Problem bestand darin, dass er, der - wie alle Lehrer damals - von den Familien der Schüler in der Gemeinde, ernährt und gekleidet wurde, ein es-süchtiger Vielfraß war. Jeden Wochentag erschien er, gemäß einem in der Gemeinde ausgearbeiteten Kalender, bei einer anderen Familie zum Mittagessen und wurde auf diese Weise zum Schrecken der Hausfrauen und

55

Köchinnen. Nachdem Karl Wilhelm das Verhalten dieses Lehrers als unheilbar Essen-suchtkrank diagnostiziert hatte, nahm er   seine Kinder endgültig aus der Gemeindeschule.

Versuchsweise wurden die Schinke-Kinder jetzt ins sogenannte "Bruderkolleg" geschickt.   Dies war die ehemalige Schule der Jesuiten, die sich später zur "Universidade do Rio dos Sinos", genannt "Unisinos) weiterentwickelte. Diese Schule hatte von jeher einen sehr guten Ruf, so dass auch Schüler aus Porto Alegre und noch entfernteren Gegenden dort im Internat erzogen wurden.

Später, im Jahr 1901, nahm Lenchens Mutter ihre vier männlichen Enkel (Werner, Günther, Gerhard und Herbert) mit nach Deutschland, wo sie in Spandau in "richtige Schulen" kamen.

Im Bundesland Rio Grande do Sul gab es damals eine Rebellion, die unter der Bezeichnung "Mucker-Aufstand" in die Geschichte einging. Eine deutschstämmige, überaus fromme Bäuerin namens Josefina Saueressig, die als zart und kränklich galt, hatte Mutter-Gottes-Erscheinungen und fühlte sich auserwählt, Wunder zu vollbringen. Nachdem sie an Händen und Füßen blutige Nagelwunden aufwies, unerwartete Heilungen und sonstige Wunder vollbracht hatte, setzte ein Karawanen ähnlicher Zustrom von unheilbar Kranken, Lahmen, religiösen Fanatikern, Bewunderern und einfachen Bauern zu ihr ein. Unter den Scharen von religiösen Anhängern, verbargen sich recht bald auch einige politische Kritiker und Querulanten, was zu öffentlicher Aufmerksamkeit und nach den unausweichlichen Unruhen zum Eingreifen der Polizei, zum Verbot der entstandenen "Sekte" und schließlich sogar zum Einsatz von Militär führte. Die religiösen Anhänger waren in ihrer Mehrheit deutschstämmige Nachkommen der vor einem Dreivierteljahrhundert eingewanderten Siedler und sprachen untereinander ihren mittlerweile verfälschten Dialekt. Da sie gegen das polizeiliche Verbot der entstandenen Sekte aufgemuckt hatten, spricht und liest man heute noch von ihnen als "Mucker" ein Ausdruck, der selbst in die brasilianische Sprache und den Geschichtsunterricht übernommen worden ist.

Der Mucker-Aufstand verschaffte Karl Wilhelm viele Patienten und Fälle, zu denen er tags und nachts gerufen wurde. Noch hinter dem heutigen Ort Taquara war eine Bauernfamilie von ihren Knechten massakriert worden, der Mann lag mit einem tiefen Messerstich in der Brust bewusstlos, jedoch lebend, aus der Wunde war Lungengewebe ausgetreten, was der Doktor bei miserabler Beleuchtung für Fettgewebe hielt, abschnitt und die Wunde vernähte. Ratlos musste er den Mann ohne Aussicht auf angemessene Pflege zurücklassen. Jedoch überlebte der Patient und kam Monate später in der "Stadt", um sich beim "Deutschen Doktor " zu bedanken. Ähnlich ging es bei einer anderen überfallenen Bauernfamilie, deren zwei kleine Kinder dem Massaker durchs Fenster des Hauses hatten entkommen können und Hilfe holten. Die Mutter mit dem Säugling an der Brust war erstochen, der Vater tot und der halbwüchsigen Schwester hatte man die Kehle aufgeschnitten, sie schien jedoch noch zu leben. Karl Wilhelm nähte und flickte kunstgerecht in der Einöde den Hals des Mädchens zusammen und ritt deprimiert ob der Aussichtslosigkeit zurück nach Hause. Einige Jahre später begrüßte ihn auf der Straße in der Stadt eine hübsche, junge Mutter mit Baby auf dem Arm, die ihm ihre gut verheilte Narbe um den Hals zeigte und sich überschwänglich bei ihm für die gelungene Rettung bedankte.

Damals soll es noch viele Fälle von Tollwut bei Menschen gegeben haben. Eines Tages wurde ihm ein Patient aus dem heutigen Ort Sapucaya gebracht, der den "deutschen Doktor" um ein Haar mit der großen Schere in den Hals gestochen hätte. Karl Wilhelm entging dem Stich nur dadurch, dass er sich zufällig im rechten Augenblick umdrehte. Der Mann hatte die Spitze der Schere schon an Karl Wilhelms Kragen. Ein junges Mädchen von dreizehn Jahren wurde von seiner Mutter in Karl Wilhelms Praxis gebracht, weil es seit Tagen teilnahmslos, blöde und nicht ansprechbar vor sich hinstarrte. Karl Wilhelm lies dem Kind durch Lenchen ein Glas Trinkwasser reichen, was dies plötzlich packte und die Zähne so heftig in den Rand schlug, dass das Glas zerbrach. So hatte der Doktor schnell die Tollwut nachgewiesen.

Lenchen, die junge, tüchtige "Frau Doktor" lebte in ständiger Angst um ihre fünf kleinen Kinder und um ihren Mann. Wenn er in entlegene Gegenden gerufen wurde – konnte niemand wissen, ob – geschweige denn WANN und WIE er zurückkehren würde. Dass die Brutalität grausamer Burschen - zumal wenn sie zu mehreren auftraten - vor dem beliebten und bekannten Arzt halt machen würde, - wie ihr Mann ihr gern zur Beruhigung sagte - konnte sie nicht glauben. Sobald sie ihn auf seinen Ritten wusste, befielen sie Angst und Schrecken. Sie war eine willensstarke, tapfere Frau, aber sie sah auf Dauer keine gute Zukunft für ihre Kinder in diesem Land, zumal ihr Mann durch die übermäßigen Belastungen immer nervöser und mürrischer wurde, wenn er endlich einmal zu Hause war. Häufiger brachte Lenchen jetzt die Sprache auf die alten Träume Karl Wilhelms der so gern in ein mittelamerikanisches Land hatte auswandern wollen und sich neben seinem Arztberuf Zeit für Pflanzen und Gärtnerei ersehnte . Und sie sagte klar und deutlich, dass sie selbst am liebsten wieder zurück nach Deutschland wollte.

Im sechsten Jahr ihres ersten brasilianischen Lebens brachte Lenchen am 17.Januar 1900, mitten im dortigen Sommer, die Zwillinge zur Welt: Oda Irmgard erschien eine halbe Stunde vor Otto Ernst der noch sechzig Jahre später erklärte, er habe Damen schon von Geburt an Vortritt gelassen, wie es die Höflichkeit gebietet. Oda unterstellte ihm ebenso gern, er habe sie aus Ängstlichkeit vorgeschickt.

Jetzt wurde bei Lenchen der schon lange gehegte Plan, ihre Spandauer Mutter einmal zu Besuch nach Sao Leopoldo zu bitten immer näher ins Auge gefasst. Es sind viele Briefe zwischen Mutter und Tochter hin- und hergegangen, trotz der ewig langen Schiffswege, trotz des miserablem Straßennetzes und der unzuverlässigen Post in Brasilien... leider ist nichts von diesem Briefwechsel erhalten.

Karl Wilhelm bewegten unterdessen ganz andere Gedanken, nämlich auf welche Weise sich Lenchens und seine eigenen Wünsche mit vernünftigem Einkommen im Sinne der gewachsenen Familie vereinbaren ließen. Nach wie vor reizte ihn Mittelamerika, immer wieder sammelte er Berichte von Reisenden, die Caribische Paradiese schilderten. Während seiner vielen, ermüdenden Ritte über die unbesiedelten Weiten und durch endlose Pinienwälder Süd-Brasiliens überlegte er, wie es anzufangen sei, daß er und seine Familie dorthin umsiedeln und er genügend Geld verdienen könne, damit alle gut und in Sicherheit lebten.

Als die Spandauer Großmutter schrieb, dass sie mit dem nächsten Schiff nach Sao Leopoldo kommen würde, entschloss sich Lenchen, ihrer Mutter bis in den Hafen der Stadt Rio Grande entgegen zu fahren, um sie dort schon zu empfangen, und die letzte Strecke gemeinsam mit ihr zu reisen. So hätte sie die Mutter für wenige Tage der Barkassenreise auf der "Lagoa" bis

Porto Alegre einmal für sich ganz allein gehabt. Als sie auf dem Hin-Weg nach Rio Grande auf "ihrer" Barkasse stehend die "Lagoa dos Patos" Richtung Süden fuhr,   kam ihnen schon ein anderer Kleindampfer aus Rio Grande entgegen, vollbesetzt mit europäisch gekleideten Menschen, die an der Reling standen, genauso wie Lenchen selbst. Zwischen den anderen Reisenden erblickte sie eine Dame, die in Gestalt und Bewegungen an ihre Mutter erinnerte – die es jedoch garnicht sein konnte, da das Übersee-Schiff ja erst viel später in Rio Grande eintreffen sollte.   Endlich in Rio Grande im Hafen erfuhr Lenchen zu ihrer gewaltigen Enttäuschung, daß das Überseeschiff ausnahmsweise mal verfrüht angekommen und die Gestalt an der Reeling auf der entgegenkommenden Barkasse tatsächlich ihre Mutter gewesen war.

So kam es, dass die Spandauer Großmutter ganz allein den Weg zum Haus ihres Schwiegersohns finden musste. – Das war jedoch nicht schwer, denn jeder in Sao Leopoldo hätte ihr das Haus zeigen können.   Als sie in der gemieteten Droschke in die staubige Straße einbog, wo das Haus ihrer Tochter liegen sollte, bemerkte sie eine Schar strohblonder Kinder, die brüllend und tobend einem Ball nachjagten.   Zu ihrem Schrecken, waren sie allesamt barfuß und nur mit winzigen Hosen, kaum bis zum Knie bekleidet – was die entsetzte Frau als untrügliches Zeichen bitterster Armut wertete.

Wer beschreibt ihr Erstaunen, als sie – schließlich im Haus angekommen und von der treuen Haushälterin Auguste und der schwarzen Maria liebevoll begrüßt - feststellen musste, daß es sich just um ihre eigenen Enkel gehandelt hatte...

Lenchen traf erst einige Tage später ein. Erhitzt und müde betrat sie das Haus, fiel ihrer lieben Mutter um den Hals, zog diese schnell mit sich in 's Schlafzimmer und entledigte sich – zur Verblüffung und vor den Augen ihrer Mutter – zunächst ihrer gesamten Oberbekleidung und des Korsetts und dann weiterer überflüssiger Kleidungsstücke, wie langer Strümpfe, Unterröcke..., sogar der durchgeschwitzte Büstenhalter flog in hohem Bogen zur Schmutzwäsche auf den Fußboden und endlich schlüpfte Lenchen in ein flatterndes, dünnes Gewand, fast ohne jede Unterwäsche, während ihre Mutter noch nach Atem rang....

"Aber, Lenchen...", war die entsetzte Frage der Frau Universitätsbeamtenwitwe Karoline Wilhelmine Therese Klohe geb. Küster, "du gehst

OHNE Korsett?..." Die Tochter schenkte ihr einen langen, etwas skeptischen Blick: "Nun, Mutter,..." meinte sie dann seelenruhig und gleichmütig, "du wirst in diesem Land in der heissen Zeit auch ohne solch ein Möbel gehen wollen.." .

Diesen Dialog hat meine Großmutter mit über 80 Jahren oft und gern erzählt, so lebhaft und lebendig, dass Kinder und Enkel die Szene liebten, die Geschichte oft von ihr erbaten und jedes mal wieder herzlich darüber lachen konnten.

Sicherlich hat die Spandauer Großmutter noch viele Überraschungen solcher Art erlebt und gut verstanden sich anzupassen, denn sie wurde von all ihren sieben Enkeln heiß und innig geliebt. Sie blieb vier Monate lang bei ihrer Tochter in Sao Leopoldo, bis März 1901: dann wurden ihr die vier männlichen Enkel in Obhut gegeben, Werner (12), Günther(knapp 9), Gerhard (7) und Herbert (6 Jahre alt.), dazu noch der Sohn eines befreundeten Pastors, und mit diesen fünf Buben nahm die Großmutter tränenreichen Abschied von Ihrer Tochter, stieg beherzt direkt in Porto Alegre auf ein Frachtschiff, das zunächst die Lagoa hinunterfuhr und ab dem Hafen von Rio Grande – ohne Umsteigen - über den Ozean nach

Deutschland. Offenbar war es ein wesentlich kleineres Schiff mit geringerem Tiefgang als die bisher eingesetzten großen Ozeandampfer, das eigenständig die flach wässrige "Lagoa" hatte durchfahren können. Eventuell hatte man auch in der Zwischenzeit eine Fahrrinne durch die Lagoa ausgebaggert. Das Schiff muss allerdings sehr unruhig geschaukelt haben, denn die arme Großmutter wurde sofort seekrank, konnte ihre Koje nicht mehr verlassen und die fünf Buben waren auf dem Schiff überall und nirgends. Sie schlossen gute Freundschaft mit den Matrosen und dem Küchenpersonal, erkundeten den Dampfer ohne Störung von Erwachsenen, krochen in alle Ecken und genossen die Überfahrt. Günthers Mütze war schon in der Lagoa dos Patos bei der Schaukelei des Schiffs über Bord geflogen, die seekranke Grasmutter verschonte man gnädig mit Katastrophenmeldungen – was hätte das auch geholfen.

Sie landeten glücklich in Hamburg, die Großmutter hatte beim Betreten festen Bodens sofort ihre gewohnte Autorität wiedergefunden, der fremde Pastorensohn wurde abgeliefert und sie reiste mit ihren vier Enkeln per Eisenbahn nach Spandau.

Die beiden älteren, Werner und Günther, bestanden auf Anhieb die gefürchtete Aufnahmeprüfung in das Königlich-Preußische Gymnasium und die beiden Kleinen, Gerhard und Herbert, wurden in der Grundschule eingeschult. Großmutter Klohe bezog die Pension einer Beamtenwitwe, damit wirtschaftete sie. Die Enkel bekamen jeder fest umrissene Pflichten zugeteilt, Kohlen aus dem Keller holen, Abfälle runter bringen, Einkäufe erledigen, Schuhe Putzen usw.

In Sao Leopoldo hatten die Eltern inzwischen weitreichende Entschlüsse gefasst: Karl Wilhelm hatte ernsthaft die Erfüllung seines alten Traums vorbereitet. Den Arztberuf wollte er ganz aufgeben und in Mittelamerika Pflanzer werden, Kautschuk und Südfrüchte hatte er im Sinn. Am 4.Oktober 1901 startete er in Sao Leopoldo zu seiner ersten von insgesamt drei Reisen nach Mittelamerika. Bei dieser ersten Reise muss fast alles schiefgegangen sein. Es mag wohl auch der "Haussegen" bei Lenchen und ihm nicht besonders gerade gehangen haben, denn beide hatten - wie alle Nachkommen später zu sagen pflegten..."sehr viel starken Charakter " – was mein Vater in aller Deutlichkeit ausdrückte mit "die hatten alle beide ihren eigenen Dickschädel...". Karl Wilhelm reiste per Schiff bis

Buenos Aires, per Eisenbahn auf der damals neu eingerichteten, hochberühmten Strecke durch die Argentinische Pampa bis Mendoza, dann per Postkutsche und teils mit eigenem Pferd über die Anden, um in Valparaiso/Chile das Schiff nach Panama zu besteigen (ohne Pferd). Seinen Reisebericht im Telegrammstil bewahrt mein Cousin Dr. Werner Schinke in Estrela auf.

Karl Wilhelm kam gar nicht bis Costa Rica denn dort war Gelbfieber ausgebrochen – damals noch eine gefürchtete Pest - über alle Häfen war Quarantäne verhängt, auch Puntaarenas war gesperrt. Enttäuscht jedoch - wie er sich selbst im Tagebuch beruhigte - an Erfahrung reicher, machte er sich auf den Rückweg, wobei es zu seinem Bedauern nicht gelang, Lenchen brieflich dazu zu bewegen, ihm bis Buenos Aires entgegenzukommen, wie er es sich sehr gewünscht hatte, sie wollte ihre drei kleinen Kinder, die siebenjährige Lotte und die erst ein Jahr alten Zwillinge nicht alleinlassen. So kam er bei Sommerbeginn, am 12.Dezember 1901 wieder im Schinke-Haus in Sao Leopoldo an. Die Familie war nun viel kleiner geworden, nur noch die Eltern, Lottchen, Oda und Otto, gewissermaßen erholsam und ungewohnt ruhig.

67

Seine Träume in Mittelamerika Pflanzer zu werden hatte Karl Wilhelm keineswegs aufgegeben. Immerhin hoffte er auch, - falls es in Costa Rica gar nicht klappen sollte, sich und der Familie noch eine kleine Sicherheits-Tür in Südbrasilien offen zu halten. Damals begann im Bundesland Rio Grande do Sul der Anbau von Reis erfolgreich zu werden und Karl wollte sich an diesem aussichtsreichen Produkt beteiligen. Zu diesem Zweck übergab er einem Vertrauensmann die Summe von 200,--"Contos de Reis", das sind zweihunderttausend "Reis", so hieß die damalige Währung. „Reis" wird "Re-is" gesprochen, bedeutet "Könige" und ist nicht mit unserem deutschen Wort für das Getreide zu verwechseln, auch nicht mit dem seit 1996 gültigen "Real", dem "Königlichen".

Die Geldmenge von 200,-- Contos de Reis war damals ausreichend und bestimmt für den Ankauf und die anfängliche Bewirtschaftung einer großen Reitplantage. In aller Ruhe fuhr Karl Wilhelm schon drei Monate nach seiner Heimkehr, nämlich am 18.März 1902, ein zweites Mal nach Mittelamerika. Diesmal vermied er die anstrengende Anden-Überquerung, schiffte sich nach New York ein und plante nun von Nord-Osten kommend, zu Lande in Costa Rica einzureisen. In New York erfuhr er jedoch, das Pestgefahr und

Quarantäne längst vergessen waren, so bestieg er doch wieder ein Schiff, das ihn - vorbei an den Kleinen Antillen - nach Cartagena in Columbien brachte. Weiter ging´s bis Greytown in Nicaragua. Von dort kam er leicht bis Puerto Limón, seinem eigentlichen Ziel. Diesmal gelang es ihm, schon im Voraus Erkundigungen einzuziehen, er schien Glück und Erfolg zu haben, die genau richtigen Leute kennenzulernen und stellte fest, dass er von seinem Traum betreffs Kautschuk und Südfrüchten Abschied nehmen musste, denn hier begann gerade die große, hoffnungsfrohe Zeit der Bananenplantagen und dem sachte einsetzenden Export der Früchte, womit allerdings noch niemand Erfahrung hatte. Die Bananen waren Karl Wlhelm aus Südbrasilien wohlbekannt, er wusste die Anspruchslosigkeit der Stauden, den einfachen Anbau, die leichte Pflege und Fruchthäufigkeit zu schätzen, er hatte einen "grundehrlichen, zuverlässigen Mann an der Hand", der ihm eine große, aussichtsreiche Bananenplantage verkaufte. Diesmal konnte er seinem Lenchen getrost schreiben, sie solle alle Zelte in Sao Leopoldo abbrechen und mit den Kindern nach Spandau zu ihrer Mutter vorausfahren, er werde direkt aus Mittelamerika dorthin nachkommen und die Familie in ihre neue Heimat nach Costa Rica bringen. Also löste

Lenchen allein den Haushalt und die Praxis in Sao Leopoldo auf, traf allein die schwierigsten Entscheidungen über "Dortlassen, Verschenken, Verkaufen, Mitnehmen, weiterhin-brauchbar, oder nicht..." und stieg mit Lottchen und den Zwillingen, unzähligen Überseekoffern, dazu Kisten voller Gepäck mit den medizinischen Instrumenten, fast der gesamten gut-deutschen Arztausrüstung, ermattet auf den Dampfer, der sie über den Ozean "nach Hause", nach Deutschland und weiter zu ihrer Mutter nach Spandau bringen würde. Sie genoss es unendlich, diese letzten Wochen hinter sich und die "Ruhe" der Überfahrt vor sich zu haben, wo sie nichts mehr steuern und entscheiden musste.

Einige Herren von den mitreisenden Passagieren hatten viel Spaß mit dem kleinen Otto, dem sie vorsangen: "Einen Käfer hat Fritz Weber - an der Lunge, an der Zunge, an der Leber"....- und der gerade erst zwei Jahre alte Bub sang es melodisch ganz richtig nach, mit seiner babyhaften Aussprache, was recht drollig wirkte. Lenchen war einfach zu müde, solcherart unschädlichen Unsinn zu verhindern, zumal sie ganz erfreut war, wenn jemand ihr die Aufsicht auf die "Kleinen" ein wenig abnahm und nicht immer die "große Schwester, Lottchen" - auch erst zehn

Jahre alt - damit belastet werden musste.

So fühlte Lenchen sich fast ein wenig "erholt", als sie am, 15. Juni 1902 in Spandau ankam. Die meisten Kisten packte sie gar nicht erst aus, denn sie würden ja bald von Karl Wilhelm nach Costa Rica geholt werden.

Zunächst waren alle Beteiligten glücklich, wieder als fast vollständige Familie vereint zu sein. Besonders Lenchen war froh, ihre Kinder bei sich versammelt zu haben und zu wissen, dass Karl Wilhelm sie bald alle miteinander in ein warmes, fruchtbares Land und eine gesicherte Existenz holen würde. Die Spandauer Großmutter hatte in der zurückliegenden Zeit unter dem Druck der alleinigen Verantwortung für die ihr anvertrauten vier "großen Söhne" zu leiden begonnen, die Erleichterung, das Zepter endlich aus der Hand geben zu können, war ihr ebenso deutlich anzumerken, wie die Freude über die Ankunft ihrer Tochter.

Werner Karl Ferdinand war immerhin dreizehn Jahre alt, ging aufs Gymnasium, und war ein "guter Schüler". Den Anordnungen der Großmutter gegenüber gebärdete er sich jedoch ziemlich aufmüpfig, was von dem zehnjährigen Günther mit großer Befriedigung sehr genau, schon beim geringsten Unterton registriert und nach Möglichkeit nachgeahmt wurde. Selbst Gerhard, der sanftmütige, verfolgte mit seinen neun Jahren jede noch so geringe Meinungsverschiedenheit zwischen dem bewunderten "großen Bruder", der schon im Stimmbruch steckte, und der Großmutter höchst aufmerksam während der siebenjährige Herbert - in der "Hackordnung" ganz unten - vorzüglich gelernt hatte, den Unschuldigen, Kleinen zu mimen und die großen Brüder gegeneinander auszuspielen. Diese wiederum versuchten ständig, alle lästigen Aufgaben und Schuldzuweisungen auf den Jüngsten abzuschieben, der sich zum wortgewandten Clown des Haushalts entwickelt hatte.

Lenchen brauchte nur wenig Zeit, um die veränderten Strömungen bei ihrer Kinderschar aufzunehmen und einzuordnen. Noch hatte sie niemals pubertierende Buben erlebt, aber ihr wurde schnell klar, dass sie die "Oberhand gewinnen" und sich diktatorisch zeigen musste, um mit diesem hochgewachsenen, zugegebenermaßen sehr gut aussehenden und männlich wirkenden Ältesten Einigungen zu erzielen. Dies war der einzige Bereich, worin sie ihren Ehemann vermisste und auf seine baldige

Rückkehr hoffte. Vorläufig fühlte sie sich nämlich ohne ihn ausgesprochen wohl und nahm gleichmütig hin, dass es noch mehr als ein halbes Jahr dauerte, bis Karl Wilhelm sich entschließen konnte, seine Familie holen zu kommen..

Als Karl Wilhelm Anfang des folgenden Jahres in Spandau eintraf, fand er seine Familie vollzählig in der Wohnung der Witwe Klohe, seiner Schwiegermutter, woraufhin für die große Übersiedlung nach Mittelamerika vorbereitet und gepackt wurde. Außerdem verschaffte sich Karl Wilhelm im Tropeninstitut Kenntnisse über die unzähligen verschiedenen Bananensorten, den Anbau, die Bodenverträglichkeit und versuchte, andere Menschen für seine Pläne zu begeistern. Letzteres Vorhaben scheiterte bei Lenchen total. Diese hatte in Brasilien erlebt, wie unglaublich schnell diese zwar köstlich schmeckenden, bekömmlichen, urgesunden Früchte verdarben - was dort niemals ein Problem gewesen, denn man hatte ja sofort wieder frische haben können, man brauchte sie nur zu pflücken, denn sie gediehen schlicht überall, wo es heiß feucht und halbschattig war. Man fand sie nicht nur in den Urwäldern, sondern neben jeder Hütte, in jedem Hof, dazu wuchsen sie verblüffend schnell und zu jeder Jahreszeit.... Jedoch bezweifelte Lenchen, das man diese weichen Früchte würde verpacken und exportieren können. Den Versuchen Karl Wilhelms, seinem Lenchen klarzumachen, dass es inzwischen Möglichkeiten gab, Bananen eisgekühlt zu transportieren, und dass es dennoch sensationellen Gewinn bringen würde, blieb sie höchst skeptisch gegenüber, wagte jedoch nicht, seinem Dickkopf mehr als unbedingt nötig Widerspruch zuzumuten. Außerdem war auch ihr klar, dass das Wohnen dieser vielen Menschen bei Witwe Klohe nicht zum Dauerzustand werden durfte.

In der Enge der Etagenwohnung "war Schmalhans Küchenmeister" gewesen, wie man damals sagte, alle lebten von Großmutter-Flohes Pension. Es gab zwei Schlafzimmer, eines bewohnten die Eltern, Karl Wilhelm mit seinem Lenchen, in dem anderen schlief die Großmutter mit den beiden Mädchen, Lotte und Oda. Die fünf Buben mussten in Küche und Wohnzimmer schlafen, in der damals sogenannten "guten Stube", auf Ausziehe-Möbeln. Es wurden Sessel als Bett für die Kleinen zusammengeschoben und auf den Sofas Lager bereitet. Onkel Günther hat mir noch davon erzählt, als ich schon verheiratet war und wir, Gerd und ich mit zwei kleinen Kindern und einem dritten in Erwartung etwas beengt wohnten.

"Wenn Schule war, dann ging das alles ganz gut, aber an Sonn- und Feiertagen mussten wir immer frühzeitig aus dem Bett und hätten doch so gern mal lange geschlafen. Aber nein! In der Küche wurde – wie alltags- morgens um 06:30Uhr Feuer gemacht und die 'Gute-Stube' musste gerade an arbeitsfreien Tagen beizeiten aufgeräumt und empfangsbereit sein! Am schlimmsten war es, wenn abends Gäste kamen, dann mussten wir armen, müden Kerle in der Küche warten, bis der Besuch fort war, um schlafen gehen zu können. " Er habe sein Leben lang zu wenig Schlaf bekommen, sagte er häufig warnend und sehr eindringlich zu mir. Das sei nicht gut, man würde dadurch früher altern.

Sicherlich war es daher für alle Teile eine Entlastung, dass Karl Wilhelm schon bald nach seiner Ankunft im Haus Klohe, im Jahr 1903 nach Hamburg zum "Institut für Schiffs- und Tropenkrankheiten" ging, wo er eine "Fortbildung in Tropenkrankheiten, vor allem Malaria machte" und gleichzeitig Dienst als Arzt tat. Überdies nutzte er die Zeit, um sich selbst gründlich durch untersuchen zu lassen.

Für die "großen Buben" die in Spandau auf dem

Gymnasium waren, wurden unterdessen Schul-Bescheinigungen eingeholt. Lenchen, hoffte unter Anderem sehr, in Costa Rica bessere Ausbildungsmöglichkeiten für die Kinder vorzufinden, als dazumal in Sao Leopoldo. Es sollte dort eine deutsche Schule geben, die schon damals bis kurz vor das Abitur führte, wie Karl Wilhelm versicherte, herausgefunden zu haben. Eltern und Kinder reisten also nach Hamburg, bestiegen dort am 27. September 1903 das nächstmögliche Frachtschiff nach Panama, denn von dort konnte man über Land weiter nach Costa Rica gelangen - diesmal, wie alle glaubten, definitiv - und sehr neugierig auf die von Karl Wilhelm gekaufte Bananenfarm, vor allem froh, aus der Spandauer Enge herauszukommen und endlich eigenständig sesshaft zu werden.

Als sie vor Panama ankamen, erlebten sie zunächst, dass die Vereinigten Staaten von Nordamerika sich Panamas bemächtigten. Beim entsprechenden Einmarsch der USA-Truppen fiel nur ein einziger Schuss (!!!), was angesichts der Größenverhältnisse beider Länder vermutlich durchaus vernünftig war. Doch war die Bevölkerung nervös und aufgebracht Infolge der Ereignisse. Es war für Ausländer jeder Art ratsam, keinesfalls aufzufallen und sich schnellstmöglich als Nicht-Amerikaner zu identifizieren. So hatte der Frachter mit den Schinkes erst einmal vollkommen stillgehalten, weder Ladung noch Menschen gingen von Bord. Man wartete die Beruhigung der Einheimischen ab, bis es möglich wurde, gefahrlos über Land nach Costa Rica zu reisen. Jedoch blieb die Mutter mit den Kindern erst einmal an Bord, weigerte sich auch, all ihre Habe ausladen und transportieren zu lassen, und die Kabinen im Schiff freizumachen, bevor ganz feststand, dass mit der Bananenplantage alles so stimmte, wie es in Karl Wilhelms Vorstellungen schien. Lenchen hatte Südamerika-Erfahrung und traute den Machenschaften mit dem von Ausländern erworbenen Grundbesitz auch in diesem Land nicht. Bedauerlicherweise erwies sich ihr Misstrauen als vollkommen begründet. Karl Wilhelm - noch ein wenig beleidigt, über seine störrische Frau - reiste allein zu der von ihm gekauften Farm. Dort musste er feststellen, dass sein ehemals so vertrauenswürdiger Verkäufer spurlos verschwunden war und offenbar gar nicht die Eigentumsrechte für den damals getätigten Verkauf innegehabt hatte. Ihm gegenüber hatte sich jener Vertrauensmann freundlicherweise erboten, alle die lästigen

Behördengänge samt "Papierkram" für den der spanischen Sprache nicht mächtigen, Bürokratie hassenden Karl Wilhelm zu übernehmen.... Nun hatte das ganze Anwesen bereits einen anderen Besitzer, der auf "seinem Land" in einem neu erbauten Haus mit grosser Familie wohnte und ärgerlich mit ungeduldiger Gestik beeindruckend grosse, verschnörkelte Eigentums-Papiere vor ihm ausbreitete. Auch zeigte er sich völlig unbeeindruckt von Karl Wilhelms Versuch, die eigenen Ansprüche durchzusetzen oder wenigstens begreiflich zu machen; im Gegenteil, mit unmissverständlich-wütenden Drohungen, untermalt durch bedrohliches Fuchteln mit einer Schusswaffe, wurde Karl Wilhelm auf Lebenszeit von diesem Ort vertrieben.

Mittlerweile hatte seine Frau, Lenchen Klohe, vom Schiff aus im Meer gebadet, und zwar, da das ganze Schiff von Haifischen umschwommen wurde, in einem grossen Maschendraht-Käfig, der vom Ladekran mit ihr und den brüllenden Kindern ins Meer hinabgelassen wurde, wobei die gesamte Schiffs-Mannschaft inklusive Kapitän zugeschaut haben sollen, wie unbekümmert sie innerhalb des Käfigs schwamm und planschte. Keiner der kräftigen Matrosen oder sonstigen Besatzungsmitgliedern hätte sich solches getraut.

Als Lenchen von ihrem grantig zurückgekehrten Mann gefragt wurde, weshalb sie der Schiffsbesatzung ein derartiges Schauspiel geliefert habe, erklärte sie so gelassen wie immer, es sei ein besonders heißer Tag gewesen, vernünftige Bäder gäbe es in diesem Frachtschiff nun mal nicht, alle ihre Kinder hätten eine gründliche Wäsche dringend nötig gehabt..., das Meerwasser sei hier besonders transparent und einladend, kurzum, er habe keinerlei Grund, sich über DIESES aufzuregen, solle lieber über eine vernünftige Gestaltung der Zukunft nachdenken, usw....

Nach diesem Debakel in Costa Rica fuhr die ganze Familie mit demselben Frachter wieder zurück nach Deutschland. Auf der Überfahrt spielte der Schiffszimmermann gern mit den Zwillingen, machte ihnen Schaukeln, Wagen und sonstiges Spielzeug aus Holzresten und ließ sie unter der Aufsicht der größeren Schwester Lotte unter Deck damit spielen, wenn der Seegang zu wild war, sie an Deck bleiben zu lassen. In den karibischen Gewässern wurden alle Kinder zusammengerufen, als eine Riesenschildkröte in der Nähe des Dampfers umherschwamm, um Luft zu holen, was Vaterchen ihnen genau erklärte. In Cartagena/Columbien mussten für Lottchen

Schuhe gekauft werden, da mussten alle Kinder mit, denn die zuverlässigste Aufsichtsperson - nämlich Lotte - war ja die Wichtigste an diesem Ausflug. Das ganze Unternehmen war für die Eltern derart anstrengend, dass sie sich schworen, etwas Derartiges niemals wieder wagen zu wollen – noch dazu unter Begleitung durch die „großen Buben", die eine zu „wilde Horde" darstellten, um in der fremden Sprache und in einer solch umtriebigen, lebhaften Stadt die Aufsicht zu behalten. In St.Tomé wurden Kohlen geladen, wessen der Dampfer dringend bedurfte; diesem Schauspiel durften alle Kinder zusehen während der Vater die einzelnen Arbeitsgänge erklärte, was so beeindruckend war, dass sie es noch als alte Erwachsene schildern konnten..

Schließlich und endlich kam man doch nach Hamburg; und weiter bis Spandau, wo sie abermals in der Wohnung der Schwiegermutter unter-schlüpften und zunächst einmal den deutschen Winter "abwetterten". Es war ja schon November 1903. Im Januar würden die Zwillinge vier Jahre alt werden. Das deutsche Schuljahr begann damals noch nach Weihnachten jeweils Anfang des neuen Jahres, so dass die "grossen" Kinder ohne Verlust wieder in ihre bisherigen Schulen aufgenommen werden konnten. Zum

Glück waren allesamt gute Schüler.

Bei der Großmutter in Spandau

Im Jahr 1904 erging an Karl Wilhelm eine Anfrage vom Bezirkskommando Stettin, ob er Interesse habe, als Arzt bei der Schutztruppe der Afrikanischen Kolonieen einzutreten, es seien freie Stellen vorhanden. Das kam beiden Eheleuten Schinke sehr entgegen. Er hatte für sich gute Aussicht auf abenteuerliches Leben in unbekannter, tropischer Ferne, dazu würde an seine Familie in Deutschland regelmäßig eine Besoldung ausgezahlt werden, die es fortan erlauben würde, Schwiegermutters Pension mehr zu schonen, das nahm allen Beteiligten viel Druck von der Seele. Lenchen hatte sich vom Beginn ihrer Ehe an einen Mann mit zuverlässigem Einkommen gewünscht, da ja Haushalt und Schule auch regelmäßige Ausgaben erforderten. Besonders schmerzlich hatte sie diesen Mangel in Südbrasilien empfunden. Die zahlreichen dort von Karl Wilhelm behandelten Patienten waren arme Kolonisten gewesen, die ihn – wenn überhaupt – mit Naturalien bezahlten, wie Säcke voller Bohnen, Reise oder Mehl, auch mal Lederartikel... Für eine schwierige Operation hatte er ein neues Pferd erhalten, ein andermal ein Schwein zum Schlachten. Für kleinere Behandlungen waren Speck und Trockenfleisch ins Haus gekommen. Hinzu kam, dass Karl Wilhelm viel zu bescheiden war, um angemessen hohen Lohn für seine Tätigkeiten zu verlangen. Immer maß er seine Forderungen am Vermögen des Patienten, nicht an der eigenen Leistung – geschweige denn am Bedarf der Familie. Lenchen hatte diese Art von Haushaltsführung mit ewig-fehlendem Bargeld bei ständig wechselnder Anzahl von Essern am großen Tisch gründlich satt. Die Aussicht auf eine lebenslange, von Deutschland gezahlte Pension erschien ihr persönlich himmlisch erleichternd. Dafür nahm sie sogar die kaum vorhersehbar lange Abwesenheit Karl Wilhelms und seinen Aufenthalt im Gefahrengebiet des unbekannten Deutsch-Südwest-Afrika in Kauf.

Für die zahlreichen in Witwe Klohes Wohnung untergebrachten großen und kleinen Menschen wurde mit Karl Wilhelms Abreise wesentlich mehr Raum frei. Man konnte dann wieder zu der Originalaufteilung übergehen, - ein Schlafzimmer für die Buben, das andere für die Frauen und Mädchen. Küche und "Gute-Stube" würden endlich wieder von "Einquartierung" frei bleiben.

Mit der Aussicht auf finanzielle Entlastung erfüllte sich Karl Wilhelm noch einen langgehegten Wunsch: Er – der unendlich viel Freude an Musik, jedoch selbst niemals Unterricht bekommen hatte – sorgte dafür, dass alle seine Kinder in Spandau Musikunterricht erhielten. Jeder von ihnen spielte auch als Erwachsener noch Klavier. Lediglich Gerhard wünschte sich Geigenunterricht. Günther spielte schon hübsch Blockflöte, erhielt dazu Klavier und Querflötenunterricht. Er hat damals neben der kleine Schwester, Oda, für den Musikunterricht am fleißigsten geübt, denn er musizierte später von all seinen Geschwistern bei Weitem am besten. Noch in Brasilien – vierzig Jahre später, während meiner Kindheit - spielte er häufig mit Oda vierhändig, oder er begleitete uns alle beim Singen, wie es zu jedem Weihnachtsfest im späteren, großen Schinke-Haus Brauch war. Auch Oda hat damals noch Klavier und Akkordeon gespielt, Lotte jedoch nicht; und Otto, - mein Vater, - spielte gern und viel Klavier, sobald er zu einem Instrument Zugang hatte, jedoch im Unterschied zu seinen Geschwistern, spielte er ausschließlich auswendig nach Gehör, - jedoch beeindruckend virtuos.

Der Oberarzt Dr.Karl Wilhelm Schinke in Deutsch-Südwest-Afrika

Karl Wilhelm reiste im eiskalten Januar des Jahres 1905 nach Rotterdam und stieg dort auf ein Schiff, das ihn als Oberarzt nach "Deutsch-Südwest-Afrika" (heutiges Namibia) bringen sollte, wo die "Herero-Aufstände" mit erheblichen Kämpfen tobten. Auf See, noch ganz im Norden vor der Afrikanischen Küste gerieten sie in einen derartig starken Sturm, dass das Schiff umkehren, in Rotterdam repariert und die Ladung anders gestaut werden musste, da sie in den Laderäumen verrutscht war..

Karl hat von dieser Seefahrt einschließlich seiner gesamten Einsatz-Zeit in "Deutsch-Südwest" ein sehr ausführliches, gut zu lesendes Tagebuch hinterlassen. Er schrieb mit spitzem Bleistift auf sehr dünnes Papier Sütterlinschrift in ein Heft, das erst ein halbes Jahrhundert nach Karl Wilhelms Tod durch einen Freund des Arzt-Enkels Dr.Werner Schinke in Estrela entziffert und von Werner für uns leserlich gemacht, mittlerweile von ihm sogar ins Brasilianische übersetzt wurde, da jemand vom Historischen Institut der Universität Porto Alegre sich im Jahr 2007 an Drucklegung und Veröffentlichung desselben interessiert gezeigt hatte, ist es inzwischen als zweisprachiges Buch in Porto Alegre erschienen.

In diesem Tagebuch beschreibt Karl Wilhelm wie er kurz vor dem Ablegen in Rotterdam der Aufnahme von Ladung ins Schiff zusah. Er glaubte, es sei absolut ungünstig wie die Lasten verteilt wurden. Er meinte sogar "Schlagseite" beim ablegenden Schiff zu bemerken. Da er ja bescheiden und "nur der Doktor" war, machte er jedoch niemanden auf seine Beobachtung aufmerksam, was sich vor Afrikas Küste als Fehler herausstellt. Dort gerät der Dampfer in schweren Sturm, die Ladung löst sich, geht sogar teilweise über Bord, sie müssen nach Rotterdam zurückkehren und Reparaturen machen lassen. Ausserdem beschreibt er, wie später, nach Abschluss der Arbeiten zum zweiten Mal ausgelaufen wird, diesmal erfolgreich. Unterwegs wird auf dem Truppentransporter von den Militäroffizieren ein Preisschießen veranstaltet, bei welchem er den ersten Preis errang.

" Ausgerechnet der Doktor!!!" riefen alle und er wurde gefragt, ob er nicht lieber als "Schiess-Offizier nach Potsdam gehen wolle... Unter den Leutnants bestand nämlich verbreitet die herablassende Meinung, auch wenn die Ärzte in

85

der militärischen Hierarchie ihnen gleichgestellt im Offiziersrang stünden, so hätten sie doch vom Reiten und Schiessen tatsächlich keine Ahnung...Karl, hingegen, hatte in Beidem einschlägige Erfahrungen. Schon 1898 hatte er in Porto Alegre beim "Vierten Deutschen Bundesschießen" gegen unzählige Bewerber den ersten Preis errungen. Der damals gewonnene Pokal ist erhalten.

Im Februar 1905 war er als Oberarzt zur Schutztruppe in Afrika gekommen, und schon zwei Monate später, am 22.April erhielt er seine Beförderung zum Stabsarzt.

Die Familie in Spandau

In Spandau bei Großmutter Klohe wuchsen unterdessen Karl Wilhelms Kinder heran. Es gab später in der Schinke-Familie einen schönen Fundus von Kinderstreichen, die oft und gern erzählt wurden.

Die Zwillinge Otto und Oda waren von Klein auf unzertrennlich. Alle Streiche machten sie gemeinsam. Schon in Sao Leopoldo, als sie erst etwas über ein Jahr alt waren, hatte die Mutter einmal Marmelade gekocht, die sie zum Abkühlen auf den Veranda-Tisch stellte. Die beiden Kleinen hatten sich Stühle an den Tisch gezogen, langten mit den Fingerchen tief in die noch warme Süßigkeit und schleckten nach Herzenslust. Bis die Mutter sie fand waren beide Kindergesicherten und Hände, einschließlich Kleidung, unbeschreiblich beschmiert. Ein Rollschinken, den die Mutter im Esszimmer aufbewahrt hatte, wurde von den Kleinen entdeckt, immer hübsch-abwechselnd gepackt und mit den Zähnchen zerrissen. Während der tropischen Regenfälle, als es in Sao Leopoldo Hochwasser gegeben hatte, wurden die zwei Kleinen von den grösseren Geschwistern in die Messing-Wanne gesetzt – die selbe, in der Marmelade gekocht wurde und die sonst den Kindern als Bade-Zuber diente, - und im überschwemmten Hof spazieren gefahren. Bei recht starken Sommerregen liefen alle Kinder nackt im Hof umher, um sich tüchtig abduschen zu lassen.

Sechs Jahre später in Spandau fand die Liebe der Zwillinge zueinander bei Otto ganz anderen - nämlich poetischen Ausdruck: Im ersten Grundschulalter schrieb er auf einen Zettel:

"Mein, liebes, süßes, Kleinchen, Du herziges Zuckerschweinchen, Wie lieb' ich Dich so sehr! "

und warf seinem Schwesterchen Oda diesen

87

Zettel verschämt vom Balkon herunter, als diese zur Schule ging.

Auch andere Verse dichtete Otto schon frühzeitig:

"In der Stub' von Onkel Bräsig roch es, immer gar so käsig"

Die Liebe zu Reim und Rhythmus blieb ihm zeitlebens erhalten. Es gibt eine ganze Sammlung von ihm verfasster Gedichte aus späteren Zeiten, die ich – seine Tochter - mit immer wiederkehrender Freude zitiere, lese und aufbewahre.

In diese frühe Spandauer Zeit gehört auch Klein-Odas Freude am Klettern und Balancieren. Im Winter waren die Zwillinge mit dem nächst älteren Bruder Herbert unterwegs am einfrierenden Ufer der Havel, die kleine Oda turnte auf der eisglatten Ufermauer herum und "PLATSCH", lag sie im Wasser. Die beiden Brüder zogen sie schnell heraus, jedoch hatten alle drei so viel Angst vor Strafe, dass sie lieber in der nassen Kleidung herumliefen, die nach und nach brettsteif wurde. Sie müssen wohl einen starken Schutzengel gehabt haben, denn alle überstanden es gut.

Lesen konnte der kleine Otto viel früher als

Schreiben. Und er entzifferte mit Wonne alle Aufschriften auf Schildern und Ähnlichem. Eines Tages, beim Heimkommen, soll er zu seiner Mutter ganz aufgeregt gesagt haben: "Übrigens, in unserer Straße wohnt ein General! " Und auf die Rückfrage der Mutter, wie der denn hieße; "General Agentur!" Ins erste Lese-Alter fällt auch folgende Geschichte: Vom Lieblings-Onkel aller Schinke-Kinder, Karl Klohe, Lenchens älterem Bruder, einem Marine-Offizier, der den Kindern herrlich Geschichten erzählen konnte - hatten die Zwillinge auf dem Rummelplatz gebrannte Mandeln gekauft bekommen, die Ottchen sehr mochte. Einige Tage später hatte er seine Mutter gefragt, ob "gebrannte Warschauer" genauso gut schmeckten, wie jene Mandeln. Nachdem die Mutter verwundert gewesen war, wie er auf dies käme, zeigte er ihr das große Firmenschild am Fabrikgebäude auf der anderen Straßenseite, "Gebr. Warschauer" . Die Mutter hatte darauf empfohlen, dieser Frage in dem Fabrikgebäude selbst auf den Grund zu gehen. Daraufhin wanderte der Kleine unerschrocken mit einem Fünfpfennigstück im Händchen hinein und fragte die erstaunten Angestellten nach "Gebrannten Warschauern". Leider ist nicht überliefert, wie man innerhalb der Fabrik der "Gebrüder

Warschauer" mit dem Kind umgegangen ist – ob die Erwachsenen damals genug Humor hatten oder ob man das Kind empört davongejagt hat.

Auch über diese Geschichte konnte meine Großmutter als alte Frau noch sehr lachen. Indessen mochte mein Vater diese Geschichte gar nicht. Er behielt das Gefühl, dass die Mutter ihm unverdient einen Streich gespielt hatte.

Hingegen erzählte er schmunzelnd, wie gern er sich damals "Flitze-bogen" herstellte aus biegsamen Weidenruten, die er von einem grossen Weidenbaum an der Friedhofsmauer klaute. Als er dort wieder einmal im Baum sass und sich Ruten schnitzte, erschien unten der Friedhofswärter und gebot ihm vom Baum zu kommen und die runter gefallenen, auf Gräbern und Wegen verteilten Schnitzel wegzuräumen.

Ottchen konnte sich nur durch einen sehr riskanten Sprung von dem Ast auf die Friedhofsmauer, an dieser aussen herab und dann rennend wie ein Hase in das Gewirr der Stadt-Strassen retten. Dies gelang ihm zwar - jedoch war bei dem riskanten Sprung seine ganze Angst in die Hose gegangen, so dass er erbärmlich stinkend zu Hause ankam, wo die

Mutter schnuppernd in alle Ecken sah, bis sie
den Weg zu ihm fand und nach seiner
Reinigung der sogenannte "gelbe Onkel" -
ein Bambus-Schlagstöckchen bemüht wurde.
Die Zwillinge waren in Spandau, wie auch
später im Erwachsenenleben, besonders große
Tierfreunde. Der Kinderstreich, an den meine
Tante Oda sich am Liebsten erinnerte, war,
wie sie selbst einmal - von Otto mit
"Räuberleiter" hochgestemmt - den Riegel
am Wagen der Hundefänger öffnete,
während die Fänger gerade einem anderen
Hund hinterherliefen, so dass plötzlich alle
schon eingefangenen Hunde ihre Freiheit
wieder hatten und sich beglückt in alle Winde
zerstreuten. Damals waren die beiden
"Kleinen" schon so schlau, dass sie im
Anschluss an diese Heldentat nicht gemeinsam
sofort nach Hause rannten, sondern sich
trennten jedes in eine andere Richtung lief,
und keine war die korrekte. Dies war vorher
ausgeheckt, weil Ottchen aus einer früheren
Erfahrung gelernt hatte. Sie spielten nämlich
immer wieder gern "Schellenkloppen" , das
heißt, im Vorbeirennen drückten sie mit der
ganzen Hand auf sämmtliche erreichbaren
Klingelknöpfe der Einzel- und
Mehrfamilienhäuser, an denen sie

vorbeikamen. Bei dieser Betätigung war einige Wochen zuvor der noch kleine, unerfahrene Otto von einem Polizisten beobachtet, gestellt und nach Namen und Adresse gefragt worden, was er getreulich richtig beantwortete. Dann ging er ganz brav nach Hause und setzte sich auffällig schweigsam an seine Schulaufgaben. Seine darob schon etwas misstrauische Mutter, die wenige Minuten später auf energisches Klingeln die Wohnungstür öffnete, sah sich einem dicken Polizisten gegenüber.

Im Alter von achtzig Jahren konnte Lenchen Tränen lachen, wenn diese Geschichte - meist von meinem Vater - erzählt wurde. Da war sie schon ein gebeugtes, runzliges Großmütterchen und wenn sie gefragt wurde, warum sie denn jeden Sonntag so eine brutale und oftmals auch sicher ungerechte Straferei durchgeführt habe, sagte sie immer "schade um jeden Schlag der vorbei ging...". Das hat mich als Kind oft erschreckt, ich kannte sie nur so gebäugt, schwach, und sanftmütig. Meine Onkel und Tanten - ihre Kinder - überragten sie um Haupteslänge.

1909, im Alter von neun Jahren, musste Ott-chen

am Blinddarm operiert werden, dazu lag er elf Tage lang fest – des nachts während der ersten 74 Stunden mit Riemen ans Bett gefesselt - in der Berliner "Charitée" , bis er zu ersten Mal kurz aufstehen durfte. In der langen Zeit bekam er nur ein einziges Mal Besuch, und zwar von der verehrten "Spandauer Grossmutter". Damals war eine solche Operation wesentlich ernster als heute. Er hatte noch als alter Mann eine 12 cm lange unschöne Narbe über den halben Bauch. Während der Krankenhaustage vertrieb er sich lesend die Zeit, nicht nur seine Schulbücher, sondern auch die geliehenen Bücher anderer Patienten, was er sehr genoss.

Sein zweitältester Bruder Günther, der ständig Beschwerden mit verschleimten und entzündeten Atemwegen hatte, musste als Junge – sogar ganz allein - zum Hals-Nasen-Ohren-Arzt fahren, der ihm Wucherungen aus Hals und Nase chirurgisch entfernte.

Gerhard, der Drittälteste, hatte schon lange über Kopfschmerzen geklagt, was niemand ernst nahm, schließlich ließ sein Arztvater den Urin untersuchen wobei enorm hoher Eiweißgehalt festgestellt wurde. Das war derart alarmierend, dass der Vater persönlich sofort ins Gymnasium fuhr und Gerhard aus der Klasse direkt in die "Charitée" holte, wo der Junge lange Zeit liegen musste um diese akute Nierenentzündung zu kurieren, was jedoch nicht ganz gelang. Er blieb zeitlebens "nierenleidend". Durch die langen Behandlungszeiten, sein schlechtes Befinden und die Androhung, sich unbedingt schonen zu müssen, war er danach in seiner Klasse sehr schwach in den ehemalig glanzvollen Leistungen, was die Lehrer übel als "im Krankenhaus angewöhnte Faulheit" vermerkten. Nicht nur deswegen wurde er von den Mitschülern gehänselt, sondern auch, weil er plötzlich nicht mehr so schnell rennen und an Sport oder wilden Spielen teilnehmen konnte, wie zuvor. Irgendwann war vermutlich Gerhards Geduld zu Ende, er verliess mitten aus dem Unterricht die Schule, ging zum Bahnhof und setzte sich in einen Zug nach Frankfurt an der Oder, wo sein Onkel und Pate, Hermann Schinke, ein Geschäft für Papier- und Büroartikel betrieb. Unterweg warf er mit Genuss nach und nach seine sämtlichen Schulbücher aus dem Fenster des fahrenden Zuges.

Leider währte seine Befriedigung nicht lange. Bei Ankunft in Frankfurt/Oder stand ein Zugbeamter mit dem Stapel aller seiner Schulbücher an der "Sperre" bereit, Gerhard wurde augenblicklich

94

gezwungen, den Gegenzug zurück nach Berlin zu besteigen und von den wütenden, verständnislosen Eltern in dasselbe Gymnasium, in dieselbe Klasse gesteckt wie zuvor. Damals gab es noch an jedem Schienenstrang einen "Gleisbeamten", der nichts Anderes zu tun hatte, als an den Gleisen entlang zu gehen und diese und die Weichen auf eventülle Schäden, Verunreinigungen, daraufliegende Steine, usw., zu prüfen. Dieser hatte in den besagten Abständen Gerhards Schulbücher aufgelesen – es stand ja überall sein Name, Adresse und sein Gymnasium ordentlich aufgeschrieben - so kam es, dass Gerhards Freiheitsdrang beschämend zurückgestutzt wurde.

Übrigens hat sich die von den Eltern als "schlimmste Bestrafung" gedachte Massnahme, den Jungen in genau dieselbe Klasse wieder zu setzen, als weniger schmerzhaft erwiesen: der Junge wurde von seinen Klassenkameraden von nun an für sein "Abenteuer" hochgeschätzt, als "Held" gefeiert und viele seiner ehemaligen "Feinde" setzten sich nun sogar bei den Lehrern für ihn ein. Auch dem Kollegium hatte Karl Wilhelm eine Erklärung über den Gesundheitszustand seines Sohnes geben müssen, so war auch deren Verhalten dem Schüler gegenüber verändert. Jener Onkel

Hermann, Karl Wilhelms jüngerer Bruder, mit dem Büroartikelgeschäft in Frankfurt/Oder, hatte – wie Karl Wilhelm in Spandau - eines der ersten Telefone. Als einmal der Vater der Schinke-Brüder, Gottlieb Schinke aus Ellsnig in Frankfurt/Oder zu Besuch war, liess sich Hermann über die Vermittlung des "Fräulein vom Amt" mit Karl Wilhelm in Spandau verbinden, reichte dem Vater den Hörer und sagte: "Bitte, Vater, Karl will mit Dir sprechen." Der Grossvater, dem dieser Apparat völlig unbekannt war, unterhielt sich lange und ausführlich mit seinem Ältesten und wollte anschliessend nicht glauben, dass Karl sich während dieses Gesprächs tatsächlich in Spandau befunden habe. Immer nervöser werdend durchsuchte er höchstpersönlich die gesamte Wohnung und das Geschäft des Sohnes nach dem "irgendwo versteckten Karl". Schließlich reiste er beleidigt über diesen "schlechten Scherz", den seine Söhne sich mit ihm, der Respektsperson, erlaubt hatten, auf sein Bauerngut nach Ellsnig zurück.

1905 bis 1906 arbeitete Dr.Karl Wilhelm als Stabsarzt bei der "Deutschen Schutztruppe" in den Herero-Kriegen in Deutsch-Südwest-Afrika. Über Swakopmund kam er nach Windhuk, von dort

nach Keetmanshop und weiter nach "Wasserfall".
Er machte den Feldzug gegen die Hottentotten mit
und schrieb fleißig Tagebuch. Außerdem schrieb
er häufig an seine Lene, wobei er die Briefe mit
„Mein geliebter Herzensschatz" überschrieb.
Darüber hinaus sind bis heute eine Reihe von
Postkarten erhalten, die er von dort an seine
Kinder gesandt hatte.. Zum Teil hatte er Gedichte
geschrieben, die viel von seiner Art Humor zeigen.
So bekam Günther zu seinem Geburtstag 1906
aus Cape-Town einen gereimten   Extra-Gruss.
Immer wieder bittet er in Briefen und Karten seine
Frau, ihm doch häufiger zu schreiben, was
vermutlich wegen Lenchens starker
Beanspruchung durch Versorgung und Erziehung
der sieben Kinder und die komplizierte
Haushaltsführung in der Enge der mütterlichen
Spandauer Wohnung,   kaum gelingen konnte.
Enorm hilfreich war dagegen, dass der Karl
Wilhelm zustehende Sold aus den Feldzügen an
die Spandauer Familienadresse ausgezahlt wurde
und der Doktor selbst in der Kolonie "Deutsch-
Südwest-Afrika" kostenlos lebte.   So war
wenigstens der Druck, mit der schmalen
mütterlichen Witwenrente auskommen zu müssen,
von Lenchen genommen. Zeit auf seine oftmals
reizenden Briefe und Karten pünktlich zu
antworten, konnte Lenchen jedoch nicht

97

aufbringen.

Eine Karte zeigt das Post- und Bahnhofsgebäude von Keetmannshop und Karl schrieb darauf :

"Ist   das   nicht   ein   Postgebäude?
Ja,   das   ist   ein   Postgebäude!
Macht ein Brief nicht grosse Freude?

Ja,   ein   Brief   macht   grosse   Freude.
Postgebäude   -   Brief   viel   Freude
Oh   du   Schöne,   oh   du   Schöne
 Schreibe drum zu jeder Zeit!"

Dazu die Mitteilung: "Briefe mit dem nächsten Ochsenwagen."   Und   Stempel:
"Keetmannshop,17.6.1906 "

Ende 1906 kam Karl Wilhelm krank aus Afrika zurück in die Spandauer Wohnung, wo es daraufhin wieder noch viel enger wurde. Aber die Kinder waren stolz auf ihn, er wurde von den Frauen umsorgt und gesundgepflegt.   Seine schon fast siebenjährigen Zwillinge,   die zehnjährige Lotte und der elfjährige Herbert konnten garnicht genug bekommen von seinen Erzählungen.   Auch hatte der Vater   allerlei Souvenirs mitgebracht,   unter Anderem die kleine, bunte Bronze-Statuette eines Herero-Kriegers in dortiger Kriegstracht (sie steht jetzt bei uns in Bad Homburg auf dem Klavier). Als der kleine Otto die Statue anschaute, fragte er, ob dies "Vaters schwarze Frau in Afrika" gewesen sei. Darüber wurde sehr gelacht und die Statue wurde künftig nur noch "Vaters Schwarze Frau" genannt.

Die Geschichte ist oft erzählt worden im Schinke´schen Haushalt, mir sogar, ein halbes Jahrhundert später, als ich - sechs Jahre alt - erstmalig in´s grosselterliche Haus kam, und deshalb haben wir, Hafners, diese kleine Statuette vererbt bekommen. Wenn man sie genau anschaut, versteht man gut, wieso ein europäisches Kind die Figur als "weiblich" empfinden musste, da die Kleidung darauf hinzuweisen scheint.

Ein halbes Jahr nach seiner Heimkehr aus Afrika wurde Karl Wilhelm am 01.05.1907 als Stabsarzt pensioniert und man verlieh ihm den "roten Adlerorden Vierter Klasse mit Schwertern". Dazu erhielt er noch eine bronzene Gedenkmünze für "Teilnahme am Kampfe gegen die Hottentotten". In seinen Erzählungen aus dieser Zeit kam übrigens häufig ein Herr von Wittenhorst vor, mit dem er oft zusammen gewesen sein muss. Ausserdem erhielt er ab sofort zeitlebens

99

regelmässig die Stabsarzt-Rente.

Zurück in Spandau widmete sich Karl Wilhelm viel aufmerksamer seiner Familie, als vor dem Afrika-Aufenthalt. Alle sieben Kinder sangen im Kirchenchor. Sowohl Günther als auch Gerhard hatten sich inzwischen stark beim Fussballspielen engagiert, ein Spiel, das damals unter Gymnasiasten gerade in "Mode" kam.. Eines Tages fragte Günther seinen Vater, ob er sich wohl "echte Fussballkluft" kaufen dürfe, dies war der "zünftige" Ausdruck damals. Der Vater antwortete ihm lakonisch, "...wenn du für so etwas Geld hast? Ich hab jedenfalls keines." Günther hatte jedoch wie auch Gerhard schon lange Nachhilfeunterricht gegeben, die Jungen hatten Geld gespart, wovon der Vater nicht wusste und glaubte, durch seine Antwort ein Verbot ausgesprochen zu haben. Aber Günther und Gerhard fuhren nach Berlin und kauften, Hosen, Hemden, Stutzen Stiefel und einen guten Ball. Der Vater war höchst erstaunt, als die Buben abends ihre Einkäufe vorzeigten. Richtig aufmerksam wurde er jedoch erst, als er merkte, dass seine "grossen Söhne" vom Fussballfieber wirklich ergriffen waren und regelmässig zu solchen Spielen oder Trainings zogen.

Schliesslich fragte er, ob er sich denn auch mal so ein Spiel ansehen dürfe. Das war für die Söhne das Stichwort: Konzentriert suchten sie aus der grossen Auswahl in Berlin ein interessantes Spiel für den nächsten Sonntag aus, begleiteten ihren Vater dorthin und erklärten ihm die Spielregeln. Er sagte kein Wort dazu. Ende der folgenden Woche fragte er beiläufig: "Findet am Sonntag wieder so ein Spiel statt? Ich möchte mir gern noch einmal eins ansehen." Schweigend ging er mit den Söhnen dorthin, liess sich immer mehr erklären und zog plötzlich ein gekauftes Heftchen mit den Fussballregeln aus der Hosentasche, in das er sich vertiefte. Von diesem Tag an hatte auch ihn das Fussballfieber gepackt. Es verging kein Sonntag mehr ohne Fussballspiel mit seiner Gegenwart. Besuch, der sich ansagen wollte, bekam erklärt: "Bitte, ich gehe erst zum Fussball, danach seid Ihr ja dann sicher noch hier..." Es war für Lenchen oftmals unangenehm, denn da konnte kommen, wer wollte - "Vaterchen" ging zum Fussball, das liess er sich nicht mehr nehmen. Selbst seinem ältesten Sohn Werner, der sich bis dahin weniger im Fussball engagiert und nicht aktiv gespielt hatte, diktierte er für die Zukunft dass er, wie die jüngeren Brüder, in den Verein einzutreten habe; - der Junge "musste" fortan – obwohl immer widerwillig - am Training teilnehmen und Fußball spielen, auf speziellen Wunsch und Befehl des Vaters.

○○○○○○○○○○○○○○○○○○**✴✴✴✴✴✴✴✴✴✴✴✴✴✴✴✴✴✴✴✴✴✴✴**○○○○○○○○○○

○○○○○○**✴✴✴✴✴✴✴✴✴✴✴✴✴✴✴✴✴✴✴✴**○○○○○○○○○○○○○○○○○

Anfang des Jahres 1908, am 10.März, starb Johann Gottlieb Schinke, Karl Wilhelms Vater, in Ellsnig. Er hatte gerade eine langwierige Lungenentzündung überstanden, war auf dem Weg der Besserung gewesen, und ging wider besseres Wissen und trotz gegenteiligen Flehens seiner ihn pflegenden Frau Marie Mathilde, über den so spät im Jahr noch einmal verschneiten Hof in das "Häuschen mit dem Herzchen". Dieser Toilettengang hatte dem starrsinnigen, siebenundachtzigjährigen Mann den schweren Rückfall mit darauffolgendem schnellen Tod gebracht.

Sein Mediziner-Sohn, Dr. Karl Wilhelm wurde im selben Herbst 49 Jahre alt. Im nächsten Jahr würde er das halbe Jahrhundert vollenden. Wenn man denkt, dass Menschen in diesem Alter sesshaft sein sollten, ... so war dies bei ihm keineswegs der Fall. Noch in demselben Jahr und im darauffolgenden, 1909, unternahm er zwei ausgedehnte Reisen in die "Deutsch-Ost-Afrika-

Kolonie", das heutige Tanzanija, zwischenzeitlich auch Tanganjika genannt. Vielleicht waren es seine "Pflanzerwünsche", vielleicht das alte "Fernweh und die Ruhelosigkeit", vielleicht jedoch nur die Enge in der kleinen Spandauer Wohnung mit der sehr grossen Familie, was ihn wegtrieb. Jedenfalls führten beide Reisen zu keiner tatsächlichen Auswander-Unternehmung. Sein Reisetagebuch aus Ost-Afrika ist übrigens erhalten.

Als er von der zweiten Ost-Afrika-Reise zurück nach Spandau kam, fand er in der schwiegermütterlichen Wohnung unter Lenchens Pflege seine Mutter, die Witwe Marie Mathilde Weicht-Schinke aus Ellsnig in todkrankem Zustand vor. Kurz nach seiner Heimkunft starb sie im April 1909 an "Myodegeneratio Cordis" und es war, als habe sie mit dem Sterben in Spandau nur gewartet, bis ihr ältester Sohn heimkehrte. Sie hatte sich über den Tod ihres Mannes, Johann Gottlieb, nicht trösten können, ihre in Ellsnich lebenden Kinder, Karls jüngere Geschwister, hatten die Mutter in den turbulenten, städtischen Haushalt von Karl und Lenchen geschickt, wo die gerade achtjährigen Zwillinge die nettesten Streiche fabrizierten, jedoch hatte ihre Traurigkeit nicht weichen können. Ein knappes Jahr nach

dem Tod ihres Mannes   folgte sie ihm .
Karl Wilhelm hat ihre Hand gehalten bis sie
gestorben war. Damals als er noch in Ellsnig IHR
Kind gewesen, hätte sie um ein Haar seine
höhere Schulbildung   verhindert,   vielleicht nur
um ihn als Hof-Erben bei sich in der Nähe zu
behalten, oder tatsächlich, weil sie damals nicht
glauben konnte,   dass ein Leben mit mehr
intellektueller Bildung ihn oder irgendeinen
Menschen dieser Welt glücklicher machen
könnte ... , in ihren letzten Lebensstunden,
jedenfalls, war sie so stolz auf diesen Sohn, der
die Welt kannte, wie kaum ein Anderer ihres
Bekanntenkreises, dass es ihr Frieden und Ruhe
schenkte, seine körperliche Nähe zu spüren.

Als mir die Chronologie dieser und der nun
folgenden Ereignisse klar wurde, fragte ich mich,
wo eigentlich die sterbende Grossmutter-Weicht-
Schinke in der Spandauer Wohnung noch Platz
gefunden hatte. In welchem Bett mag sie gelegen
haben und gepflegt worden sein?   Vielleicht war
es in diesen Nachtstunden, als Karl Wilhelm am
Bett seiner sterbenden Mutter sass, dass in ihm
die nun folgenden Entschlüsse gereift waren.
Jedenfalls zog Karls Familie kurz nach Oma-
Weichts Todesfall in eine eigene Wohnung nach
Charlottenburg gegenüber dem dortigen Bahnhof

und Karl Wilhelm begann zusätzlich zu seinem Arztberuf Zahnheilkunde zu studieren, wobei er von der neuen Wohnlage aus wesentlich kürzere Wege zur Universität hatte.   In den Jahren in Südbrasilien hatten ihm   oft detailliertere zahnärztliche Kenntnisse gefehlt, denn er hatte viel seiner kostbaren Zeit damit verbracht, Zahnprobleme zu kurieren. Möglicherweise hatte die Idee, nach Südbrasilien zurückzukehren in ihm schon im afrikanischen Tanganjika rumort und dann am Sterbebett seiner Mutter festeren Umriss angenommen.   Sein Lenchen war solchen Plänen total abgeneigt;   nach wie vor standen ihr die Ängste und Nöte vor Augen, die sie in dem Land ausgestanden hatte. Ausserdem hatte sie sich einmal festgefahren in der Behauptung, dorthin wolle sie niemals wieder und sicherlich war sie zu dickköpfig, um freiwillig von jenem verjährten Schwur Abstand zu nehmen. Jedenfalls hatte Karl Wilhelm selbst über all die Jahre in Schriftverkehr mit den Freunden in Südbrasilien gestanden, die ihn hartnäckig immer wieder aufforderten, dorthin zurückzukehren und ihm vor Augen führten, mit welch weit-offenen Armen sie ihn empfangen würden und wie sehr das Land sich in der Zwischenzeit verändert hatte..

Im Jahr 1910 machte Dr.Karl Wilhelm Schinke

seine Approbation als Zahnarzt. Ob er schon in Charlottenburg als solcher praktiziert hat, ist nicht bekannt; jedenfalls besass er eine ganz vollständige Instrumenten-Ausrüstung. Seinen Bohrer – damals ultramodern, mit dem Fuss tretend zu bedienen wie eine Nähmaschine, bekam nach seinem Tod in Brasilien der befreundete Zahnarzt Dr. Selívio Kehl. In dessen Praxis sind wir alle von der großen Schinkefamilie, einschließlich meiner Eltern und ich selbst, per großväterlichem Bohrer zahnärztlich behandelt worden.

1911 wurde Karl Wilhelm in einem feierlichen Akt zum Sanitätsrat ernannt, das erhöhte nochmals seine Pension. Ein Jahr später erhielt die Familie Besuch von ihrem alten Freund aus Südbrasilien, dem evangelischen Pastor Pechmann, der auf Heimaturlaub extra nach Berlin zu Familie Dr.Schinke reiste, um den "verehrten Doktor" einzuladen, doch wieder nach Südbrasilien, speziell nach Neu Hamburg, zu kommen, einem aufstrebenden Städtchen, deutscher Gründung, das dringend einen deutschen Arzt benötigte. Auch sei die politische Situation sehr viel geordneter jetzt, die Regierung gestärkt, es gäbe eine Polizei, die für Ordnung sorge, viel mehr Schulen funktionierten, - auch wirklich gute - , die deutsche evangelische Gemeinde sei stark, kurzum, man könne gut leben in dem Land.... Und siehe, diesmal erklärte auch Lenchen sich bereit, vorausgesetzt, dass die in Schulbildung befindlichen Kinder ihre Ausbildung in Deutschland beenden konnten.

Die Zweite, diesmal endgültige Auswanderung nach Südbrasilien

So wurden im Jahr 1913 bei Familie Schinke nochmals alle Koffer und Kisten gepackt für den diesmal definitiven Umzug nach Südbrasilien. Für die Ausbildung der Kinder wurden Lösungen gefunden. Werner, der Älteste, 24 Jahre alt, fast fertig mit dem Studium, sollte in Deutschland bleiben, da er nach Studienabschluss gleich seinen Millitärdienst absolvieren wollte. ebenso Günther, 21, der in Kiel ein Medizinstudium begonnen hatte und gerade mitten im "Physikum" steckte. Seinen Militärdienst absolvierte er gerade jetzt daselbst bei der Kieler Infanterie-85. Günther wohnte in Kiel bei Familie Kalepki, mit deren Tochter, Irmgard er verlobt war.

Beide ältesten Söhne kosteten den Vater keinen Pfennig mehr, sondern verdienten sich Studium und Lebensunterhalt selbst, überwiegend durch Nachhilfeunterricht.

107

Herbert, 18 Jahre alt, der sich aufs Abitur vorbereitete, gleich anschliessend zum Militärdienst und später Garten- und Landschaftsbau studieren wollte, arbeitete bereits in den frühesten Morgenstunden in einer Gärtnerei, wo er sich Geld verdiente. Wohnen konnte er weiterhin bei Grossmutter Klohe, die kränklich war und gern einen starken, jungen Mann bei sich hatte, der imstande war, sich selbst und in Notfällen auch sie, mit zu versorgen.

Otto war nun gerade erst 13 geworden, er galt als gescheit, fröhlich, aber noch sehr kindlich "etwas albern und verspielt" und eher nicht imstande sich selbst und womöglich auch die kranke Grossmutter zu versorgen. Für ihn, ihren Jüngsten, hatten Karl und Lenchen sich eine besondere Obhut ausgedacht: Die kürzlich verstorbene Schinke-Oma, Karls Mutter, Marie-Mathilde Weicht, hatte einen Bruder, Georg Weicht, beamteter Bau-Ingenieur der, einige Jahre zuvor zum Baurat befördert und somit endlich – schon 60 Jahre alt - imstande einen Hausstand zu gründen, hatte eine dreissig Jahre jüngere, ausnehmend attraktive Dorfschönheit, Mathilde, zur Frau genommen. In ihrem Dorf hatten die jungen Burschen sie immer nur verlegen angestaunt, sich niemals getraut, sie zum Tanzen aufzufordern, immer war sie „Mauerblümchen" geblieben, alle Gleichaltrigen, hässlicheren Mädchen waren schon vor Vollendung des zwanzigsten Lebensjahres verheiratet gewesen, die wenigen Freundinnen, die sie hatte, waren in „festen Händen", ihre Schönheit war so, dass die einfachen Leute sie stumm von fern betrachteten und verlegen die Augen niederschlugen, wenn sie ihren Blicken begegnete. Mathilde hatte sich daran gewöhnt, die Augen immer zu Boden zu richten, da sie bemerkt hatte, wie schwer die anderen Menschen sich mit ihrem Anblick taten. Ihre Eltern starben enttäuscht und früh, sie hatten, da Mathilde auch klug war und in der Schule vom Dorflehrer häufig gelobt gewesen, für ihre Tochter etwas ganz Besonderes, eine vielleicht sogar „gute Partie" erhofft und Jahr um Jahr war vergangen, ohne dass diese Träume sich verwirklichten. Nun war Mathilde längst eine alleinstehende „alte Jungfer'" von Mitte Dreissig, zwar immer noch so verblüffend schön, aber ohne jede Aussicht geheiratet und somit versorgt zu werden. Sie hatte von klein auf als Magd hart arbeiten gelernt, und war, da sie gut lesen, schreiben und rechnen konnte, schliesslich als Verkäuferin angestellt worden, arbeitete sich aus dem Dorf in die Vorstadt, wo sie in einem Ladengeschäft schliesslich dem dicken Baurat Weicht aufgefallen und gerade zurecht gekommen war als späte Ehefrau.

Sie wurde hinter vorgehaltener Hand von den bürgerlichen Klatsch-Kreisen "die Schöne von Klitzing" genannt. Im kinderlosen Haushalt des Baurat Weicht, der noch dazu in der Nähe der Charlottenburger Schinke-Wohnung lag, konnte Ottchen aufgenommen werden und weiterhin sein Gymnasium besuchen.

Ottchen, der sehr an seiner Spandauer Grossmutter hing, konnte sich nicht gleich im Haus des Baurat Weicht einleben. Am liebsten fuhr er gleich nach dem Unterricht zur Grossmutter, die sich herzlich ürber seinen Besuch freute. Sie war überwiegend bettlägerich geworden, konnte sich nur mühevoll bewegen, schlummerte viel und liebte es sehr, wenn Ottchen in ihrem Zimmer seine Hausaufgaben machte oder seine Klavierstunde bekam, - das Klavier der Familie stand nach wie vor in ihrer Wohnung, bei Weichts gab es keines - und so übte Ottchen auch dort, zur Freude der alten, kranken Frau. Gern blieb er bis zum Abend, wenn sein nächst-älterer Bruder von der Arbeit in der Gärtnerei zurückkam, schwatzten die Brüder miteinander. Schnell hatten sie begriffen, dass die Grossmutter es liebte, wenn die Enkel in ihrer Gegenwart miteinander redeten, lachten und scherzten. Sie hörte nicht mehr gut und ihre Merkfähigkeit hatte tüchtig nachgelassen, so dass die Buben auch ihre Herzensgeheimnisse miteinander austauschen konnten , ohne Sorge, dass etwas davon nach aussen dringen würde. Schon am nächsten Tag hatte die Grossmutter alle Neuigkeiten wieder vergessen ebenso wie den Inhalt der Briefe, die ihr von den Enkeln vorgelesen wurden.

Die beiden Töchter, Lotte und Oda, sowie der ständig nierenkranke, drittälteste Sohn Gerhard sollten mit den Eltern nach Brasilien kommen, so war die Abreise vorbereitet.

Günther, zweitältester Sohn und Medizinstudent, von dem der Vater sich in Kiel noch verabschieden wollte, erhielt von letzterem eine Postkarte:

"Komenden Sonnabend früh 6Uhr18 werden Gerhard und ich als Vortrab nach Hamburg voraus fahren, Fahrkarten und Gepäck besorgen. Gegen 2 Uhr dürften wir fertig sein und dann stünde einer Reise nach Kiel nichts im Wege. Ankunft dort vielleicht halb6. Näheres folgt. Vielleicht bist Du aber mit deinem Examenskram vorher fertig und kommst heim. Wenn nicht, dann vivat Kiel. Zum

Kommers usw. kann ich aber nicht kommen, denn ich habe dann kein hochzeitlich Kleid an und die Reisekledage passt nicht. Mutter und die Mädchen folgen dann am 14. oder 15. nach. Besten Gruss d.V. Tante Luise aus Friedland kommt Mittwoch. "

Auf der anderen Seite stand ein kleines Gedicht:

Du hast bis jetzt ganz gut bestanden,

denn die Herrn Professoren fanden

du wüßtest doch ein leidlich Teil!

Doch graut mir vor der Götter Neide,

denn noch stehst du bei Spee in Kreide!

Nichts desto Trotz! Mut, Serum, Heil! d.a.H.

Anmerkung von Tante Eva: "Graf Spee war ein berühmter Anatom an der Universität Kiel, es gab aber auch Admiral Graf Spee der 1914 beim Seekampf mit den Engländern um die Falkland-Inseln vor der Südamerikanischen Küste seinen Heldentod fand. Darauf wurde in Kiel eine Strasse "Graf-Spee-Strasse" genannt. Kurz nach Ende des ersten Weltkriegs und der Umkremplung des Kaiserreichs mit den diversen Revolutionen und den Versailler Verträgen musste alles "Anstössige, Militaristische" umbenannt werden. So wurde im Kieler Rathaus auch über das Umtaufen der Graf-Spee-Strasse debattiert. Ein salomonisches Urteil entschied: die Graf-Spee-Strasse ehrt den berühmten Anatom. "

Zwei Anmerkungen von mir, Helga:

1)Die Abkürzungen "d.V." und "d.a.H." bedeuten "dein Vater" und "dein alter Herr". Der Ausdruck "alter Herr" bedeutete nicht nur den Rang in der Studentenverbindung, sondern mit diesen Worten bezeichnete auch mein Vater, Otto Ernst Schinke, seinen Vater, wenn er von ihm erzählte. Dann hiess es immer "...unser alter Herr" oder "mein alter Herr". Indessen sprachen die Schwestern meines Vaters, die Tanten Oda und Lotte, sowie die Grossmutter selbst von ihrem verstorbenen Mann immer als "Vaterchen...".

2) Im Text auf der Vorderseite der Postkarte an Günther erwähnt Karl Wilhelm, dass er nicht zum "Kommers" kommen wird, da er kein "hochzeitlich Kleid" sondern unpassende "Reisekledage" trägt. Günther war schon seit einem Jahr mit der Tochter seiner Vermieter, mit Irmgard Kalepky verlobt und plante nun – möglichst noch VOR der Abreise, bzw. dem Auswandern seiner Eltern - zu heiraten.

Ob Günther damals schon vorhatte, auch selbst nach Brasilien auszuwandern, seinem Vater nachzureisen und später dessen Praxis zu übernehmen – wissen wir nicht. Es kam ja der Erste Weltkrieg dazwischen, wovon man zu der Zeit noch nichts ahnte.

Die Schinke-Familie wieder in Brasilien

Als nach längerer Seefahrt Familie Schinke in Porto Alegre ankam, stellten sie erst einmal staunend fest, wieviel sich da verändert hatte. Die "Rua dos Andradas", im Volksmund wegen ihrer damaligen Lage direkt am Strand des Guahyba-Beckens "Rua da Praia" (=Strand-Strasse) genannt, liegt heutzutage nicht mehr am Wasser. Es sind zwei Häuserzeilen mit Strassen dazwischen. Es gibt ein durch verbundene Ladeschuppen abgetrenntes Hafengelände mit steinerner, schienenbelegter Hafen-Mole anstelle des wackeligen Holz-Steges von 1895. Eine Reihe von Gebäuden und Ladekränen säumen die gepflasterte Mole. Auf Schienenvaggons findet Gütertransport statt, viele halbnackte dunkelhäutige Arbeiter, wuseln betriebsam zwischen den aus- oder einsteigenden Passagieren umher und eine lange Reihe von

Schiffen hat entlang der neuen Mole festgemacht. Kurzum, es herrschte ein Getriebe, dass Karl Wilhelm zunächst kaum glauben konnte, sich wirklich am Wasser des ausgebaggerten Guahyba-Beckens (heutige Schreibweise "Guaíba"), zu befinden, wo Familie Schinke mit Sack und Pack an Land zu gehen hatte.

Bei ihrer ersten Einwanderung in dieses Land waren sie mit dem Zug von Porto Alegre nach Sao Leopoldo gefahren, die Bahnlinie ging jetzt schon bis Novo Hamburgo und sollte sogar noch weiter in entferntere Gegenden gebaut werden. Es grenzte an Wunder, wie sehr sich dieses Land in den vergangenen zwölf Jahren entwickelt hatte. Lenchen betete zu Gott, dass Pfarrer Pechmann, der sie überredet hatte, und der ihnen offenbar nicht zu viel über die sprunghafte Verbesserung und Erschliessung des Landes erzählt, ihnen auch in Bezug auf die Sicherheit und die körperliche Geborgenheit die Wahrheit gesagt hatte. Als sie in dem Zug sassen, der sie von Porto Alegre nach Neu-Hamburg bringen sollte fuhren sie durch herrliches Acker- und Grünland, selten durch weit zurückgedrängten Wald, endlich über die Eisenbahnbrücke des Rio dos Sinos, an dessen Ufer ihr ehemaliges Wohnhaus von Sao Leopoldo stand, in welchem damals vier ihrer

Kinder zur Welt gekommen waren....... Weiter ging es über Land und schliesslich, nach Überfahren einer Hügelkuppe, gab der Wald die Sicht frei auf einen wahrhaft begeisternden Blick zu zwei absolut gleichgeformten, bewaldeten Zwillingsbergen. Es waren die von den deutschen Einwanderern so genannten „Königsberge", heute heissen sie „Dois Irmaos" (=zwei Brüder). Davor, auf einem flacheren Hügel in der weitgeschwungenen Ebene waren die ersten Häuser derjenigen Siedlung zu sehen, die den Schinkes zur Heimat werden sollte: „Neu Hamburg", heute „Novo Hamburgo". Zu jener Zeit war hier das Ende der Eisenbahnstrecke, die dreissig Jahre später – als der Autoverkehr populär geworden war, herausgerissen und weitere siebzig Jahre später als S-Bahnstrecke wieder neu-gebaut wurde.

So liess sich der Arzt, Dr. Karl Wilhelm Schinke, 1913 definitiv in Neu Hamburg nieder und wurde im Alter von dreiundfünfzig Jahren in Südbrasilien tatsächlich sesshaft. Wie schon so oft in seinem Leben, erwies es sich im Augenblick seiner Ankunft als Glück, dass er seinen Instrumentenkoffer immer greifar bei sich trug, denn kaum dass er mit seiner Familie bei der damals noch ganz zentral gelegenen Endstation der Eisenbahn ausgestiegen war, holten ihn die Nachbarn in ihr Haus, wo er sich die Hände waschen konnte, denn es umringten ihn bereits wartende Patienten, die geduldig an der Bahnstation schlangegestanden hatten. Während seine Kinder und freundliche Helfer aus der Gemeinde Gepäckstücke in das grosse Haus trugen, das man der Familie zugedacht hatte, desinfizierte er Wunden, schiente Knochenbrüche und legte Verbände an. Teilweise hatten die Menschen schon seit Tagen am Bahnhof auf ihn gewartet. Seine Frau, Lenchen assistierte, rund um die beiden standen Menschen und leuchteten mit Petroleumlampen, denn es war bereits dunkel geworden. Dieser erste Doktor in der Stadt war – wie man ihm rundherum versicherte – gerade zur rechten Zeit gekommen.

In den ersten Jahren bewohnte die Familie das erwähnte, grosse Haus, sehr zentral gelegen nebenen der evangelischen Kirche in der Rua Julio de Castilhos. Als Kirche war dieser rohe Backsteinbau nicht sogleich zu erkennen. Einen Kirchturm hatte sie auch nicht. Damals durften nicht-katholische Kirchen keinen Turm und kein sonstiges Abzeichen eines „Gotteshauses" haben, das ließen die Bestimmungen in einem Land mit Staatsreligion nicht zu. Aber sie lag ebenso zentral

117

wie der Bahnhof, so dass die Familie mit dem vielen Gepäck hier wenigstens keine allzu langen Wege bei der Ankunft überwinden musste. Übrigens gibt es diese alte Kirche längst nicht mehr. Ebenso ist jene Bestimmung von Seiten der Staatsreligion" abgeschafft worden. 35 Jahre später, im Jahr 1948 wurde eine evangelische, sehr imposante, gotische Kirche in der Rua-Bento-Gonssalvez gebaut, die heute noch steht, jedoch zwischen den Hochhäusern der umliegenden Banken und Geschäfte fast verschwindet.

Erst gut zehn Jahre nach seiner Ankunft, nämlich 1924, kaufte der Doktor das grosse Haus in der Rua Bento Gonssalves von einem Coronel Gälzer, das die Familie schon seit 1919 als Mieter bewohnt hatte. Das wurde jenes sogenannte Schinke-Haus, das ich kannte, in dem meine Generation – nämlich die Enkel des „Alten Doktor" - verstecken spielte und wo das traditionelle Weihnachtsfest bei grösster Sommerhitze im Kreis der versammelten Familie stattfand.

Doch, zurück in das Jahr 1913. Damals hatte Neu-Hamburg noch keinen eigenen evangelischen Pfarrer, sondern wurde von der Pfarrei Alt-Hamburgs "mitversorgt".

Beide Töchter, die 13-jährige Oda, meines Vaters Zwillingsschwester, und ihre vier Jahre ältere Schwester, Lotte, wurden ins evangelische Damenstift gegeben, um ihre Ausbildung zu vollenden. Lotte, besuchte das sogenannte "Stift" nur noch ein einziges Jahr und legte dort eine Abschlussprüfung in Haushaltsführung und Handarbeiten ab. Ansonsten half sie tatkräftig, fleissig und still in Haus, Küche und Garten, pflegte Vaters Pferde und half in der Praxis. Ich kannte sie nur dreissig Jahre später als immer fröhliche, leise vor sich hin pfeifende "Tante Lottchen", dauernd unauffällig effizient arbeitend und in dem Ruf stehend nicht ohne Besen, Zigarretten und Nähe eines halb ausgetrunkenen Kaffeebechers leben zu können.

Gerhard Schinke, der große Sohn mit dem Nierenleiden bekam eine Anstellung bei der Firma Adams, wo er die Buchführung und sonstige administrative Arbeiten erledigte.

Dr.Karl Wilhelm Schinke war der allererste Arzt in der heute so enorm gewachsenen Industrie-Großstadt Novo Hamburgo.

Von den Söhnen in Deutschland hörten die Eltern regelmässig. Werner, der Stolz der Familie, machte Ostern 1913, kurz nach der Abreise seiner Eltern einen brillanten Studienabschluss als Ingenieur und trat seinen Militärdienst an.

Auch die weiteren Nachrichten von den zurückgelassenen Söhnen waren gut, mit Ausnahme der Tatsache, dass es der Spandauer Grossmutter – Lenchens geliebter Mutter – immer schlechter ging. Werner, Herbert und Otto brachten sie kaum noch dazu, aus ihrem Bett aufzustehen, die Buben mussten sie sogar bis aufs Klo und ins Badezimmer begleiten - das war für damalige Verrhältnisse ganz und gar ungehörig und musste vor Nachbarn und Bekannten geheimgehalten werden. Allerdings schrieb der Vater seinen Söhnen diesbezüglich ungerührt, da sie ja Arztkinder seien und hoffentlich bei ihm genug gelernt hätten, könne man so viel Verständnis und Pflege-Fähigkeiten voraussetzen, dass sie alle anfallenden Krankenpflege-Erfordernisse gut bewältigen müssten. „Ungehörig" fand er gar nichts daran.

Der Erste Weltkrieg 1914 bis 1918

Schon ein Jahr nach Schinkes endgültiger Auswanderung, 1914, brach in Europa der erste Weltkrieg aus. Als guter Patriot ging Karl Wilhelm sofort aufs deutsche Konsulat in Porto Alegre und zeichnete sein gesamtes verfügbares Kapital als

Kriegsanleihe; leider blieb davon nichts weiter übrig als das Verdienstkreuz für Kriegshilfe, so berichtete er später lakonisch auf einer Postkarte an einen Freund. Ebenso selbstverständlich nahm die Familie hin, dass drei ihrer vier in Deutschland zurückgelassenen Söhne sofort als Soldaten in den Krieg zogen. Sogar mit Begeisterung, wie alle jungen Soldaten ihrer Zeit. Vom ersten Augenblick an schrieb der älteste, Werner, ein Kriegstagebuch, das er in Briefform an seine Spandauer Grossmutter sandte. Später, als diese in einem Pflegeheim untergebracht war, wo sie 1919 starb, schickte er die Tagebuchseiten an seinen jüngsten Bruder „Otto bei Baurat Weicht" nach Charlottenburg., Otto las alle diese Briefe getreulich seiner Grossmutter vor, auch mehrmals, auch täglich aufs Neue. Ein Jahr später, als der bewunderte Bruder in Frankreich gefallen war, schrieb Otto diese Briefe auf Schreibmaschine ab. Sie sind bis heute erhalten. Die Todesnachricht von Werner Schinke hat die kranke Grossmutter zutiefst erschüttert, ihren ohnehin geringen Lebensmut vollends gebrochen und den jungen Otto, der als Erster die Nachricht erhalten hatte, nachdenklicher und unglaublich traurig gemacht. Karl und Lenchen erfuhren vom Heldentod ihres ältesten Sohnes über den Brief von Ottchen, der kurzerhand die an ihn gerichtete Mitteilung aus der

Feldpost an die Eltern weiterleitete. Vermutlich waren auch Beileidskundgebungen der Eheleute Baurat Weicht enthalten. Ob Lenchens Mutter zu jener Zeit noch zu schreiben imstande war, wissen wir nicht, ebensowenig ob Ottchen selbst dieser schrecklichen Mitteilung etwas Eigenes hinzugefügt hat. Karl Wilhelm, jedenfalls, wird auch diesen Schicksalsschlag mannhaft weggesteckt haben, wie schon so Vieles davor. Er selbst hatte sich in Afrika so häufig dem Tod ausgesetzt und so viel Grauen und Schrecken in Kriegszeiten dort gesehen, dass er den Verlust gewiss nicht so akut-schmerzhaft gespürt haben wird wie Lenchen, seine tapfere Frau. Für sie muss es unvorstellbar gewesen sein, dass gerade dieser immer erfolgreiche, starke, so gutaussehende junge Mann, ihr erstes Kind, nicht mehr lebte.

Wenn ich versuche, mich in die Arztfrau und Praxis-Assistentin Helene Schinke, geborene Klohe, Mutter von acht Kindern, wovon jetzt schon der zweite Sohn tot war, hineinzuversetzen, vermute ich, dass sie sich in diesem Augenblick hingesetzt und einen Brief an ihren Bruder, Karl Klohe, den Marine-Offizier, geschrieben hat, worin sie ihn inständig gebeten haben wird, dafür zu sorgen, dass ihr Jüngster, der vierzehnjährige

Otto Ernst, ganz gewiss nicht auch noch zum Millitär ginge – was er bis dahin sehnlichst angestrebt hatte. Immerhin standen noch zwei weitere Söhne von Lenchen und Karl aktiv im Feld, Herbert als Kanonier und Günther als Arzt im Lazarett.

Karl Wilhelm hatte in dieser Zeit noch andere, nicht wenig drückende Sorgen. In Neu Hamburg und in ganz Südbrasilien gab es schon während des ersten Weltkrieges deutschfeindliche Aktionen. Um den verehrten Doktor Schinke vor Übergriffen zu schützen hatten seine getreuen Freunde, Ex-Patienten und deren Angehörige einen nächtlichen Patrouliendienst eingerichtet. Denn an die Hauswand des damaligen Schinke-Hauses waren Drohungen geschmiert worden. Wie ernst diese gemeint sein mochten, konnte man nur daraus schliessen, dass andere deutsche Einwanderer und Nachkommen solcher schon misshandelt, verjagt, ausgeplündert und verängstigt worden waren. Jedenfalls patrouillierten von nun an Tag und Nacht gut-bewaffnete mutige Männer vor dem "Doktorhaus", wie es liebevoll genannt wurde und tatsächlich ist keinem von der Familie ein Haar gekrümmt worden.

1916 brach auch in Novo Hamburgo die "Spanische Grippe – Espanhola" aus, da richtete Dr. Karl Wilhelm Schinke ein Lazarett ein in einem vom damaligen Zentrum weit-abgelegenen, geräumigen und sehr stabilen Gebäude, versorgte Patienten rund um die Uhr und kam tagelang nicht nach Hause in sein eigenes Bett. Jenes imposante Gebäude steht heute noch, ist mehrfach umgebaut, renoviert, bzw. verstärkt worden und enthält heute eine Stiftung unter dem Namen "Fundassong Scheffel". Darin befindet sich eine private Kunstgalerie und ein Einwanderungs-Museum. Der Stadtteil, in dem es liegt, heisst heute "Hamburgo Velho", ("Alt-Hamburg), obwohl er später entstanden ist.

Karl und Lenchens jüngster Sohn, Otto Ernst

Mein Vater, ist 1915 konfirmiert worden. Den Eltern schickte er seine Konfirmations-Fotografie, die ich bis heute besitze und gerührt betrachte. Ich sehe darauf den sensiblen, weichherzigen Buben, mitten in der Pubertät – und stelle mir dazu vor, wie sehr er die schöne, jugendliche Gattin seines Onkels, des Baurat Weicht, angehimmelt haben muss, bei der er wohnte, die er Tante zu nennen hatte, für deren ausgeprägte Weiblichkeit seine Sinne in jenem Alter sicher übermässig geschärft waren. Seine Brüder, von denen Herbert derjenige war, mit dem ihn die grösste Nähe verband, standen im Feld. Dass einer von ihnen zur Konfirmation des jüngeren Bruders Fronturlaub erhalten hätte, ist höchst unwahrscheinlich. Die einzige Person, der er sich vielleicht anvertrauen konnte, wäre die bettlägerige Grossmutter gewesen, zu der er gern ging, die er hingebungsvoll gepflegt hat, wie er später manchmal - sogar mir, seiner kleinen Tochter - erzählte. Die Pflege der alten Frau, deren Geist nicht mehr häufig "bei ihr war", wie er sich mir gegenüber ausdrückte, reichte vom täglichen Bett-Machen bis zum Waschen und Trockenlegen, da sie nicht mehr imstande war aufzustehen . Angesichts ihrer Unfähigkeit sich irgerndetwas zu merken, war sie - so vermute ich heute - die ideale Person, der er sich anvertrauen konnte, ohne Sorge um Diskretion haben zu müssen.

Im zweiten Kriegsjahr, 1915, wurde Ottos Konfirmation im Haus des Baurat Weicht gefeiert. Kein großartiges Fest, aber es gab für ihn den ersten vollständigen Anzug seines Lebens, mit langen Hosen und ein Mittagessen im Kreise der Weichts und derjenigen Schinke-Verwandtschaft, die in Berlin ansässig war. Dazu gehörte Familie Klein, (Karl Wilhelms Schwester hatte einen

Herrn Klein geheiratet, da gab es Cousins und Cousinen). Überdies gab es Tante Luise, ebenfalls eine Schwester Karl Wilhelms, Diakonissin und Krankenschwester . So wird der Verwandtenkreis am Mittagstisch zu Ottchens Konfirmation nicht gering gewesen sein. Zu seiner grossen Freude nahm auch der verehrte Onkel Karl Klohe (Mutter Lenchens Bruder) an der Festlichkeit teil und erkundigte sich intensiv nach schulischen und sonstigen Alltagseinzelheiten. Dabei fiel diesem lebensklugen und zugewandten Onkel auf, wie wenig altersgemäss für den Jungen die pflegerische Versorgung der Grossmutter war. Es handelte sich immerhin um seine eigene und Lenchens Mutter. Von diesem Tag an betrieb er die Anmeldung und Unterbringung der alten Dame im best-erreichbaren und bezahlbaren Pflegeheim, was auch gelang, jedoch für Ottchen keineswegs die von Onkel Karl erhoffte Erleichterung brachte, sondern ihn eher betrübte. Dem Jungen war die letzte wirklich nahe Person, bei der er sich geliebt, gebraucht, nützlich und samariterisch fühlen konnte, abhanden gekommen. Ausserdem war die grossmütterliche Spandauer Wohnung aufgelöst worden, wobei die Verwandten der Weicht-Linie, die Klohes und die erreichbaren Schinkes geholfen hatten. Es war die Wohnung, in der Otto und seine älteren Geschwister aufgewachsen waren und damit ein harter Einschnitt in seinem Lebensgefühl, zumal nun auch das Klavier für ihn verschwunden war. Getreulich besuchte er die Grossmutter im Pflegeheim, wo sie mit einer anderen alten Frau ein Zimmer teilte. Und er las ihr Werner Schinkes Briefe vor, der zum Unteroffizier befördert war, und nach wie vor alle drei-vier Tage seine Erlebnisse schrieb und schickte.

Natürlich schrieben auch die Eltern – vor allem die Mutter, Lene und manchmal die Zwillingsschwester Oda – aus Brasilien und es schrieben die älteren Brüder, Herbert und Günther, die ebenfalls im Feld standen. Günther, der Lazarett-Arzt, hatte zum Heiraten Fronturlaub erhalten und war nun als Jungvermählter wieder im Feld. Herbert, der Kanonier, schrieb nur ganz selten, was Otto als schmerzlich empfand, besonders nach Werners Tod, der so regelmässig berichtet hatte.

Zu Ostern 1916, mit 16 Jahren, hatte Otto Ernst das Gymnasium in Charlottenburg schlecht und recht beendet. Da beide älteren Brüder aktiv als Soldaten am Krieg teilnamen, erschien ihm nichts erstrebenswerter, als nun selbst auch so schnell wie möglich zum Militär zu kommen und das "geliebte Vaterland" zu verteidigen. Allerdings wollte er zur Marine, wie sein verehrter Onkel Karl. Dieser – schon von seiner Schwester, Ottos Mutter, brieflich instruiert - redete dem Jungen die Kriegsmarine aus und bewog ihn, mit der Handelsmarine zufrieden zu sein. Otto fand diese Lösung zwar garnicht heldenhaft, er glaubte es seinem toten Bruder schuldig zu sein, dem "Feind kämpfend gegenüberzutreten" – aber letzten Endes hörte er auf Onkel Karls vernünftige Argumente, der schon allerlei Wege für diesen Neffen geebnet hatte, Ausserdem war Otto durch die zwar spärlichen aber abschreckenden Berichte der beiden älteren Brüder, Günther und Herbert, dazu durch des grossen Bruder Tod, erheblich nachdenklicher geworden. Sein Bedürfnis nach Schützengraben und Kampf auf dem Schlachtfeld hatte nachgelassen.

Es fiel Otto nicht leicht, die schöne, junge Frau Baurat-Weicht, "seine Tante", mit dem immer heftiger und mühsamer schnaufenden Baurat allein zu lassen, der mittlerweile noch dicker und unbeweglicher geworden war. Onkel Karl, der den Glanz in Ottchens Augen beim Anblick der verführerischen Tante richtig deutete, erklärte ihm, dass jeder echte Seemann an Land mindestens eine Braut zurücklassen müsse, wobei Herzschmerz zur Seefahrt dazugehöre wie das

Brot zum Leben.

Das Leben bei der "Christlichen Seefahrt" machte Otto Ernst zunächst grosse Mühe und später gewaltigen Spass. Mühe, weil er auf der alleruntersten Stufe der strengen Hierarchie anfangen musste, das hiess stundenlang mit Backsteinen und Sand das Holzdeck schrubben, endlos auf ebenso mühevolle Weise Rost abkratzen, sowohl innen in den Ritzen und Ecken des Schiffsrumpfs und/oder Maschinenraums, als auch aussen womöglich sogar bei Seegang, wobei es niemanden kümmerte, ob der Magen des Neulings sich seekrank umstülpte oder nicht. Hinzu kam, dass Otto, der um die Schulter-Brustpartie sehr kräftig gebaut war, vergleichsweise kurze Beine hatte und deshalb von den anderen Schiffsjungen gehänselt wurde, er habe einen Brustkorb wie ein Ringer und Beine wie ein "Sesselfurzer", (so wurden Beamte mit sitzender Tätigkeit genannt). Otto war häufig in Prügeleien verwickelt, worin er einschlägige Schulhoferfahrungen hatte und es gelang ihm schnell, sich Respekt zu verschaffen. Allerdings blieb ihm zeitlebens eine kleine körperliche Unsicherheit wegen des allzu breiten Oberkörpers.

Besondere Freude machte ihm hingegen die

Seefahrtschule. Er, der noch niemals gern zur Schule gegangen war, der geglaubt hatte, sowohl Grundschule als auch Gymnasium seien so etwas wie verordnete Strafen, fand plötzlich Geschmack und Interesse am Aufnehmen von Informationen, kurz – am Lernen. Vermutlich waren die Lehrer dort sehr viel besser als auf den Kinderschulen und Gymnasien in Berlin, sie verstanden es, die jungen Menschen zu interessieren. Jedenfalls verdankte Otto der Seefahrtschule ein Ausmass an Allgemeinbildung, Kultiviertheit, Benehmen und Rundum-Wissen, das ihm zeitlebens zu Erstaunen und Bewunderung bei seiner Umgebung verhalf.

Er war für die Skandinavien-Linie eingeteilt. Ob Onkel Karl auch darauf hatte Einfluss nehmen können, weiss man nicht. Es ist jedoch anzunehmen, dass auch von Seiten der Obrigkeit der junge Otto schonend eingesetzt wurde, da in der Schinke-Familie bereits drei ältere Brüder als Soldaten im Krieg standen, wovon einer gefallen war. Die einzelnen Handelsfahrten dauerten hin und zurück zwischen drei und sechs Wochen, je nach aufzunehmender Fracht, dazwischen besuchten die jungen Seeleute jeweils wieder drei Monate lang die Seefahrtschule an Land.

Skandinavien mit seinen Schären-Landschaften,

seinem seltsamen Licht und den transparenten Fjordwassern machte dem Jungen bleibenden Eindruck. Noch als alter Mann konnte er ins Schwärmen geraten, wenn er von dort erzählte, wobei die wenigen Jahre bei der "Christlichen Seefahrt" für ihn selbst in seiner persönlichen Entwicklung viel mehr Gewicht erlangten als im Verhältnis zu anderen Zeiträumen anzunehmen gewesen wäre.

Nachkriegszeit in Berlin

Der später so genannte "Erste Weltkrieg" endete mit jener als beschämend empfundenen Kapitulation und mit den als noch viel beschämender empfundenen "Versailler Verträgen". Immerhin empfand man sich als Deutscher als ..."im Felde unbesiegt"...so lautete das Schlagwort. Die Bevölkerung erfuhr keine Einzelheiten, wie zum Beispiel, dass allein im allerletzten Dreivierteljahr des Krieges 1,5 Millionen Deutsche Soldaten den Tod gefunden hatten, nachdem infolge des Kriegseintritts der Amerikaner die so genannte „Großoffensive" und deren historischer Einsatz der ersten „Panzerkampfwagen", - später nur noch „Tanks" genannt - stattgefunden hatte.

Der junge Seefahrer, Otto Ernst Schinke, wird von diesen Einzelheiten vermutlich erst durch seinen heimkehrenden Bruder, den Kanonier Herbert, erfahren haben. Letzterer war empört – wie die meisten Deutschen, über die demütigenden Bedingungen und die darin enthaltenen Diktate der Alliierten an Deutschland, wozu gehörte, dass die gesamte Christliche Seefahrt, einschliesslich Handelsmarine, aufgelöst und an die Engländer ausgeliefert wurde.

Im ersten Jahr nach diesem Krieg starben 1918-19 weltweit 20 Millionen Menschen an Spanischer Grippe, der sogenannten „Influenza", der Hunger und die Armut im ausgelaugten, besiegten Deutschland war unbeschreiblich. Überall rotteten sich Grüppchen unzufriedener ehemaliger Kriegsteilnehmer zusammen – die sich nach wie vor „unbesiegt" und zu Unrecht „bestraft fühlten durch die harten Forderungen von „Reparations-Zahlungen" an die „Alliierten.

Nach Auflösung der Handelsmarine stand der junge Otto Ernst Schinke von jetzt auf gleich ohne jede Berufs-Idee "auf der Strasse" und befand sich noch in Hamburg.

Otto "schlug sich durch in seine Stadt" - wie er später sagte – nämlich nach Berlin. Die geliebte

"Spandauer Grossmutter" in ihrem Alters- und Pflegeheim war zu seinem grossen Bedauern so wenig bei Sinnen, dass sie ihn nicht mehr erkannte. Sie starb einige Monate später, schon 1919, was sogar er damals schon als „Erlösung" für sie betrachten konnte. Für Otto begann in Berlin - trotz aller Nachkriegs-Elendigkeit und Widrigkeiten - sein "goldenes Zeitalter", von dem er bis ins Alter schwärmte. Wovon er gelebt hat, kann man nicht mehr genau rekonstruieren. Erzählt hat er, dass er Kinokarten verkaufte in einem der ersten - "Kientopp" genannten - Kinos Berlins, dass er bei den Stummfilmen mit einem Zeigestock vor der Leinwand stand, die Handlungen der Dramen erklärte und die Dialoge und Monologe sprach, die man auf der Leinwand nur sehen konnte. Vor der Leinwand standen rohe Holzbänke, der Eintritt kostete pro Vorstellung einen Groschen. Auf den Stehplätzen hinter der Leinwand, wo man alles seitenverkehrt sah, kostete es nur einen "Sechser", das waren fünf Pfennige. Ganz im Anfang hatten die Vorstellungen unter freiem Himmel nur bei sehr gutem, zuverlässigem Wetter stattgefunden, mittlerweile hatte man ein Zirkuszelt darüber aufgespannt, denn der Zulauf war enorm. Ausser Otto selbst, war dort noch ein Vorführer angestellt, der die klodeckelgrossen Filmrollen

133

auszutauschen hatte, was zu kleinen Zigarrettenpausen führte, und ein Klavierspieler, der die Film-Dramen mit entsprechender Musik unterlegte. Ob Otto dabei genug verdienen konnte, um sich anständig zu ernähren, zu kleiden, zu wohnen?..... Er wird seine Quellen gehabt haben.

Wenn er von dieser Zeit erzählte, dann immer mit gefühlvoller Begeisterung. Bei solchen Gelegenheiten sprach er sogleich von unzähligen Theater- und Opern-Aufführungen, die er damals erlebt hatte, von Schauspielern, Sängern, Kabarettisten und Chanson-Künstlern, die später "im Reich" zu "Legenden" wurden. Damals am Beginn der berühmten Zwanziger Jahre während Depression und Inflation spielten sie fast kostenlos grosses Theater, traten jederzeit und irgendwo auf, machten bestes Kabarett in improvisierten Räumen, sobald eine Vorstellung nur ein warmes Essen garantierte. Ottchen erlebte die späteren Künstler-Berühmtheiten, wie Käthe Gold, Käthe Dorsch, Emil Jannings, Fritzi Massary, und Andere als sehr junge damals noch unbekannte Schauspieler, die ihn tief beeindruckten. Er muss sehr häufig im Theater gewesen sein, jedenfalls hat ihn die Glitzerwelt der Künstler unendlich fasziniert. Wenn er als alter Mann mit glänzenden Augen davon erzählte, habe ich oft gefragt, ob er denn ganz allein ins Theater gegangen war und wie er eigentlich auf die Idee kam, sich gerade dieses Freizeitvergen zu gönnen, hatte er denn nicht jeden Abend Filme vorzuführen? Er wich allen genauen Fragen virtuos aus. Man erfuhr lediglich, dass er mit "Freunden unterwegs" gewesen sei, die ihn mitgenommen hatten. Meine Vermutung, dass es die schöne, allerdings viel ältere Mathilde Weicht gewesen ist, die ihm die entsprechenden Anstösse gegeben und ihn begleitet hat, ist sicher nicht ganz verkehrt. Ob Ottchen bei dieser von ihm schon als junger Bub verehrten späteren "Schinketante" auch hat wohnen können? Zu vermuten ist, dass er sich gleich nach seiner Ankunft im geliebten Berlin an sie gewandt hat, denn wohin hätte er sich sonst wenden sollen? Allerdings ist es unwahrscheinlich, dass diese ihn aufgenommen hätte, als junge Witwe musste sie ihren Ruf strengstens bewahren, zumal die Klatschmäuler der "Schönen von Klitzing" nicht die allerkleinste Vergnügung hätten durchgehen lassen. Ihr Ehemann, der alte, dicke Baurat Weicht war mittlerweile gestorben, hatte ihr das Haus und ein kleines Vermögen hinterlassen. Sie war also noch dazu eine "Gute Partie" und jetzt im Alter von Ende dreissig eine voll erblühte, berückend schöne

Frau. Schon als junges Gänschen vom Dorf hatte sie gelernt, sich aus dem Klatsch und der sie verfolgenden, neidischen Nachrede nichts zu machen. So ist denkbar, dass sie mit dem zum Mann gewordenen, gut aussehenden Otto Ernst abends ausgegangen ist, dass sie es war, die ihm die Welt der Kunst und der Künstler so eindringlich und nachhaltig erschlossen hat. Er wird irgendwo im Umkreis seiner "Kientopp-Kollegen" ein "möbliertes Zimmer" bewohnt haben. Sicher ist, dass diese Zeit ihn fürs spätere Leben geprägt und er die wenigen Jahre unendlich genossen hat.

Aber den Eltern in Brasilien, die über den sich verantwortlich fühlenden, ältesten Bruder, den Mediziner, Günther, aus Kiel von Ottchens Lebenswandel nur verschwommene Kenntnis erhielten, war das alles überhaupt nicht recht und vor allem nicht geheuer. Der ebenfalls ältere Bruder, Herbert, der als Artillerist im ersten Weltkrieg in Gefangenschaft geraten und erst später als Günther und Otto zurückgekommen war, arbeitete zunächst in einer Gärtnerei in Berlin-Britz, ohne baren Lohn, nur für Verpflegung und Unterkunft, was während der damaligen Arbeitslosigkeit und Depression durchaus üblich – sogar beneidenswert war . Sobald er über die Eltern in Brasilien die Adresse seiner Brüder erhalten hatte, suchte er Ottchen auf, wurde von diesem zu all den ihm zugänglichen Vergnügungen verführt und eingeladen, wobei Herbert sehr leicht für dergleichen zu begeistern war. Leider hatte er kaum Freizeit, musste in der Gärtnerei im Morgengrauen aufstehen und ganztägig hart arbeiten, so dass es ihm nur selten möglich war, an abendlichen Unternehmungen teilzunehmen. Seinem Bruder Otto Ernst war dieser Umstand höchst willkommen, zumal er keinerlei Interesse daran hegte, dass sein verehrter Herbert intensiv mit Frau Mathilde Weicht zusammenkam, über die er eifersüchtig wachte.

Otto muss damals ein sehr gut aussehender, junger Mann gewesen sein, mindestens hat er als solcher gegolten. Äusserlich entsprach er genau dem damaligen Ideal, war dazu ein fröhlicher, freundlicher, bescheidener Mensch, dem es leicht fiel, mit jedermann in Kontakt zu kommen. Er hatte zeitlebens umwerfenden Charme, war ein begnadeter Tänzer und brillanter Gesellschafter der Anderen gut zuhören konnte. All diese Eigenschaften verschafften ihm schnell grosse Beliebtheit in den Künstlerkreisen und öffneten ihm Türen, die er kaum zu nutzen verstand. Herbert hatte all diese guten Eigenschaften auch, dazu jedoch ein heftiges, schwer zu zügelndes

Temperament. Er galt in der Familie als rebellisch und leichtsinnig, dazu als unvorhersehbar frech bis zur Unverschämtheit. Die schwere Arbeit als Gärtner machte ihm zu schaffen und er wünschte sich eindeutig ein etwas leichteres Leben. Er war es jedoch sicher nicht, der das etwas fragwürdige, leichte Leben seines kleinen Bruders Otto bei den Eltern in Misskredit gebracht hat, das war nicht seine Art. Viel wahrscheinlicher ist, dass es Günther war, der den Eltern in Brasilien einen alarmierenden Lagebericht geschickt hat, auf den diese schliesslich reagierten. Günther lebte zu der Zeit mit Ehefrau und kleinem Söhnchen in Kiel im Haus der Schwiegereltern höchst bescheiden, als junger Arzt konnte er kaum den Unterhalt seiner kleinen Familie bestreiten, gleichzeitig schrieb er an seiner Doktorarbeit. Das Leben war nicht leicht im nachkriegsgeschüttelten Deutschland, in der sogenannten Weimarer Republik mit französischer Besatzung im Rheinland, abgetrennten ehemals deutschen Gebieten, dem nicht zu unterdrückenden Groll im Volk über die beschämenden Diktate der Versailler Verträge, den verschiedenen Revolutionen von Seiten entlassener Millitärs, dazu die unübersichtlich zahlreichen politischen Parteien, inclusive aufkommender Nationalsozialisten, die zu der Zeit noch als braunhemdige Schlägertrupps auftraten und zu alledem die bedrückende wirtschaftliche Misere mit Inflation und grosser Unsicherheit in jeglicher Hinsicht. Das alles wird Günther den Eltern in drastischer Deutlichkeit geschildert haben. Auch seine Besorgnis über das Leben der jüngeren Brüder im entfernten Berlin. Von Ottchen erhielten die Eltern selbst auch nur recht undeutliche Nachricht.

Karl Wilhelm, der Arzt-Vater - inzwischen hoch-angesehen und wohlhabend - schrieb aus dem in Brasilien aufstrebenden Ort, Neu-Hamburg (= heute Novo Hamburgo), nach langen und reiflichen Überlegungen an seine Söhne in Deutschland, er habe für alle drei nicht nur Platz im Haus sondern vernünftige Vorschläge mit guten Zukunftsaussichten im südamerikanischen "Land der unbegrenzten Möglichkeiten": Seinen jüngsten Sohn, Otto Ernst, wolle er zu sich in die Praxis holen und dort selbst, buchstäblich eigenhändig, zum Zahnarzt ausbilden, denn noch immer herrschte Berufsfreiheit in Brasilien. Aufgrund seines zweiten Studiums der Zahnmedizin, könne er seinem Sohn alles beibringen, was für diesen Beruf notwendig sei, die erforderlichen Bücher habe er bei sich, die vielen Patienten, die wegen Zahn- und Kiefer-Problemen zu ihm kämen, seien in seiner

139

überlaufenen Praxis lästig und zeitraubend. Dergestalt könnten diese nach und nach von Otto übernommen werden, der ein gutes Auskommen für den Rest seines Lebens haben würde. Er werde selbst die Schiffsfahrkarten besorgen, da er noch immer die alten Beziehungen zu Schiffahrtgesellschaften habe, mit denen er als Schiffsarzt gefahren war. Otto solle sich seinem Bruder, Herbert anschliessen, den der Vater ebenfalls nach Brasilien holte. Für einen ausgebildeten Landschaftsgärtner sei Brasilien ein wahres Mekka, ein reines Paradies, es gäbe ja bisher keinerlei diesbezügliche Berufsausbildung, somit auch keine wirklich kundigen Gärtner, selbst die aufstrebende Kleinstadt, Neu-Hamburg habe in ihrer Verwaltung keinen kompetenten Menschen für die Anlage von Parks oder die Bepflanzung von 'Alleen, usw. Herbert solle sich vorsorglich mit Wissen über Tropenpflanzen versorgen und dann folgte eine ausführliche Bestellung von Pflanzen, die Karl Wilhelm selbst, ausprobieren und dort heimisch machen wollte.

Günther in Kiel, machte sich mit Frau Irmgard Kalepky und dem gemeinsamen ersten Söhnchen Ernst-Günther, ebenfalls bereit, allerdings wollte diese junge Familie erst ein Jahr später nach Brasilien kommen, da Günthers Doktorarbeit noch nicht beendet war. Von Günthers ärztlicher Mithilfe erhoffte sich der Vater Entlastung, da ihm die permanent anwachsende Arbeit seit Langem zu viel war.

Herbert freute sich über die Perspektive, in das Land seiner Geburt zurückzukehren, nicht aus Vaterlandsliebe, aber die ökonomische Situation in Deutschland wurde täglich schlechter, es gab mittlerweile Heerscharen von Arbeitslosen, die für ein warmes Essen jegliche Art von Arbeit verrichteten, niemand brauchte einen ausgebildeten Landschaftsgärtner wie ihn, dem sein Arbeitgeber für die körperlich schwere Tätigkeit in einer simplen Schnittblumengärtnerei mit Gewächshaus keinen Lohn zahlen konnte. Herbert wusste genau, dass sein Arbeitgeber augenblicklich bereitwilligen Ersatz an Arbeitskräften für diese Stellung finden würde, sobald er sich entschlösse, dem Ruf des Vaters zu folgen. Die Aussicht, "nach Amerika, ins Land zu dürfen, wo Milch und Honig floss", die Fahrtkosten vom Vater vorgestreckt zu erhalten, - es war in aller Augen so ähnlich wie der Hauptgewinn in der Lotterie....
Sein "kleiner Bruder" Otto sah das völlig anders. Der zweifelte keine Sekunde daran, dass er sich auch in Berlin schon "irgendwie durchschlagen"

würde, so jung und findig wie er war, das Einzige was er zu diesem Zeitpunkt wahrhaft fürchtete, war eine Trennung von Mathilde Weicht. Die Lösung fand diese selbst: klug wie sie war, sah sie ihr Witwenvermögen, das gute Geld des verstorbenen Baurat, in der Inflation dahinschmelzen und die Sorge um die eigene Zukunft war reichlich begründet. Es gab in der Weicht-Verwandtschaft tatsächlich einen gescheiten, uneigennützigen Berater, der ihr empfahl, das gesamte Bar-Vermögen in Gold anzulegen, und das tat sie auch. Früher hatte sie zwar als Verkäuferin gearbeitet, aber weder diesen noch irgendeinen anderen Beruf hatte sie gründlich erlernt, der ihr erlaubt hätte, "auf eigenen Füssen zu stehen". Das Beispiel von Tante Luise, Karl Wilhelms Schwester stand ihr vor Augen, die zunächst Krankenschwester, dann Diakonissin geworden war, beneidenswert selbständig lebte und als ältere Frau allein reisen konnte. Also entschloss sie sich, an ihren angeheirateten Cousin, Karl Wilhelm, nach Brasilien zu schreiben, ob er sie wohl als Krankenschwester ausbilden und in seiner Praxis als Helferin brauchen könne. Das kam dem überarbeiteten Karl äusserst gelegen. Die Fahrkarte könne sie selbst bezahlen, hatte sie geschrieben, ebenfalls irgendwelche entstehenden Kosten – und er suchte schon seit Langem nach einer tüchtigen Krankenschwester, die nicht nur ihm selbst, sondern vor allem seiner Frau, Helene und seiner älteren Tochter Hertha-Lotte, die beide Tag und Nacht in der Praxis halfen, Entlastung schaffen würde. Ausserdem hatte er das Gefühl, dieser Witwe seines Cousins, des Baurat Weicht, einen Gefallen schuldig zu sein, nachdem er damals, vor sieben Jahren, beim Auswandern 1913, seinen Sohn Otto in ihrem Haushalt, in ihrer Obhut zurückgelassen hatte, - -- gewiss gegen Zahlung einer Pension, - aber immerhin war es doch eine grosse Gefälligkeit dieser Verwandten gewesen.

Also stimmte Karl Wilhelm dem Plan zu, bot der Cousine Ausbildung, Arbeit und Unterkunft, fürs erste in seinem grossen Haus, an und empfahl ihr, in Begleitung seiner beiden Söhne, Herbert und Otto, auf demselben Schiff nach Rio Grande und von dort nach Novo Hamburgo zu kommen. Genau das hatte sich das Liebespaar gewünscht.

So waren auch für Otto alle erdenklichen Probleme gelöst, seine Zukunft gestaltete sich angenehmer, als er es sich jemals hätte träumen lassen.

Sofort nach Ottos Zusage war ein langer Brief

143

seiner Mutter gekommen. Die jüngere Schinke-Tochter, Ottos Zwillingsschwester Oda, war mittlerweile einem sehr hoffnungsvollen Mann versprochen, schrieb sie, einem Deutschen, das offizielle Verlobungsfest sollte stattfinden, sobald die Brüder im Elternhaus eingetroffen waren. Es folgten eine endlose Liste von Besorgungen, die Otto zu erledigen hatte, nämlich, was für das Fest mitzubringen sei, unter Anderem Bestecke, Geschirr, eine besonders lange Tischdecke und Vieles mehr. Es war Brauch, dass die Verlobungszeit ein volles Jahr zu dauern hätte, so plante man denn schon, dass Günther und Irmgard, wenn sie im folgenden Jahr nach Brasilien übersiedeln würden, das Hochzeitskleid und den Rest von Odas Aussteuer mitbringen sollten.

Später im Jahr folgten nach Kiel noch ganz präzise Anweisungen, die überwiegend an Günthers Frau Irmgard gingen, da man vermutete, dass diese am ehesten in der Lage sei, ein angemessenes Kleid oder die dafür notwendigen Stoffe, Spitzen und Zubehör richtig auszuwählen und einzukaufen.

Herbert, Otto und Mathildes Ankunft in Neu-Hamburg/Brasilien

So kamen die Brüder, Herbert und Otto im Jahr 1920 als erwachsene Männer in ihr Geburtsland zurück, das inzwischen eine rasante Entwicklung durchgemacht hatte. Es herrschte zwar Inflation, jedoch war mittlerweile das schon 1902 unter dem damals noch Verkehrsminister Lauro Müller (ab 1912 war er brasilianischer Außenminister) relativ dichte Eisenbahnnetz besser und verzweigter ausgebaut, ebenso wie die Küsten- und Binnenschiffahrt.

Schon 1912, noch von Deutschland aus, hatte Karl Wilhelm mitgewirkt, eine sogenannte "Mittelbrasilianische Evangelische Synode" zu gründen, deren ehrenamtlicher Präsident, Dr. Wilhelm Rothermund, geworden war, einer seiner ältesten Freunde noch aus der ersten Brasilien-Zeit in Sao Leopoldo..

Eine solche Synode hatte man gebraucht, um der grossen Anzahl von deutschen Pastoren in Südbrasilien Leitung, Organisation und menschenwürdigere Lebensbedingungen zu sichern . Die "Rheinische Missionsgesellschaft " in Deutschland versorgte Südbrasilien mit evang.Pastoren. Ihr damaliger Leiter, ein Herr Friedrich Fabri hatte zwischen 1864 und 74 viel Energie und Einfluss darauf verwendet, Deutsche Auswanderer von den USA nach Brasilien umzulenken, war jedoch mit diesen seinen sogenannten "Coloniefreundlichen Planungen", die er Bismarck immer wieder vorlegte, nicht durchgekommen, sondern abgeschmettert worden. Immerhin fand er eine grössere Anhängerschaft, die seine Ideen vom "...Bruderstamm jenseits des Ozeans, der unsere Interessen vertritt bezüglich Handel und Politik unter zunehmender Betonung des Deutschtums" mit Enthusiasmus aufnahm. Man kann bei diesem Vokabular nicht umhin, die Verwandtschaft mit dem späteren Nationalsozialismus anklingen zu hören.

Obwohl Brasilien sich noch kurz vor Schluss – nämlich 1917 – in den ersten Weltkrieg eingemischt hatte, indem es Deutschland den Krieg erklärte, wobei sämtliche deutschsprachigen Vereinigungen und Veröffentlichungen verboten waren - gab es schon seit Kriegsende, 1918, wieder mindestens zehn deutsche Zeitungen, unzählige deutsche Vereine und allein im Bundesstaat Rio Grande do Sul zalreiche deutsche Privatschulen.

Ein imposantes Steinhaus hatte der Vater ein Jahr vor der Ankunft seiner "deutschen Söhne", nämlich 1919 , von einem Coronel Gälzer, für sich und die Familie gemietet. Es lag äusserst günstig, parallel zur damals schon gepflasterten Hauptstrasse, in der auch der Bahnhof, die Kirche und das bisherige Haus lagen, also nahe genug am zentralsten Platz der Stadt, aber auch entfernt genug von der lärmigen Unruhe und dem zunehmenden Getriebe jenes Platzes. Übrigens kaufte Karl Wilhelm dieses Haus später, im Jahr 1924, als Gälzer es ihm anbot, dazu das enorme Grundstück, das sich den gesamten Berg hinaufzog. Zur Strasse hin waren hohe Pfosten eingeschlagen, zum Anbinden der Pferde, zum Parken der Kutschen, Ochsenwagen oder sonstigen Karren, mit denen Patienten, Besucher und Familienmitgleider sich in der damaligen Welt bewegten. Zum selbem Zweck dienten auch die schweren Eisenringe, die in der ans Haus anschliessenden Mauer eingelassen waren, welche den riesigen Garten umgab noch als ich in meiner Kindheit diese Umgebung erforschte. Zu dem Haus gehörten diverse Nebengebäude für die Bediensteten, ein Wasch-Haus, ein Stall für die Pferde, die Remise für Wagen und Kutsche, dazu der Garten, den jene Mauer einfasste, über welche die Äste und Zweige der Bäume ragten, die sich den ganzen dahinterliegenden Berg hinaufzogen und in einem gewaltigen Bambusgebüsch mit dahinterliegendem freiem Feld endeten.

147

Dieses Schinke-Haus, oder Doktor-Haus, wie es noch in meiner Kindheit von den Einheimischen genannt wurde, lag in der Rua Bento Gonssalves, die 1919-20 noch aus gestampftem Lehm, bzw. im Sommer aus Staub, bestand. Es gab damals noch keinen steinplattenbelegten Bürgersteig davor, der wurde erst in späteren Jahren gebaut, und zwar so, dass der Besitzer des anliegenden Grundstücks den von der Stadt vereinheitlichten Bau zu bezahlen und zu pflegen hatte. Somit wurde besagter Bürgersteig jeden Morgen um fünf Uhr früh von einem Familienmitglied gefegt. Dies geschah auch noch, als ich den Familien-Clan im April 1947 kennenlernte, zu dieser Zeit fegte ihn meine 77jährige Grossmutter, Helene Schinke, höchstpersönlich und hielt dabei Schwätzchen mit den Nachbarinnen. Im Lauf der Jahrzehnte ab 1920 als mein Großvater das Haus mit dem weitläufigen Grundstück endgültig kaufte und mehrfach umbauen liess, war nach und nach fast der gesamte dahinterliegende Hügel in seinen Besitz gekommen. Seine Patienten bezahlten seine medizinischen Dienste häufig mit Grundstücken. Infolge der heftigen Inflation verlor die damalige Währung, der "Reis" ständig an Wert und war als Zahlungsmittel längst nicht so stabil und daher beliebt wie Naturalien oder Grundstücke Das

Hochparterre der Strassenfront im Schinke-Haus mit dem Seiteneingang wurde total von Wartezimmer und zwei Praxisräumen eingenommen. Rechts und links vom mittigen Korridor gab es noch zwei Zimmer für Wöchnerinnen, die im Haus entbanden, falls Komplikationen zu erwarten waren. Geburtshilfe und Frauenkrankheiten wurden fast vollständig von Mutter Helene und Tochter Lotte übernommen. Für längeres Wochenbett sowie für die Nachsorge nach Operationen, die Pflege von länger andauernden Krankheiten, Wunden oder komplizierten Knochenbrüchen hatte sich gegenüber vom Doktorhaus ein kleiner Gasthof etabliert, in den Karl seine schwierigen Patienten legte, die er selbst oder jemand von der Familie auch nachts oder übers Wochenende betreuen musste. Dort wurde auf seine Anweisungen auch Diät gekocht, wenn es nötig war. Dieses kleine "Hotel Pilger" blieb jahrelang die einzige Krankenhaus-ähnliche Einrichtung in Novo Hamburgo.

1947 – als ich sechsjährig diese Straßen und Häuser kennenlernte, war das Gebäude des ehemaligen "Hotel Pilger" schon im Besitz der evangelischen Kirche, die darin ihre Gemeindeverwaltung und einen Kindergarten etabliert hatten, aber, wenn man genau guckte, konnte man noch in den alten Stein gemeisselt und mehrfach mit Farbe überstrichen, die Inschrift "Hotel-Pension Pilger" lesen.

Otto Ernst und Herbert und betraten also ihr Elternhaus, das sie nicht kannten im neu-erblühten Städtchen "Neu Hamburg", und begrüßten ihre Geschwister, die sie zuletzt als Kinder gesehen hatten. Beide "Jungs" hatten sich kurz vor der Abreise in Deutschland unter Beratung von Mathilde Weicht, "elegant" eingekleidet, das heisst jeder hatte sich einen "Cut", das war der in Europa neumodische Ausgeh-Anzug und dazu einen Zylinderhut, gekauft; sie hatten an alle künftigen festlichen Anlässe gedacht, - wie Odas Verlobung - auch die zu erwartenden Hochzeiten ihrer beiden schönen Schwestern würden solche Anlässe sein. Schliesslich war der Vater im weitesten Umkreis eine bekannte, hochgeschätzte Persönlichkeit. Als jedoch Herbert und Otto zu Odas Verlobungsfest und dem obligaten Familienfoto in dieser Kleidung erschienen, wurden sie keinesweg bestaunt und so bewundert, wie sie hofften, sondern ausgelacht; beide Schwestern brachen nach anfänglicher, sekundenlanger Verblüffung in albernes Prusten und Gekicher aus, erklärten, sie genierten sich unendlich, mit so gekleideten Brüdern auf der Strasse gesehen zu werden und Mutter Helene erklärte kathegorisch, in diesem "Aufzug" könne man sich mit ihnen hier nirgends blicken lassen, sie sollten sich augenblicklich umziehen. Daraufhin verschwand Herbert türknallend für den Rest des Tages, und weigerte sich später, das teure Familienfoto anzuschauen. Auch vorsichtige Erklärungen von Seiten der Mathilde Weicht, die versucht hatte, klarzustellen, dass dies die augenblicklich grosse Mode in Berlin sei, hatten gar nicht geholfen, lediglich erneutes Prusten, verdrehte Augen, einverständige Blicke untereinander plus Gekicher der jungen Mädchen zur Folge gehabt. Diese Verlobung war die erste Gelegenheit, bei der Otto und Mathilde die ganze Familie versammelt erlebten, deren Freunde und die für den Vater wichtigsten Persönlichkeiten der Stadt kennenlernten und feststellten, dass das sogenannte gesellschaftliche Umfeld hier doch recht primitiv zu nennen war, jedenfalls gegenüber dem kulturell so fiebrig-aufgeplusterten Berlin jener Jahre. Das halbe „Neu-Hamburg" war zur Verlobung gekommen - schon aus purer Neugier, um die Ankömmlinge aus "Reichsdeitschland" und natürlich den Erwählten Bräutigam von "Doktors jüngster Tochter" zu bestaunen. Herbert hatte -

vom Vater hierzu beauftragt - Pflanzen-Stecklinge, junge Bäume, Knollen und Samen mit, vor allem diverse Reben-Sorten, die der Vater ausprobieren und züchten wollte. Der väterliche Garten sollte Herberts erster Auftrag sein - was keine leichte Aufgabe war, denn Karl Wilhelm war als Landwirt-Sohn ein ewiger Pflanzer, Hobby-Gärtner und Botanikforscher geblieben - ausserdem sowieso nicht leicht zufriedenzustellen, schon garnicht von einem seiner Söhne.

Otto lernte seine Zwillingschwester, Oda, wieder neu kennen, dazu ihren Verlobten, einen Deutschen, Max Kürschner. Oda war ein lebhaftes, temperamentvolles Mädchen mit schnellem Witz und perlendem Gelächter, sie scherzte und lachte in diesen ersten, glücklichen Tagen, spielte Klavier wann immer sie Zeit hatte und ihre Fröhlichkeit war so ansteckend, dass ihre Brüder sogar leichten Herzens darüber hinwegsehen konnten, dass keiner von ihnen mit Odas Bräutigam so recht sympathisierte.

Die ältere Schwester, Lotte, war die schönere von beiden. Sanft, ruhig, unnendlich fleissig und bescheiden half sie dem Vater - neben der Mutter - am meisten in der Praxis, aber ebenso im Haus und im Stall, denn sie war die Einzige, die verstand mit dem schwierigen Pferd des Vaters umzugehen, es zu satteln und vorzuführen. Lottes unauffällige Gegenwart war für den Vater ganz unverzichtbar, also kümmerte er sich nicht um die vielen Verehrer seinerTochter, und wenn es mal einem von diesen überhaupt gelang, bis zu ihm vorzudringen, so wies er ihn ab, obwohl für heutige Verhältnisse klangvolle Namen darunter waren, so zum Beispiel ein junger "Kircher-Hillmann", dessen Nachkommen heute noch - 90 Jahre später - eine landesweit blühende Eisenwarenhandels-Kette betreiben; – damals war der Bewerber ein junger Habenichts, dem Doktor für seine schöne Tochter nicht gut genug.

Lotte war total anspruchslos, scheu und viel zu schüchtern um allein irgendwo hinzugehen, trat sie meist nur im Windschatten ihrer jüngeren Schwester Oda auf, die zwar wesentlich weniger schön war, rundgesichtig, von klein auf Brille tragend, aber mit ihrem Charme, raumfüllendem Wesen, endloser Kontaktfreude, mit selbstsicherem Redefluss, ansteckendem Gelächter und ständig zündenden Ideen ausgestattet, schnell zum Mittelpunkt einer jeden Gesellschaft wurde, was Lottchen neidlos bewunderte und beide Schwestern sehr genossen.

Gesellschaftliches Leben spielte sich in der evangelischen Kirchengemeinde und überwiegend im Deutschen Turnverein "Frohsinn" ab, wo die gesamte Familie Schinke Mitglied war. Karl Wilhelm gehörte zur ersten Gründergeneration, dort war annähernd jedes Wochenende irgendeine Veranstaltung, die Mitgliedsfamilien konnten nach vorheriger Anmeldung die dortigen Räume mieten um darin Feste zu feiern, die Freundeskreise einer jeden Familie wurden reihum eingeladen, die Sport- und Tanzveranstaltungen nahmen kein Ende, über allem blühten, wucherten Klatsch und Tratsch. Das Auftauchen der Gebrüder Schinke mit der berückend schönen Witwe Mathilde Weicht, deren spöttisches Attribut "Die Schöne von Klitzing" augenblicklich von Oda ausgeplaudert die grosse Runde machte, war der absolute Höhepunkt an der Klatschbörse von Neu-Hamburg. Schnell war auch durchgesickert, wie alt diese Schönheit tatsächlich war, bzw. dass sie mindestens zwanzig Jahre älter war als Oda selbst und ihr Zwillingsbruder Otto, der seine Tante so verliebt ansah, dass es ein "Blinder mit dem Stock hätte erkennen können"...

Oda wusste das wirkliche Alter von Tante Mathilde übrigens ebensowenig wie die anderen Schinke-

154

Geschwister. Den Vater, Karl Wilhelm, getraute sich niemand geradewegs zu fragen. Allerdings legte die Mutter, Helene, allergrössten Wert darauf, dass alle ihre Kinder, auch die erwachsenen Buben, eigentlich Männer, Frau Weicht mit "Tante" anzusprechen hätten, um eine gewisse, respektvolle Distanz zu schaffen und damit diskret auf den Altersunterschied hinzuweisen "...damit das ein für allemal klar ist..." hatte sie kathegorisch erklärt und ihrem Mann gegenüber betont, dass dieser Titel den "Buben" schon helfen werde, "die Kirche im Dorf zu lassen...".

Für Otto und Herbert, die mit Mathilde Weicht die Schiffsüberfahrt in fröhlichster, verliebter Unbefangenheit erlebt hatten, war es ganz unmöglich, diese Frau nun als ehrbare "Tante" anzusprechen, Herbert fand die etwas spöttische, vielleicht auch sarkastische Bezeichnung "Schinketante" für sie, die sie dann gemeinsam, in späteren Jahren des Zusammenlebens häufig in "SchiTa" abkürzten.

Otto war vom Vater sofort in der Praxis als Helfer eingesetzt worden. Er war geschickt, klug und anstellig. Er bekam einen weissen Kittel, lernte schnell Spritzen zu verabreichen, auch intravenös

155

und hatte leichte, sanfte Hände, die den Patienten wohltaten. Auf Anordnung des Vaters liess er sich vom älteren Bruder Gerhard die Administration der Praxis und Rechnungstellung erklären. Allerdings lehnte er diese Seite der Praxishilfe sehr bald ab. Die Rechnungen für Vaterchens Behandlungen schrieb fortan auf genau Anweisung von Seiten Mutter Helenes, die sogenannte Schinketante, Mathilde Weicht; jedoch war das Eintreiben nach wie vor ein grosses Problem. Die einfachen Bauern, die Karl Wilhelms Behandlungen so sehr vertrauten, hatten meistens kein bares Geld, sondern zahlten mit Naturalien, mit Säcken voller Mais, Apfelsinen zum Saftpressen, Specksaiten, luftgetrocknetem Fleisch und – wenn die Rechnung richtig hoch war, mit Grundstücken. Grund und Boden war in Südbrasilien so viel vorhanden, dass dessen Wert gering geachtet und für die Zukunft schwer einzuschätzen war.

Sowohl Otto als auch Mathilde Weicht, entlasteten Mutter und Schwester erheblich, die bis dahin die wichtigsten Praxishelfer gewesen waren. Ausserdem begleitete Otto den Vater auf seinen oftmals weiten Ritten zu Patientenbesuchen, unternahm auch bald allein solche, wenn es "nur" darum ging, Verbände zu erneuern und sonstige

156

"Nachsorge" zu verabreichen. Seine vom Vater versprochene Ausbildung als Zahnarzt fand jedoch kaum jemals statt. Ottos grosse Fähigkeit, fast gänzlich schmerzlos Spritzen zu verabreichen, auch in den Kiefer, und sehr vorsichtig Zähne zu ziehen, was noch dreissig Jahre später, in meiner Kindheit an ihm gerümt wurde, war das Einzige an Zahnheilkunde, was er aus jenem Unterricht bei seinem Vater fürs Leben profitiert hat.

Im grossen Haus des Doktor Schinke wurde indessen die Stimmung immer drückender. Nachdem Mathilde Weicht zunächst als zur Familie gehörig im Haus gewohnt hatte, zog sie nun aus eigenem Entschluss in die Pension Pilger, unter dem Vorwand, es sei für die dauernde Pflege von schwierigen Patienten praktischer. Karl Wilhelm und Helene unterstützten dies sehr, es kam Lenchens Hoffnung entgegen, die schon lange gewünscht hätte, diese Frau auf elegante Weise loszuwerden. Den Nachbarn und Freunden gegenüber betonte sie und ebenso ihre Töchter, dass es sich "nicht schickte" in einer Familie mit jungen, ledigen Männern eine alleinstehende Frau mitwohnen zu lassen. Ausserdem hatten "Vaterchens" Patienten die Pflegerin und Krankenschwester zur Versorgung in direkter Nähe nötig. Und falls ein Nachtdienst bei einer

157

Wöchnerin oder einem Sonderfall direkt im Schinke-Haus nötig war, konnte Mathilde leicht über die Strasse kommen. Otto, dem diese Regelung zunächst garnicht recht war, entdeckte schnell die Klugheit der Massnahme, denn nun konnte er, wenn er abends unter unverfänglichen Vorwänden das Elternhaus verliess, leichter ein Tète-a-Téte mit Mathilde arrangieren als zuvor. Die Mahlzeiten nahm sie sowieso nach wie vor gemeinsam mit der Familie ein.

Die Günther-Schinke-Familie und ihre „Nicht-Eingliederung"

Der jetzt älteste Sohn, Günther Schinke, der in Kiel mit seiner kleinen Familie, seiner Frau, Irmgard und dem Söhnchen Klein-Günther noch immer im Haus der Schwiegereltern Kalepky gewohnt hatte, war nun fertig promovierter Arzt und kam – wie mit dem Vater vereinbart - am 16.Mai 1921 mit seiner kleinen Familie nach Neu-Hamburg/Brasilien, - übrigens in Begleitung von Frau Irmgards Schwester Käthe - wobei aus Deutschland das Brautkleid für Oda und ein Teil der Aussteuer mitgebracht wurde, was an Porzellan, Bestecken und Bettwäsche von den Eltern für Odas Ehe mit Max Kürschner bestellt worden war. Odas Hochzeit war für den 19.Juli 1921 angesetzt, als Doppelhochzeit mit ihrem Bruder Gerhard, der am selben Tag seine Braut Gussy Stremme heiraten sollte.

Bei seiner Ankunft in Neu-Hamburg fand Günther den Vater schwerkrank vor. Er hatte sich durch Eile und Unvorsichtigkeit eine gefährliche Blutvergiftung zugezogen, hatte dennoch – obwohl hoch fiebernd – weitergearbeitet und war nun völlig am Ende seiner Kräfte. Günther übernahm ohne jede Einweisung augeblicklich die Praxis, stellte sich allen Patienten als der Sohn vom "Deitsche Dokter" und wurde von nun an weit und breit "Der junge Doktor" im Gegensatz zum "Alten Doktor" genannt. Er wurde schnell beliebt. Für Günther war es nicht leicht gewesen, dem dickköpfigen Vater absolute Ruhe und Unbeweglichkeit zu verordnen. Letztlich waren es Schwäche und Fieber gewesen, die Karl Wilhelm zwangen, seinem Sohn zu gehorchen. Glücklicherweise erholte er sich wieder, wenn auch langsam. Er hatte eine neue Erfahrung gemacht, nämlich, dass auch er nicht so robust und unerschöpflich mit seinen Kpörperkräften umgehen durfte, wie bisher. Ausserdem respektierte er jetzt seinen Sohn Günther, er fragte ihn um Rat, wann immer es ging und liess sich

159

gern die neuesten Erkenntnisse der Medizin aus Europa erklären, sogar dies und jenes Neue beibringen.

Die Familie des "jungen Doktor" war nur sehr kurze Zeit im damals schon überfüllten Schinke-Haus untergebracht, wobei man vermutlich in die Pension Pilger ausgewichen ist, solange Günther die väterliche Praxis und seinen kranken Vater versorgen musste. Sie zogen in den Vorort Alt-Hamburg ins sogenannte "Tschöpke-Haus". Auch diese Entfernung war doch immerhin vergleichsweise gross, so dass sich keine enge, familiäre Beziehung zwischen den Frauen der beiden Häuser ergab . Irmgard Kalepky war eine zurückhaltende, schüchterne Frau im Umgang mit der neuen Schwiegerfamilie. Die Mutter, Lene, überarbeitet und erschöpft wie sie war, machte es ihr nicht leicht, sich willkommen und „zu Hause" zu fühlen. Die lebhafte, etwas laute Oda mit dem schnellen Mundwerk und der spitzen Zunge war zu sehr mit sich selbst und ihrer bevorstehenden Hochzeit beschäftigt, um die neue Schwägerin aus Deutschland warmherzig und liebevoll aufzunehmen. Die stille Lotte begrüßte Irmgard freundlich mit Anstand, worauf sie sich sofort wieder ihren vielen Aufgaben im Haushalt zuwandte.

Irmgard Kalepky wurde niemals warm im Schinke-Haus. Keiner der Schinke-Frauen ist es jemals eingefallen, sich bei ihr für das Mitbringen und Besorgen des Hochzeitskleides, der prächtigen Aussteuer, der unzähligen bestellten Gegenstände zu bedanken. Im Gegenteil, zu Irmgards Ohren gelange nur, was NICHT wunschgemäß und zu bemäkeln war an Bettwäsche, Kleiderstoffen, Geschirr und Sostigem.

Damals, 1920 und 21, muss das Jahr gewesen sein, in dem alle - zunächst drei, nach Günthers Eintreffen vier - Schinke-Söhne in der Fussballmannschaft von Neu Hamburg, "Esporte Clube Novo Hamburgo", gespielt haben. Das taten sie heimlich, denn die Mutter, Lenchen, die Fussball als ordinär ablehnte und noch aus Berlin in Erinnerung hatte, dass diese Leidenschaft sich als ansteckend auf Söhne und Ehemann auswirken konnte, hatte ihren Söhnen diesen Sport verboten. Das wirkte auch zu jener Zeit nur bedingt, zumal selbst der jüngste Sohn schon älter als 20-21 war...
Jedenfalls wurde nach längerer Zeit auffällig, dass alle männlichen Schinkes Sonntags Nachmittags irgendwelche wichtigen Verabredungen vortäuschend verschwanden; der Vater übrigens

auch, er musste "nach seinen Patienten sehen", - in Wirklichkeit kaufte er sich Fussballkarten und ging zum Spiel, wo er zu seiner anfänglichen Überraschung seine Söhne auf dem Spielfeld sah. Zu Hause schwiegen alle eisern darüber. Der Vater, allerdings, amüsierte sich damit, falls ein Spiel verloren wurde, zu Hause unwidersprochen über "...diese miserablen, lausigen Spieler des "S.C.Novo Hamburgo"" herziehen zu können, und sich am schweigenden Zähneknirschen der Söhne zu weiden. Die Sache flog auf, als ein grosses Foto der gesamten Mannschaft in der Zeitung erschien und die Schwestern staunend ihre Brüder dort abgebildet fanden.

Der Rausschmiss

Um den Herzenswunsch der heissgeliebten Tochter, Oda, erfüllen zu können, nämlich ihren Verlobten, Max Kürschner heiraten zu dürfen, musste aus dem sympatischen, überaus charmanten, etwas windigen Habenichts ein solider Geschäftsmann gemacht werden. Zu diesem Zweck hatte Karl Wilhelm seinen Sohn, Gerhard ausgeschickt, ein Ledergeschäft bester Sorte für Max zu kaufen, einzurichten und rentabel zu machen. Es wurde ein grosses Geschäft, das im Vorort "Rio dos Sinos" lag, auf der anderen Seite des Flusses, gegenüber von Sao Leopoldo, es handelte mit Sätteln, Zaumzeug, Stiefeln, Lederschürzen - kurzum, mit allem Erdenklichen, was aus Leder herzustellen war. Damals, als jedermann in Kutschen oder zu Pferde unterwegs war, und Novo Hamburgo sich gerade als die "Leder-Stadt-" etablierte, die es heute noch ist, war ein solches Geschäft äußerst vielversprechend und füllte eine empfindliche Lücke in der Gegend, in deren Umkreis sich die grösste Ansammlung von Gerbereien und sonstigen lederverarbeitenden Betrieben befand.

Max war als Geschäftsführer und Gerhard als Buchhalter eingesetzt. Das Geschäft blühte, die Einnahmen wurden immer besser. Gerhard arbeitete viel und gern, leider war der Vorort doch gerade so abgelegen, dass er immer seltener bei den Eltern erschien, zumal er verlobt war mit der Pfarrerstochter Gussy aus Igrejinha, dem kleinen, entlegenen Gebirgsort, wo er mit seiner Braut die gesamte Freizeit zu verbringen suchte.

Max Kürschner, der fast täglich im Haus Schinke erschien um seiner Braut Aufwartung zu machen, kam niemals ohne ein entzückendes Veilchen-Sträusschen für die Mutter. Erbittert bemerkten die Söhne, wie ihre Mutter jedes Mal mit zartem

163

Erröten die Veilchen an´s Herz drückte und "- Ach – Mäxchen -! " hauchte. Den eigenen Söhnen gegenüber zeigte die Mutter niemals Weichherzigkeit und hielt sie auch dauernd zu extremer Sparsamkeit an – Blumen für Geld zu kaufen, die man doch im üppig wuchernden Garten hätte züchten können, - allerdings keine Veilchen, die gediehen in diesem Klima nicht so wie in Europa - so etwas wurde bei der eigenen Familie als Verschwendung abgetan... So nimmt es nicht Wunder, dass die erbosten Söhne den künftigen Schwager mit Neid und Misstrauen betrachteten und ihn schikanierten, wo sie nur konnten. Oda beschwerte sich ständig bei den Eltern über die Eifersucht ihrer Brüder, was die Mutter mit Empörung, der Vater schweigend aufnahm..

Eines Tages zog Gerhard seine beiden jüngeren Brüder, Herbert und Otto, ins Vertrauen. Er bat sie, heimlich mit ihm abends ins Ledergeschäft zu kommen und in die Bücher zu sehen, da er glaubte ihnen aufzeigen zu können, dass Max Geld aus der Kasse nahm und falsche Quittungen und Wechsel ausstellte. Die Brüder fanden den Verdacht bestätigt und berieten, was zu tun sei. Zunächst sprach Gerhard den Vater allein an, holte dann seine Brüder dazu. Der Vater, - einen halben Kopf kleiner als die Söhne, weisshaarig, weissbärtig, sah den Söhnen prüfend ins Gesicht, dann guckte er lange auf seine goldene Taschenuhr und fragte schließlich: "Seid Ihr bereit, diese Anschuldigungen vor aller Ohren Max ins Gesicht zu sagen?" und als sie das bestätigten, nickte der Vater nur und murmelte: "Nächsten Sonntag beim Abendessen. Ich will alle beisammen haben."

Als die Familie, sonntags abends vollzählig, mit Ausnahme der Günther-Familie um den langen Tisch sass, gebetet und schweigend gegessen hatte, sagte der Vater, es gäbe da etwas zu klären: Seine Söhne seien auf ihn zugekommen mit einer so schweren Anschuldigung, dass er darauf bestehen müsse, die Angelegenheit hier zur Sprache zu bringen. Darauf wiederholte Gerhard, was er dem Vater schon gesagt hatte, diesmal direkt an Max gerichtet. Der sprang empört auf, dunkelrot im Gesicht und erklärte, das sei eine ganz infame Lüge, er wisse nicht, womit er solches verdient habe...

Der Vater blickte von einem zum Anderen, fragte auch die beiden jüngeren Söhne, die Gerhards Beobachtungen bestätigten, fragte nochmals Max, der daraufhin pathetisch eine Verbeugung andeutend erklärte: "Hiermit gebe ich mein grosses Ehrenwort als Ehrenmann, dass diese Anschuldigungen unbegründet und pure Verleumdung sind!." In das atemlose Schweigen hinein, sagte der Vater eisig: "Gerhard, Herbert und Otto, damit ist das Tischtuch zwischen uns zerschnitten, ich gebe Euch eine Stunde Zeit, dieses Haus auf Nimmerwiedersehen zu verlassen." Keiner wagte zu atmen, bis Herbert auflachend seinen Stuhl zurückstiess und brüllte, "na, denn man los, - nichts wie raus hier! " und an seine Schwester gewandt; "Viel Glück mit diesem Bräutigam!" - damit stürmte er aus dem Raum, gefolgt von seinen verdatterten Brüdern Gerhard und Otto. Keiner ahnte, dass die Eltern diesen Sohn, Herbert, nicht lebend wiedersehen würden. Mathilde Weicht, die kaum glauben konnte, was sie da miterlebte, mischte sich vorsichtig ein, indem sie ihrem Cousin sehr gefasst und ruhig erklärte, er solle doch sicherheitshalber die Stichhaltigkeit der Vorwürfe nachprüfen, bevor er gleich drei seiner Söhne verstiess. Karl sah sie nur ernsthaft an und sagte ebenso ruhig, aber schneidend :

" Du kannst gleich mitgehen mit den Jungs, wenn Du so auf deren Seite bist, und zwar auch auf Nimmerwiedersehen!", worauf sie nach einigen

Verblüffungssekunden wortlos aufstand und verschwand. Auch sie wurde im Haus Schinke niemals wiedergesehen. Weniger als eine Stunde später verliessen sie zu Viert mit von Herbert geräuschvoll zugeschmetterter Tür, ohne ein einziges weiteres Abschiedswort von Jemandem aus der Familie das Schinke-Haus.

Die vier Verstossenen

Zunächst wandten sie sich an das evangelische Pfarrhaus Stremme in Igrejinha, zwischen Gramado und Taquara, wohin es eine Eisenbahnverbindung gab. Pfarrer Stremme, hatte eine sehr schöne Tochter, Auguste, in Südafrika geboren, wo die Familie Pfarrdienste geleistet hatte, bis sie von der Synode nach Brasilien versetzt worden waren. Gerhard Schinke war schon lange mit der schönen "Gussy" Stremme verlobt, ihre Hochzeit war als Doppelhochzeit geplant gewesen, gemeinsam mit Oda und Max Kürschner für Juli des laufenden Jahres vorgesehen. Das Ledergeschäft - so hatte man begründeterweise gehofft - würde so viel einbringen, dass zwei junge Familien davon leben konnten. Nun vertrauten sich die vier Verstossenen dem Pfarrer Stremme an. Dieser half schnell und wirksam.

Herbert, Otto und die Schinketante, die schon während der Fahrt nach Igrejinha miteinander gerätselt hatten, wie sich ihre Zukunft gestalten sollte, waren entschlossen, beieinander zu bleiben und nach Matto-Grosso zu übersiedeln, wo Mathilde Weicht mit ihrem Geld eine Farm kaufen wollte. Mithilfe der pflanzerischen Kenntnisse von Herbert und der Arbeitskraft alle drei hofften sie, ihr Glück zu machen. Diesen Dreien verhalf Pfarrer Stremme lediglich zur schnellen Weiterreise in Richtung Sao Paulo, von wo aus sie Mato-Grosso neuerdings mit dem Zug würden erreichen können.

Mit seinem künftigen Schwiegersohn, Gerhard, führte Pfarrer Stremme lange und aufbauende Gespräche, da dieser von den vier Personen der Betroffendste und Verzweifeldste war. Dem stellte er klar, dass er an ihn glaubte, dass er - trotz dieses vernichtenden väterlichen Misstrauensbeweises - ihm, Gerhard Schinke, seine Tochter Gussy zur Ehefrau geben würde. Er holte die deutsche Zeitung, die wöchentlich in Sao Paulo erschien, zeigte auf eine Anzeige mit welcher die grosse Kanadische Elektrizitätsfirma "Light&Power" einen erfahrenen Buchhalter für ihre Zentrale in Sao Paulo suchte und wies dem künftigen Schwiegersohn, damit den möglichen Weg, aus der Misere herauszufinden. Sofort schrieb Gerhard die Bewerbung für den Posten und Pfarrer Stremme half ihm, diese telegraphisch aufzugeben.

Dann wurde eine schnelle "Not-Hochzeit" zwischen Gerhard und Gussy organisiert. Um sich nicht dem Zorn Karl Wilhelms auszusetzen, den der Pfarrer sehr schätzte und um keine grundsätzliche Verstimmung mit der restlichen Familie Schinke zu riskieren, wurde im Gebirge, der "Serra", im Städtchen "Igrejinha" in aller Stille so unauffällig wie möglich geheiratet. Dann kam die telegraphische Stellenzusage an Gerhard aus Sao Paulo von "Light&Power". . Sofort im Anschluss reiste das frischgetraute Paar die damals drei-einhalb Tagereisen per Eisenbahn nach Sao Paulo ab, wo Gerhard seine Stelle als Buchhalter antreten konnte und das junge Ehepaar sich definitiv niederliess. Ein Jahr später wurde dort ihr Sohn Günther Heinz Gerhard geboren, der zeitlebens nur Heinz genannt wurde. Dies war der von mir so sehr verehrte älteste meiner Cousins, der spätere Ehemann von Clody Vauth und Vater von Claudia und Renate Schinke, die mir heute noch sehr nahe stehen.

Die drei "Abenteurer"

Mathilde Weicht hatte nach dem "Rausschmiss"

von Schinkes erst einmal ihr aus Deutschland mitgebrachtes Geld gezählt. Das war für damalige Verhältnisse eine ganze Menge. Sie hatte in Deutschland ihr gesamtes Witwenvermögen flüssig gemacht, das Haus des verstorbenen Baurat Weicht verkauft, und auf Anraten jenes weitsichtigen Berliner Beraters Gold dafür gekauft, welches den Wert auch in der Inflation nicht verloren hatte, was sich jetzt als wahrer Segen erwies. In Sao Paulo tauschte sie einen Teil davon in brasilianisches Geld und machte Herbert und Otto den Vorschlag, zunächst einmal ohne Zeitverlust weiterzureisen um in Matto-Grosso selbst nach geeignetem Grund und Boden für ein gemeinsames Unternehmen zu suchen. Herbert, der ältere Bruder mit der abgeschlossenen Berufsausbildung als Gärtner, hatte Otto und Mathilde überzeugt, dass ein gemeinsames Unternehmen nur in grossen Pflanzungen bestehen könne, wobei man nicht einig wurde, WAS denn eigentlich gepflanzt werden sollte. Alle drei wollten möglichst schnell reich und unabhängig werden, sie stellten sich vor, das würde im unerschlossenen Urwald des "Matto Grosso" leichter sein als anderswo, ausserdem war Land für eine "Fazenda" dort noch billig. Mathilde Weicht hatte sich aus diesen Diskussionen weitgehend rausgehalten, sie wusste am Wenigsten über Brasilien, also stimmte sie allem zu was in ihren Ohren durchführbar und vernünftig klang. So reiste das Kleeblatt mit der kürzlich erst unter grossem Pomp und vielen Zeitungsberichten eingeweihten Eisenbahnlinie in den Bundesstaat Matto Grosso, wo es ihnen gelang, Land zu erwerben, um in der Nähe des besagten Schienenweges, der quer durch Südamerika führte, eine Ananas-Plantage aufzubauen. Ihr Plan war folgender: Die Reisenden des genannten Zuges zwischen Sao Paulo und Bolivien, die sich bei der tagelangen Durchfahrt durch das Sumpfgebiet "Pantanal" überwiegend damit amüsierten, aus den Zugfenstern auf die unzähligen Krokodile zu schiessen, die sich an den Ufern der Flussarme sonnten, litten auf der strapaziösen Reise durch feuchte, drückende Hitze meist unter heftigem Durst und würden - wie Otto und Herbert hofften, - gern eine gute, saftige Ananas zur Erfrischung und vitaminreichen Ernährung kaufen. Also sollte dort, wo der Zug hielt und die Passagiere sich aus den Zugfenstern beugten, die Schinketante mit einem Korb hübsch angerichteter Früchte entlanggehen und diese den Käufern hochreichen, indem sie das Geld dafür entgegennahm. Das musste – so glaubten sie – ein sicheres und gutes Geschäft werden, zumal

171

man auf diese Weise die Kosten für einen Verkaufstand sparen könne. Das Landstück, das sie erwarben und sofort zu roden begannen, lag in der Nähe, das heisst etwa zehn Kilometer von der grossen Bahnstation Campo-Grande entfernt. Verblüffend war für alle Drei die Vegetation der Gegend. Unter dem Namen "Matto-Grosso" hatten sie sich besonders dichten, hochgewachsenen, feuchten Regenwald vorgestellt. Was sie jedoch in den vielen Stunden, in denen sie bis Campo Grande gereist waren um sich sahen, war zwar übermannshohes, zum Teil dorniges Gestrüpp, das in dieser Jahreszeit, nämlich im Juni, teilweise unter Wasser stand, so dass nur die Kronen der Büsche hervorsahen, viel durchsetzt mit Mangroven, die trockengebliebenen Hügelkuppen waren eng-belegt und bestanden mit Tieren, überwiegend Kaimane – hier Jacarés genannt – dazu Wasserschweine, Capybaras, und unzählige Sorten Wasservögel, die in den offenbar sehr fischreichen Gewässern jagten. Es war garnicht leicht gewesen, geeignetes Pflanzland zu finden, das wenigstens grösstenteils trocken aussah und nicht alljährlich überschwemmt werden würde.

Sie schufteten zwei Jahre lang wie besessen, bauten für sich und die Schinketante eine kleine

Wohn-Hütte mit nur einem einzigen Raum, so wie sie es bei den Einheimischen abgeguckt hatten, bearbeiteten das Land, bekämpften die immer wieder eindringenden Capybaras, Ameisen und andere Schädlinge, und ernteten viel weniger als erhofft. Die Schinketante kochte, wusch, putzte endlos unter sehr erschwerten und ungewohnten Bedingungen und ging in der brütenden Hitze unter einem hübschen Strohhut am Zug entlang, am Arm den schweren Korb mit ganzen Ananas und appetitlich angerichteten Fruchtstücken, versuchte zu verkaufen - eine Aufgabe, die ihr nicht gelang und die sie bald als unrentabel ablehnte - überhaupt war die ganze Sache kein gutes Geschäft und die Schinketante sah ihr Geld dahinschwinden.

Die Schinketante, Mathilde Weicht, oder die "Schöne von(vom?) Klitzing" ...

Über die genaue Herkunft, die Jugend, die Bildung, Wesen und Temperament der Schinketante, konnte ich garnichts in Erfahrung bringen. Die Schinkes, die ich ab 1954 nach ihr fragte, taten alle höchst überrascht, gaben vor, sie nicht einmal gekannt oder von ihrer Existenz gewusst zu haben. Nach meinen beharrlichen Erklärungen und Fragen konnte sich niemand an

sie als Person, geschweigedenn an ihren genauen Namen, erinnern - was bei Tante Oda, Tante Lotte, Onkel Günther und ebenso bei Tante Gussy höchst unglaubwürdig war und bleibt. Lediglich, dass sie eine Verwandte von der Schinke'schen Seite war, also nicht mit Helene Klohe, sondern mit Karl Wilhelm persönlich verwandt, "....so eine junge, hergelaufene Person, die den reichen Baurat, Onkel Weicht geheiratet hatte .... und die früh Witwe geworden war...", das konnte nach langem zögerlichen Überlegen von Tante Lotte und Tante Oda zugegeben werden, nachdem zunächst beide von ihrer Existens nichts gewusst haben wollten. "Weicht" war der Mädchenname der "Ellsnicher Grossmutter" gewesen, Karl Wilhelms   Mutter.
Mein Vater, jedenfalls, war überzeugt, sie sei eine angeheiratete Cousine seines Vaters gewesen, was bedeutet, dass jener verstorbene Baurat Weicht ein echter Cousin Karl Wilhelms, nämlich ein Sohn des ältesten Bruders seiner Mutter gewesen sein muss.

Tante Beatrice von Cossel hatte die Schinketante später, in den "dreissiger Jahren" in Sao Paulo gut gekannt – wenn   auch keine wirkliche Freundschaftsbeziehung zwischen den beiden Frauen bestanden hat. Leider kam ich erst viel zu spät auf die Idee sie zu fragen, nämlich erst in den 1980er Jahren, als diese meine Patentante Beatrice, schon über neunzig war. Da konnte sie sich (- genauso wie mein Vater, der im Alter etwas verwirrt war -) nicht mehr mit Sicherheit an ihren Vornamen erinnern, hatte sie ja vor mehr als vierzig Jahren immer nur mit "Frau Weicht" angeredet, .. "Möglicherweise,,," habe sie Mathilde gehiessen, darüber waren beide einig. Aber Tante Trix sagte mir etwas Anderes, was das etwas trotzige und betretene Schweigen über diese Frau erklären könnte: Die Schinketante habe in Mato Grosso und Sao Paulo jahrelang mit Otto und Herbert gleichzeitig in Liebesbeziehungen gelebt, also in einer von ihr so bezeichneten „Ménage-à-trois", und später als Herbert nicht mehr da war,   in den dreissiger Jahren, als Otto mit Hans-Henning von Cossel zusammenarbeitete bestand eine feste Sexualbeziehung zu dem um fünfundzwanzig Jahre jüngeren Otto Ernst, was kaum jemandem verborgen bleiben konnte.   Die erkennbar alternde Frau bewachte und verfolgte den so viel jünger wirkenden Mann bis zur Peinlichkeit, was man aus Mathildes Sichtwinkel verstehen kann.

Meine eigene Vermutung ist, dass schon 1921, als alle drei noch so viel jünger waren, auf der sechswöchigen Schiffsreise zwischen Deutschland und Brasilien, jene „Ménage-a-Trois" sich mindestens angebahnt haben könnte. Herbert hatte hier erstmals Gelegenheit hatte, Mathilde Weicht in ihrer ganzen Schönheit und in völliger Ruhe zu erleben, er kann nicht unempfindlich für deren weibliche Reize gewesen sein. Sein junger Bruder Otto strahlte sicherlich vor Glück, Besitzerstolz und Übermut. Er wird Herbert nicht im Zweifel darüber gelassen haben, welcher Art seine Verehrung und Beziehung zu dieser begehrenswerten Frau war.

Herbert selbst war gewiss auch ein attraktiver, junger Mann. Mein Vater beschrieb ihn stets als lebhaft, findig, unglaublich schlagfertig und geistvoll bis zur Frechheit, strotzend vor Vitalität, Unternehmungsgeist und neuen Ideen. Die Verehrung und Bewunderung dieser beiden jungen Männer muss für Mathilde ein wahrhafter Jungbrunnen gewesen sein. Sie kannte bis dahin nichts, ausser dem Dorf aus dem sie stammte, dem kleinen Ladengeschäft, in dem sie als Verkäuferin gearbeitet hatte und dem düsteren, bürgerlichen Haushalt, in dem sie als verheiratete Matrone gelebt hatte. Dazu die eher quälende Ehe mit anschliessender Krankenpflege an ihrem dreissig Jahre älteren, übergewichtig schnaufenden Gatten, dem langsam sterbenden

Baurat Weicht. Die ganz neue Freiheit auf dem Dampfer, wo niemand sie kannte und wo sie mit zwei attraktiven jungen Männern lachen, scherzen und jung-sein durfte, muss für sie wie ein erfrischender Aufbruch in besseres Leben gewesen sein, was sie täglich schöner, vitaler und jugendlicher erscheinen ließ..

Eine lange Schiffsreise, insbesondere wenn sie mit solch einschneidenden Veränderungen einhergeht, wie Auswanderung in einen fremden Erdteil, nachdem man hinter sich alle Brücken zur Vergangenheit abgebrochen hat, schenkt den Menschen, eine "....freie Zeit in Klammern..." jenseits aller Alltags-Sorgen. Das bisherige Leben ist vorbei und nach bestem Wissen abgeschlossen, das kommende noch nicht aktuell, also sinnlos, sich im Voraus darüber Gedanken zu machen. Die Gegenwart, den jetzigen Augenblick zu geniessen wird zum Einzig-Wichtigen, dazu noch auf schwankendem Boden, unter dem gigantischen Himmel auf einem gewaltigen Meer.

Eine solche Erfahrung demonstriert Jedem, auf welch unsicheren Füssen er steht, wie winzig-klein, labil und unvermögend der Mensch ist und wie bedeutungslos seine Alltagssorgen.

177

Jedermann ist auf einer solchen Schiffsreise in Sonderstimmung, losgelöst von Erdenschwere und Kleinherzigkeit. Sich auf einer solchen Reise zu verlieben, oder einer unterdrückten Liebe nachzugeben führt zu einem Rausch an Intensität und einem glückhaften Lebensgefühl das alle bürgerlichen Vorurteile hinwegspült.

Die drei jungen Menschen kamen als geschlossene Einheit, gewissermassen als Kleeblatt in Brasilien an. Das Einvernehmen muss tief, und sicherlich von aussen spürbar gewesen sein. Vermutlich merkte die ganze Schinke-Familie die starke Verbundenheit des Kleeblatts und fühlte sich ausgeschlossen. Das anfängliche Erstaunen der sesshaften Verwandten wandelte sich schnell in Neid und Missgunst, ohne dass diese hätten genau sagen können, warum das so war. Zu jener Zeit gab man sich selbst keinen Aufschluss über Motive, man sprach nicht über seine Gefühle – schon gar nicht bei der Schinkefamilie, es sei denn, man fand am seine Nächsten etwas zu kritisieren - dies war immer erlaubt und beliebt. So wird sich nach und nach eine "geschlossene Front" gegen die jungen Eindringlinge gebildet haben. Diese waren allerdings so stark mit sich selbst beschäftigt, dass sie die dunklen Wolken, die sich über ihren

Häuptern zusammenballten garnicht bemerkten.

Oda Irmgard, Ottos Zwillingschwester, hatte sich im wahrsten Sinn des Wortes "kindisch" auf ihren Zwillingsbruder gefreut. Als Kleinkinder hatten die beiden eine ungewöhnlich enge Beziehung gehabt, sie waren stets Hand in Hand gegangen, hatten gemeinsam all jene legendären Kinderstreiche ausgeheckt und begangen, von denen sie in guten Stunden noch als Sechzigjährige schwärmerisch erzählten. Als sie im Alter von dreizehn Jahren getrennt wurden, standen beide am Anfang der Pubertät, hatten sich naturgemäss voneinander entfremdet, und nun, als Erwachsene, acht Jahre später, sollten sie einander wiederhaben und nach Odas Erwartungen musste die Beziehung mindestens so eng sein, wie in Kindertagen, - endlich kam DER Mensch, den sie sich als ihren ureigensten, engsten Vertrauten vorstellte, von dem sie sich schrankenlos verstanden fühlen wollte, der ihr zuhören würde, wenn sie von ihrer Liebe zu Max erzählte und von allen kleinen und grossen Ängsten ihrer Brautzeit und sonstigen Beziehungen. Schliesslich war Otto ihr Zwilling, ihr zweites ICH, er würde fühlen wie sie selbst und alles verstehen, was sie ihm anvertraute. Keiner von ihren Geschwistern, oder Freundinnen hatte

179

einen richtigen Zwilling, nur sie allein, alles würde so sein wie früher als sie beide klein waren und er ihr mit seiner Kinderschrift die ersten Liebesbriefe in ihrer beider Leben geschrieben hatte...

Anstelle des ersehnten Zwillingsbruders war nun ein fremder, charmanter Mann gekommen, der sich kaum besonders um sie kümmerte, garnicht speziell an IHR interessiert schien. Gewiss war er höflich und liebenswürdig zu ihr, wie zu Jedermann. Genauso hoffierte er ihre ältere und schönere Schwester Lotte, die überhaupt von beiden neu hinzugekommenen Brüdern angestaunt wurde. Odas Enttäuschung muss grenzenlos und ihre Eifersucht auf Mathilde Weicht unbarmherzig und von Neid vergiftet gewesen sein. Sicherlich war sie die Erste, die herausgefunden hatte, welcher Art die Beziehung zwischen Otto und seiner in ihren Augen "alten Tante" tatsächlich war und ebenso sicher hat sie sich der Mutter, Lene, anvertraut. Die Mutter wird nicht sofort den Beobachtungen der Tochter geglaubt, zunächst sich selbst versichert und anschliessend zum Vater über die Angelegenheit gesprochen haben. Jedoch war ihre Empörung bestimmt ebenso tief, insbesondere, falls auch Herbert Mathilde Weicht anschmachtete. Allerdings wird Herbert der Erfahrenere,

Vorsichtigere von beiden jungen Männern gewesen sein. Er wird sich viel mehr in Acht genommen haben als Otto.

Die starken Strahlungen, die von solch leidenschaftlichen Beziehungen ausgehen, konnten den Geschwistern und Eltern auf Dauer nicht verborgen bleiben, so dass Karl Wilhelm bei der Diskussion um die Ehrsamkeit seines künftigen Schwiegersohnes, Max Kürschner, nicht ganz von ungefähr die Gelegenheit ergriffen haben wird, sich und seinen Haushalt von dieser "unmoralischen Bande" zu trennen. ... Gerhard Schinke, der dritte Sohn, Buchhalter und Geschäftspartner von Max Kürschner, der den ganzen Tag im entfernten Ledergeschäft Dienst tat, der unwillentlich die Lawine losgetreten hatte, war vermutlich ganz und gar ahnungslos gegenüber den Liebesbeziehungen seiner jüngeren Brüder mit Mathilde Weicht. Er selbst war schon seit langer Zeit derart verliebt in die schöne Pfarrerstochter Gussy Stremme, dass er kaum mitbekam, was an zwischenmenschlichen Problemen um ihn her geschah, jede freie Minute, die er nicht im Geschäft verbrachte strebte er zum Pfarrhaus, wo er sich häufiger aufhielt als daheim. Alles was nicht direkt mit seiner Liebe zu Gussy zu tun hatte bemerkte er garnicht, seine ganze Kraft wurde aufgebraucht von der Konzentration auf das geschäftliche Gedeihen des Lederladens, für den er sich verantwortlich fühlte, wobei die von ihm entdeckten Unredlichkeiten seines Partners, Max, ohnehin drückend schwer auf ihm lasteten, da ihm klar war, wie sehr sein Vater betrogen wurde und wie unmöglich es für ihn war, diesem dickköpfigen alten Herrn beizubringen, dass er im Begriff war, einen schwerwiegenden Fehler zu begehen. Er hatte seine neu hinzugekommenen Brüder ins Vertrauen gezogen in der Hoffnung hier neutrale, objektive und vor Allem glaubwürdige Helfer zu finden, die über jeden Verdacht der Parteilichkeit erhaben sein würden...

Für ihn, Gerhard, war dieser "Rausschmiss" am enttäuschendsten und schmerzlichsten, gerade ihm wurde hier vom Vater deutlich gezeigt, wie wenig persönliches Vertrauen zwischen ihnen bestand und wie wenig profissionelle Kompetenz sein „alter Herr" ihm zutraute. Der einzige Mensch, der Gerhard in dieser verzweifelten Situation trösten konnte, war seine Braut Gussy und wer ihm in diesem ungerecht zugefügten Schmerz helfen, ihn stützen konnte war Gussys Vater, der kluge, verständnisvolle Pfarrer Stremme, in dessen Haus alle vier Verstossenen Aufnahme fanden, der zuhören und begreifen konnte und der die Worte zu finden wusste, die den sich vernichtet fühlenden Gerhard aufrichteten.   --

"Ihr jungen Menschen",   sagte Pastor Stremme, - "ahnt garnicht, wie entsetzlich mein 'Freund, der Doktor Schinke, sich söben selbst gestraft hat . Eine derart ausgeklügelte, quälende Rache hätte sich keiner von Euch jemals ausdenken können. Die Tatsache, dass er vorschnell drei eigene Söhne und seine Kusine aus dem Haus gewiesen hat, wird ihm Tag und Nacht keine Ruhe mehr lassen, er wird seines Lebens nicht mehr froh werden können, auch ohne die stummen Vorwürfe, die ihm seine brave Ehefrau sicherlich insgeheim macht.   Gebe Gott, dass Eure Schwester Oda nicht allzusehr leiden muss, denn sie wird in der Hauptsache seelisch betroffen werden, wenn Max Kürschners Betrug ans Tageslicht kommt...... Aber Ihr dürft Euch im Recht fühlen, schaut nach vorn, kümmert Euch um Euer eigenes Leben."

Herbert, Otto und die „Schinke-Tante"

Meine Patentante, Beatrice von Cossel, von mir "Tante Trix genannt", erzählte mir vierzig Jahre später, dass auch als Otto Schinke zehn Jahre nach dem legendären Rausschmiss   eine angesehene Persönlichkeit in Sao Paulo und danach im   Staat Santa Catarina war,   die "bessere Gesellschaft" seine Liäson mit Mathilde Weicht nur mit Missvergnügen gesehen und möglichst nicht zur Kenntnis genommen habe. - "Man konnte sie ja bei keinem offiziellen Anlass einladen, wo man sie als Ottos Tante hätte vorstellen müssen... Für jedermann wurde ihre Eifersucht schnell sichtbar, es war immer etwas peinlich. Die Beziehung war „ein Dauerbrenner" als Anlass für Klatsch und Sensations-Traatsch! "

Zehn Jahre zuvor, während ihrer Matto-Grosso-Zeit lebten sie zu dritt in einer Hütte, hatten viel Spass miteinander-aneinander, kämpften verbissen um ihre Ananas-Plantage und ahnten nicht, dass dies ihre schönste gemeinsame Zeit war. Die Idylle endete, als die Brüder eines Tages bei "Feierabend" nebeneinander auf der Bank vor der Hütte sassen und Herbert mit seinem "Tesching"-Revolver auf die Kühe ihres einzigen, drei Kilometer entfernt wohnenden Nachbarn schoss. Die Tiere kehrten am späten Nachmittag von der Weide heim. Im Gänsemarsch trotteten sie auf dem schmalen Pfad am gegenüber liegenden Abhang entlang in Richtung auf die heimatliche Farm und das abendliche Melken . Otto, der nicht schiessen konnte, liess sich erklären, wie man die Waffe handhabe, dass man bei dieser Entfernung und der Geschwindigkeit des Trottens auf den Hals der Kuh zielen musste, um die Hinterbacke zu treffen, wonach die Kuh dann so "lustige Sprünge" machte... Otto wagte einen Probeschuss und die Kuh drüben fiel um wie von Blitz getroffen. Nachdem die anderen Kühe darübergestiegen und weitergetrottet waren, nahmen die Brüder in Augenschein, was sie angerichtet hatten und stellten fest, das die Kuh mausetot war. Otto hatte versehentlich genau ins Herz getroffen, was das saubere kleine Loch an der richtigen Stelle bewies. Sie stopften kunstgerecht kleine Lehmkügelchen in das Löchlein, verschmierten den Lehm in dem rotbraunen Fell und schlichen betreten in ihre Hütte. In der Nacht wurden sie brutal aus dem Schlaf gezerrt, verprügelt und ihre Hütte in Brand gesteckt. Der wütende Nachbar drohte ihnen den Tod an, falls sie es wagen sollten, sich nochmal in dieser Gegend blicken zu lassen. Das war das Ende der Ananasplantage. Ob die Schinketante von ihren Habseligkeiten etwas retten konnte ?

Die drei zogen wieder zurück nach Sao Paulo, wo Mathilde Weicht ihr restliches Geld flüssigmachen wollte . Gerhard und Gussy, die schnell von Herbert und Otto ausfindig gemacht wurden, boten ihnen lediglich eine Not-Übernachtung in ihrem Haus an, Gussy vermutete sofort, welcher

Art die Tantenbeziehung Mathildens zu den beiden Brüdern war und empörte sich derart, dass die Drei schon einen Tag später auszogen und sich eine Unterkunft in einem anderem Stadtteil suchen gingen. Der kleine Heinz, Gussy und Gerhards Söhnchen, war ein aufgewecktes, fröhliches Kerlchen, der lebhaft den "neuen Onkels" um die Beine geflitzt war, wobei sein Plappermäulchen nicht still stand. Er muss damals ca. 3 Jahre alt gewesen sein, also schrieb man ungefähr das Jahr 1925. Das Kind hatte Otto beeindruckt. Zum ersten Mal in seinem Leben wurde ihm klar, welche Freude es sein kann, ein Kind – einen Sohn – zu haben.

Herbert und Otto bauten sich und der Schinketante eine Hütte am Ufer des Flüsschens Tietê bei einem Dorf, das heute zu den innersten Stadteilen Sao Paulos gehört. Sie gaben sich als gelernte, deutsche Malermeister aus und verdingten sich als Anstreicher bei einem deutschen Maler-und Bauarbeiter-Betrieb. Von der unermüdlichen Schinketante hatten sie sich weisse Kittel und Mützen nähen lassen, beides ausgiebig mit Farbe bekleckert, um glaubwürdig-zünftig auszusehen und traten so bei ihrem Arbeitgeber an. Der lachte gutmütig und klopfte ihnen auf die Schultern, als sie zur Arbeit kamen, wobei er sagte, er stelle sie nur deshalb an, weil sie offenbar "echte Reichsdeutsche" seien, denn echte "Maler" seien sie gewiss nicht. Die bekleckerten sich nämlich niemals, sondern seien immer bemüht, die Farbe dahin zu streichen, wo sie hingehört –. Möglichst saubere Kittel, seien der Stolz eines jeden guten Anstreichers.

Die Trennung

Um das Jahr 1923/24 fand in Brasilien – ausgehend vom Bundesstaat Sao Paulo - eine kommunistische Revolution statt. Begonnen hatte der Aufstand als Rebellion der Kaffeeplantagenarbeiter, die um bessere Löhne und Bedingungen kämpften, hatte immer mehr um sich gegriffen und wurde tatsächlich von der russischen "Komintern" für deren Gedankengut und Ideale genutzt. Es wurden ganz gezielt deutsche und russische Agenten, als harmlose Einwanderer getarnt, ins Land geschleust, die immer mehr Anhänger um sich schaaren konnten. Schliesslich setzte die Regierung Militär dagegen ein und es fanden kleinere und grössere Kämpfe statt. Man bemühte sich, die Anführer zu finden und auszuschalten, um der Bewegung den Kopf zu nehmen. Befehligt wurden die Aufständischen, die jahrelang die Regierungstruppen an der Nase

187

herumführten, von einem in Russland ausgebildeten Brasilianer, namens Luis Carlos Prestes. Dieser Mann verstand es, das Heer seiner Anhänger bis zum Fanatismus zu begeistern. Er führte seine Leute, die bitterarm, miserabel ausgerüstet und ohne Ausbldung waren, strategisch unglaublich geschickt über viele tausend Kilometer durch das Land und schließlich bis ins asylgewährende Ausland – nämlich nach Bolivien. Seine frechheit und Geschicklichkeit war derart verblüffend, dass er die Befehlshaber der Brasilianischen Regierungstruppen zu Wutausbrüchen und unüberlegten Fehlaktionen reizte. Immer wieder gelang es Prestes, das Nationalheer auf falsche Fährten, in Hinterhalte und sonstige Fallen zu locken, die erschöpften Soldaten aufzureiben, total auf die eigene Seite zu ziehen oder zu entwaffnen und deren Geschütze, Kleidung und Proviant als Beute für sich zu gewinnen. Kurzum - es gab keinen von Behörden wütender gejagten und gesuchten Mann in Brasilien, der so viele heimliche und schützende Sympathieen der armen Bevölkerung genoss, wie Luis Carlos Prestes.

Eines Tages beobachteten Herbert und Otto am Stadtrand von Sao Paulo ein "Grüppchen zerlumpter Kerls", das sich plagte, mit einem

Geschütz zu schießen, das sie nicht beherrschten.

Jeweils wurde einer abkommandiert, einen Schuss mit diesem Geschütz abzugeben, der kletterte widerwillig auf den "Bock" und wurde beim Auslösen des Schusses durch den Rückstoss zu Boden geschleudert, wo er sich krümmend liegenblieb, wie seine Vorgänger.

Herbert, der im ersten Weltkrieg auf deutscher Seite Richtkanonier gewesen war, lachte zunächst herzlich, ging schliesslich kopfschüttelnd hin und erklärte dem Befehlshaber, was die Leute falsch machten, worauf dieser ihm freudig den Arm um die Schultern legte und behauptete, der Himmel selbst habe ihn gerade jetzt hierher geschickt, dies sei ein "Zeichen des Schicksals"... ... kurzum: er bewog Herbert mit attraktiven Reden und Vorstellungen dazu, mit ihnen zu ziehen, seine Leute auszubilden und ihnen wenigstens beizubringen, wie man richtig mit diesem und anderen Geschützen schießen und vielleicht sogar treffen könne ....
Offensichtlich kam dieses Angebot Herberts Abenteuerlust und seiner momentanen Befindlichkeit entgegen, denn er winkte seinem Bruder kurz noch einmal zu und ging auf der Stelle mit. Ob es die Aufständischen unter dem legendären Luis Carlos Prestes waren, oder die

gegen jene eingesetzten Regierungstruppen, wusste Otto Ernst, mein Vater, nicht genau – oder gab vor, dies nicht mehr zu wissen als ich ihn präzise fragte. Erzählt hat er diese Geschichte immer so nebelhaft, dass beide Möglichkeiten offenblieben.

Zu Herberts rebellischem Temperament hätte – meines Erachtens – die Anhängerschaft anLuis Carlos Prestes besser gepasst. Jedoch war in den fünfziger und sechziger Jahren des vorigen Jahrhunderts, als ich meinen Vater diese Geschichte erzählen hörte, jegliche Form kommunistischer Gefolgschaft derart ungehörig und sogar verboten, dass er sich und der Familie damit möglicherweise geschadet hätte.

Jenes fröhliche Zuwinken war das Letzte, was Otto von seinem meistgeliebten Bruder gesehen hat. Erst fast zehn Jahre später hörte er, dass Herbert auf einem miserablen, floßähnlichen Wasserfahrzeug, das mit viel zu vielen Menschen in Hängematten belegt war, im Amazonasgebiet, bei Cunany, weit weg von jeglicher Zivilisation jämmerlich an Schwarzwasserfieber zugrunde gegangen sei und dass er in dem damals winzigkleinen, abgelegenen Ort, Santarém (heute eine bedeutende Grosstadt), begraben läge. Herbert war schon früher in Matto Grosso an

Malaria erkrankt, hatte dies jedoch niemals ernst genommen, sondern mit Chinin behandelt, wohl wissend, dass dies ihm keine definitive Heilung bringen würde; auf jenem Wasserfahrzeug, einer Art Fähre, soll er bei irgendeiner Zwischenlandung während eines Fieber-Anfalles eiskaltes Bier getrunken haben - allen Warnungen zum Trotz und sicher auch wider eigenes besseres Wissen - in der folgenden Nacht sei er an Schwarzwasserfieber gestorben. Als Todesdatum wurde der 27.04.1927 angegeben. Wieso, warum und mit wem er sich auf jenem Schiff befunden hatte, wurde niemals deutlich. Entweder es war tatsächlich nicht bekannt, oder wurde verheimlicht, was einleuchtend wäre, falls die Leute, denen er sich damals in Sao Paulo anschloss, zu den aufständischen Kommunisten gehört haben. Immerhin war Herbert noch soweit bei Bewusstsein gewesen, dass er dem an Bord mitreisenden Priester den Namen des Pastor Stremme und die Stadt Igrejinha und Gramado in Rio Grande do Sul hatte sagen können. Der Pater hatte für die Beerdigung in Santarém gesorgt und nach längerem Suchen Pastor Stremme in dem einige tausend Kilometer entfernten Bundesland ausfindig gemacht, der wiederum hatte Dr Karl Wilhelm Schinke benachrichtigt.

Otto und Mathilde allein

Als Otto 1925 allein mit der Schinketante in der Vorstadt von Sao Paulo geblieben war, kam den beiden die Idee, die ärztliche Kunst, die Otto ehemals von seinem Vater gelernt hatte, zu einer Verdienstquelle auszubauen. Sie drehten des Abends aus Zucker und verschiedenen Kräutersäften Pillen, mischten Pülverchen, die Otto in von ihr geklebte und von ihm beschriftete Tütchen füllte, säuberlich mit Verabreichungs-Zetteln versah und in einem selbstgebauten "Bauchladen", zusammen mit Salben, Verbandzeug, Wund-Pflastern und Verbänden zum Verkauf auf den Bauernmärkten und bei Nachbarn anbot, als Mittel gegen Zahnweh, Bauchgrimmen, Kopfschmerzen und Ähnliches mehr. Seine Placebo-Kuren verkauften sich gut, waren so erfolgreich, dass er den ungeliebten Anstreicher-Job aufgeben konnte.

Das Geld der Schinketante scheint endgültig verbraucht gewesen zu sein, oder vielleicht auch nur ihr Glaube an die Vernunft der Schinkeschen Unternehmungen. Beides dürfte nicht verwundern. Eines Tages erhielt Otto Nachricht von seinem Bruder, Gerhard dass es bei dessen Arbeitgeberfirma "Light&Power"/Sao Paulo eine

Anstellungsmöglichkeit für ihn gäbe. Wenn Otto sich nur schnell genug dort vorstellen und bewerben würde, sei es vielleicht möglich, dass die Brüder künftig gemeinsam dort arbeiten könnten. Die Stadt Sao Paulo wuchs sprunghaft schnell und schneller, der Energiebedarf stieg ständig und die Stromversorgung war ein Dauerproblem. Otto bewarb sich, wurde dafür von seinem Bruder hastig und buchstäblich über Nacht in die Geheimnisse der richtigen Buchführung eingewiesen und bekam von ihm einige anständige Kleidungsstücke für das Vorstellungsgespräch geliehen. Gerhard, der als äußerst gewissenhaft und zuverlässig bekannt war, empfahl seinen Bruder in der Firma wärmstens und   - ab sofort kam Otto Ernst Schinke in ein normales, gut bezahltes Angestelltenverhältnis - das erste seines Lebens - und verrichtete treu und brav in den folgenden Jahren eine trockene Büroarbeit, die er zeitlebens für minderwertig hielt, deren Beherrschung ihm jedoch später noch mehrmals aus der Klemme helfen sollte. Da er tatsächlich keinerlei Berufsausbildung hatte, war die Buchführung das Einzige, was ihn später rettete, wenn er irgendwo gestrandet sich um Arbeit bewerben musste. Hier, bei "Light&Power" reichte zunächst für die Bewerbung das, was ihm Gerhard über

Nacht beigebracht hatte. Otto schrieb zeitlebens beeindruckend schöne Schrift mit verschnörkelten Großbuchstaben und Ziffern. Infolge seines guten Augenmasses, seines sicheren Gefühls für Proportion konnte er grossflächige Blätter gut einteilen, übersichtlich beschriften und dazu endlose Zahlenkolonnen windesschnell addieren. Alle pfiffigen Tricks, die komplizierten Handhabungen bei Bilanzen, Jahresdurchschnitten, Vorausberechnungen, usw... zeigte ihm Gerhard unauffällig am Arbeitsplatz selbst. Ausserdem hatten beide Brüder ihre Vorgesetzten stark beeindruckt mit sich geläufig anhörenden Englischkenntnissen; Otto hatte es bei der "Christlichen Seefahrt" gelernt und praktiziert, so dass dieses Angestelltenverhältnis allen beteiligten Seiten als rechter Gewinn erschien.

Die Schinketante muss aufgeatmet haben, als das Leben so unvermutet geregelte Formen annahm und sie mit einem zuverlässigen Haushalts-Einkommen rechnen konnte. Ab jetzt wurde das Leben für sie erheblich leichter. Die drückenden Geldsorgen gehörten plötzlich zur Vergangenheit. Otto Schinke, der noch niemals in seinem Leben so etwas wie "geregelte Arbeitszeit" gekannt hatte, begann an seinen freien Abenden und an

Wochenenden für eine kleine deutsche Zeitung zu schreiben, die sich "Der Urwaldbote" nannte. Herausgeber war ein gewisser Herr Köhler. Da Otto gut schreiben konnte und seine Artikel meist persönlich zur Redaktion brachte, begegnete er dort gelegentlich einem Mann, der wie er selbst für diese Zeitung schrieb und sich ihm als ein "Bewunderer seiner Artikel" vorstellte. Es war Hans-Henning von Cossel, der ihn – da Otto seine Artikel bisher immer mit "O.E." unterzeichnet hatte - bis ans Ende seines Lebens "Onkel Emil" oder "Emilio" nannte. Er war zwei Jahre älter als Otto und leitete die Niederlassung einer Hamburger Firma für brasilianischen Rohrzucker. Ein Deutscher, Herr Hahn, hatte in der Vila Mariana in der Strasse Florencio Lopes, eine kleine Bar, dort schenkte er sehr gutes Bier aus, Marke "Brahma-Chopp"aus dem Bundesstaat Rio Grande do Sul. In diesem kleinen Lokal sassen die beiden Männer, Otto Schinke und H.H.von Cossel von da an häufig und gern zusammen.

Cossel, der sehr bewandert und höchst-interessiert an Politik und allen sozialen Zusammenhängen war, verwickelte Otto immer häufiger in Gespräche über die Lage der deutschen und deutsch-stämmigen Bauern in Südbrasilien. Es gab eine Reihe von Gruppen, die sich bemühten, die "Auslandsdeutschen" zu organisieren und Verbesserungen für die zahlreichen deutschen Siedler – dort "Kolonisten" genannt - zu erreichen, die in den südlichen Bundesländern von Brasilien verstreut und unter elenden Bedingungen hart arbeiteten. Viele von ihnen zogen kaum Gewinn aus ihrer unermüdlichen, harten Arbeit. Es fehlte an Schulen, vor allem aber an Strassen und Verkehrsmitteln, um die Erzeugnisse auf die Märkte zu bringen. Die damals in grosser Zahl in das Bundesland Sao Paulo einwandernden japanischen Obst- und Gemüse-Bauern waren viel besser organisiert, daher erfolgreicher und für die deutschstämmigen Kolonisten eine bittere Konkurrenz. Fast in allen südlichen Bundesländern gab es die "Gruppe der Neu-Deutschen", die ständig im Streit lagen mit der "Gruppe der Alt-Deutschen". Und dies waren lediglich die beiden zahlenmässig-grössten Vereinigungen, nicht gezählt die kleineren Vereine.

Cossel hatte schon seit Langem versucht, verfeindete Gruppen zu versöhnen und möglichst alle in der "Vereinigung für Deutschtum im Ausland", kurz "VDA", zusammenzufassen wozu er Ottos Mitarbeit und Beistand erhoffte. "VDA" war eine Institution, die schon 1881 in Deutschland gegründet, die Stärkung und weitere Erhaltung des Deutschtums im Ausland erhoffte. Bald verband die beiden Männer - noch später beider Familien, Cossel und Schinke - eine intensive Freundschaft, die bis ans Lebensende hielt.

1927 lud Hans-Henning von Cossel Herrn O.E. Schinke erstmalig zu sich nach Hause ein, wo seine Frau Beatrice, geborene von Bodisco aus Reval/Estland, ein "grosses Haus" führte, regelmässig Einladungen gab, bei welchen Dichterlesungen, Diskussionsabende zu bestimmten Themen und Vorträge von politisch aktiven und interessierten Menschen, von ihr organisiert, an der Ordnung waren. Otto spürte überrascht, wie sehr ihm diese Form von Kultur in den vergangenen Jahren gefehlt hatte, wie wohl ihm der häufige Gedankenaustausch mit Cossels tat und, vor allem, wie sehr dies alles seine Tat- und Schaffenskraft belebte. Es erfüllte ihn selbst mit der grössten Befriedigung, wenn er spürte, was für Fähigkeiten in ihm steckten und was alles er in kurzer Zeit zuwege brachte.
Erst sehr viel spaeter, im Jahr 1931, gelang es, alle kleinen deutschen Splittervereine zusammenzufassen in einer Dachorganisation,

die "Verband Deutscher Vereine im Staat Sao Paulo" genannt wurde. Zu der Zeit hatte der V.D.A. schon sein Vereinshaus, das "Wartburghaus", in welches auch der Hauptsitz des obengenannten Verbandes gelegt wurde. Noch später wurde dieser Verband – ebenso wie der gesamte VDA – von der "Nationalsozialistischen Deutschen Arbeiterpartei", NSDAP aufgesogen.

Die sogenannte "deutsche Kolonie" in Sao Paulo, das heisst, die gesellschaftliche Schicht deutscher und deutschstämmiger Stadtbewohner, hatte um Frau Weicht und Herrn Schinke, geworben. Man holte sie in den deutschen Club "Germania", sie wurden "herumgereicht". Einladung folgte auf Einladung anfangs traten sie noch gemeinsam auf, später trat Mathilde Weicht vollständig in den Hintergrund und lebte ausschliesslich als seine "Haushälterin". Sicher ist, dass die Schinketante sich noch in dieser ersten Zeit überall als "Frau Weicht" ansprechen ließ, was gewiss eine tapfere Entscheidung ihrerseits gewesen ist. Bei ihrem ersten Sao-Paulo-Aufenthalt, 1921 hatte sie sich gern mit „Frau Schinke" ansprechen lassen, dies jedenfalls nicht korrigiert. Auf den wenigen Fotos, die ich aus den späteren, Ende-zwanziger-Jahren finden konnte, sieht man, dass die ehemals so irritierend-schöne Frau in den entbehrungsreichen Matto-Grosso-Jahren stark gealtert war. Jetzt konnte man den Altersunterschied deutlich sehen. Die „etablierte Gesellschaft der Deutschbrasilianer" hat sich "den Mund zerissen" über die merkwürdige Beziehung zwischen der viel älteren Frau Weicht und dem, jugendlich wirkenden Herrn Schinke. Daß sie von ihm als "Tante" angesprochen wurde, konnte kaum darüber hinwegtäuschen, dass es keine tantenhafte Beziehung gab. Es war deutlich zu spüren, wie sehr Frau Weicht litt, wenn sie erleben musste, wie alle jüngeren Frauen sich um diesen charmanten Junggesellen bemühten und er, der dies nicht gewöhnt war, aalte sich im Glanz der weiblichen Bewunderung.

Es folgt die Abschrift eines Briefs von Onkel Hans-Henning von Cossel an mich, seine Patentochter, den er im November 1984 geschrieben hat als mein Vater seit mehr als einem Jahr verstorben und er selbst schon 86 Jahre alt war:

1931 fanden sich in S.Paulo einige Reichsdeutsche zusammen und wollten parallel zu den Vorgängen im Reich, vesuchen, den Gedanken des "nationalen Sozialismus" auch unter den vielen Reichsdeutschen in Brasilien zu verbreiten. Unter diesen Deutschen war auch Euer

199

Vater, der damals noch als Buchhalter bei "Light &Power" tätig war.

Im Grunde genommen, wusste keiner von uns genau, was man im Reich und was Herr Hitler eigentlich wollte. Aber ALLEN war der Gedanke gemeinsam, daß mit dieser nationalen Bewegung wieder eine Änderung der verworrenen Zustände, über die man ja täglich in allen Zeitungen las, möglich sein müsste. Zusätzlich erwartete man natürlich auch eine Verbesserung des sozialen Klimas, übrigens auch unter den Deutschen in Brasilien, wo in einigen Fällen das Klassendenken zwischen Reich und Arm noch sehr ausgeprägt war.

Die kleine Gruppe fand sehr schnell Zulauf und allgemeines Interesse. Ich (Cossel) wurde damals als Leiter der Ortsgruppe gewählt; Euer Vater wurde mein Stellvertreter. In Deutschland hatte man damals kein Interesse für das Ausland; aber das wussten wir nicht. Es hätte uns auch nicht gestört und es änderte sich später radikal. Inzwischen bildeten sich weitere Ortsgruppen, so in Blumenau/Santa Catarina, bestand eine solche unter dem sehr ordentlichen Arzt Dr. Asanger, schon seit 1927, aber keiner wusste etwas vom Anderen.

Im März 1931, wenn ich nicht irre, kamen wir auf den Gedanken, eine Wochenzeitschrift herauszugeben; wir nannten sie – um nicht rein parteipolitisch zu wirken "Aurora Alem~a", "Deutscher Morgen". Sie war die erste NS-Zeitung im Ausland und hatte – Deutsch und Brasilianisch geschrieben – zum Schluss eine Auflage von etwa 35.000 Stück.

Der "Deutsche Morgen" schlug ein, wie eine Bombe, er bildete schnell eine gute Ergänzung zu der Deutschen Zeitung in S.Paulo, der – neben der "La-Plata-Zeitung" in Buenos Aires – grössten auslandsdeutschen Tageszeitung, sie war, wie diese, im Grundtenor sozusagen "deutschnational". Damit, also einer gemässigt liberal-konservativen Einstellung, entsprach sie sicher der Mehrheitsempfindung der Deutschen, und zwar sowohl der zahlreichen Reichsdeutschen wie auch der Deutschbrasilianer.

Der Besitzer war ein Österreicher, Herr Rudolf Trappmayr, verheiratet mit einer Brasilianerin, der bereits seit dem vergangenen Jahrhundert in S.Paulo ansässig war und sich der Unterstüzung der massgeblichen deutschen Familien in Brasilien erfreute (Zerrenner, Bülow, Müller-Carioba, Weissflog, Fürst, Theodor Wille, Bromberg,

Hermann Stolze, Casa Alema Heidenreich, etc), deren Interessen er natürlich vertrat, was in Brasilien ganz selbstverständlich war. Er unterhielt jedoch auch glänzende Beziehungen zu den damals massgeblichen Kreisen einheimischer Brasilianer. ....

Wir konnten schon bei den ersten Ausgaben eine erfreuliche Bereitschaft von Inserenten feststellen. Da nach dem brasilianischen Pressegesetz ein Brasilianer als Herausgeber zeichnen musste, übernahm Otto Schinke die Herausgabe, der zwar einen reichsdeutschen Pass hatte, aber als geborener Brasilianer die brasilianische Staatsangehörigkeit unabwendbar besass. (Jus Solis)."....................
Bis hierhin wörtlich Onkel Hans-Hennings eigener Bericht, den er auf meine Bitte verfasst hat.

Frau von Cossel ihrerseits versuchte, die Schinketante einzubinden in die fortgesetzten Bemühungen und Arbeiten der "Deutschen Frauenschaft". Es ging darum, den abgestumpften Kolonisten beizubringen, dass ihre Kinder, auch die Mädchen, nicht nur ständig zur Acker-, Haus- und Feldarbeit herangezogen werden sollten, sondern, dass auch diese Kinder Unterweisung erhalten, lesen und schreiben lernen sollten und wissen müssten, dass die Welt grösser ist, als ihr eigener Horizont. Es war äusserst mühsam, solch unbequeme Ideen in die stumpfe, verbitterte Denkweisen der Bauern - vor allem der Bäuerinnen - reinzubringen. Die einzige Art von Unterweisung" war bisher von der evang.Kirche ausgegangen, indem die Synode Schulen einrichtete, worin häufig die Pfarrer selbst unterrichteten. Ausgebildete Lehrer zu bezahlen, so dass sie von dem Gehalt hätten leben können...mit Familie... – war keineswegs überall möglich, wo deutsche Siedlerfamilien arbeiteten und lebten. Vom V.D.A. wurden – unter Anderem - "Frauenkreise" eingerichtet und sogenannte "Sonntags- Schulen", in denen die Knaben und Mädchen, die wochentags auf den Feldern arbeiten mussten, wenigstens sonntags lesen, schreiben und möglichst auch die brasilianische Sprache lernen konnten.

Beatrice von Cossel war eine vorzügliche Organisatorin. Neben ihren Aufgaben als Hausfrau und Mutter zweier kleiner Töchter, richtete sie in ihrem Haus anscheinend mühelos Gesellschaften für mehrere Dutzend Menschen aus, wobei es ihr immer gelang, die richtigen "Drahtzieher" für ihre und ihres Mannes Sache zu gewinnen, Beziehungen zu knüpfen, zu nutzen und Leute einzusetzen. Beiden Eheleuten gelang es darüberhinaus, den jeweiligen Teilnehmern das Gefühl zu geben, sie seien durch die übernommene Aufgabe privilegiert.

Die Schinketante, hingegen war in ihren letzten Lebensjahren ängstlich und schwerfällig. Sie litt unter ihrem gesellschaftlichen Aussenseitertum. Von Haus aus hatte sie sehr wenig Bildung mitbekommen, sie fühlte sich ihrem geliebten Otto und besonders Menschen wie Cossels gegenüber völlig unterlegen, was niemand hätte lindern können. Obwohl Cossels schon damals wie auch später mir gegenüber immer betonten, dass „Lebensklugheit und Großherzigkeit wichtiger sind als intellektuelle Qualifizierungen…" empfand sich Mathilde Weicht bei ihnen als „unpassend". Sie litt an diesem auch in den eigenen Augen unakzeptablen Familienstand, der "ihren Otto" langsam aber definitiv von ihr entfernte und enfremdete.

Otto reiste in jeder freien Minute im Land umher - vorzugsweise Sonn- und Feiertags. Er hielt den Kolonisten Vorträge, auf welche Weise sie ihre Äcker besser düngen, ihr Land besser bearbeiten, ihr Vieh besser zu halten und sich genossenschaftlich zu organisieren hätten, um gewinnbringender zu arbeiten. Dies alles geschah auf Veranlassung der sogenannten Ortsgruppe und auf Betreiben Cossels. Letzterer hatte schnell entdeckt, wo Ottos grosse Begabungen lagen und wie sie am besten einzusetzen waren. Otto war unglaublich redegewandt und hatte eine angenehme, gut tragende Stimme. Er konnte ohne jedes Konzept mitreissend und überzeugend reden, dazu Sachverhalte einfach, deutlich und klar darlegen. Seine bescheidene, freundliche Art nahm auch die einfachsten Menschen schnell für ihn ein und überzeugte jeden bezüglich der Sache die er vertrat.

Seine neuen Aufgaben machten ihm Freude, er hatte niemals Lampenfieber, oder überspielte es mit Fröhlichkeit und Witzeleien. Ausserdem genoss er seine Wirkung auf Frauen völlig unbefangen. Zunächst stellte er verblüfft, dann mehr und mehr berauscht fest, dass er jede Frau, die ihm gefiel für sich gewinnen, - ja, dass er wählen konnte unter den "Schönen des Landes" .. ."Die lagen ihm ja alle zu Füssen", sagte Tante Trix von Cossel 40 Jahre später, "aber er flirtete nicht bewusst, oder gab sich absichtlich verführerisch; er sah sehr gut aus, aber das war es nicht allein. Man fühlte sich wohl in seiner Gegenwart, er

205

musste garnichts dazu tun. Man lud ihn gern zu aller Art von Gesellschaften ein, weil er durch seine blosse Anwesenheit fröhliche, entspannte Stimmung hervorbrachte. Seine starke Wirkung auf Frauen kann ich nicht erklären. Selbst ich hatte meine liebe Not, ihm irgendeine Bitte ablehnen zu müssen."

Das stimmte auch ein halbes Jahrhundert später noch, als er achtzig war, zwischen Klavierspiel, Wilhelm Busch, Faust-Zitaten und seinen Enkeln lebte.

Damals, mit Cossels in Sao Paulo, "Ende der zwanziger" bis über die "dreissiger Jahre" guckte er sich ab, - bei Hans-Henning und bei allen die ihn umgaben - was er selbst nicht konnte, nicht wusste, oder an sich verbessern wollte. Außerdem lernte er mit Politik umzugehen, sich darum zu kümmern, wie es in der grossen Welt aussah und wie man sich Informationen beschafft.

Cossel war durch und durch Demokrat. Im ersten Weltkrieg war er als Marine-Offizier zur See gefahren. Seine Passion für soldatische Fairness hatte mitunter schwärmerische Züge. Er verfolgte mit grosser Aufmerksamkeit das politische Geschehen in der Welt, besonders in seiner deutschen Heimat, soweit das in Brasilien damals möglich war. Der vergangene erste Weltkrieg, die Kapitulation Deutschlands und die entwürdigenden Bedingungen der Versailler Verträge waren ein endloses Thema zwischen ihm und Otto.

Es muss damals ausserdem eine besonders starke Frauen-Affaire in Ottos Leben gegeben haben. Es war mir nicht mehr möglich, Genaues darüber zu erfahren. Jedenfalls litt die Schinketante höllisch unter ihrem jetzt ganz auf tantenhafte Versorgung reduzierten Dasein. Das geregeltere Leben in dem von Otto für sie gebauten Haus machte sie dick und unförmig - was ihr garnicht stand. Plötzlich fand sie sich selbst erschreckend alt und hässlich, konnte sich mit diesem Schicksal nicht abfinden und wurde krank und kränker. Otto schaffte ihr Dienstpersonal und bestmögliche Pflege, fand aber persönlich keine Zeit, vor allem keine wirkliche Zuwendung mehr für sie. So lange es irgend ging schob er seine viele Arbeit, die häufigen Reisen, die vollgestopften Arbeitspläne vor. Es war ihm unbeschreiblich peinlich, ihr zu gestehen, dass sie sexuell nicht mehr attraktiv für ihn war, sie war zu einer echten "Tante" für ihn geworden und er drückte sich davor, ihrer Hässlichkeit gegenüberzutreten. Das Ausmass seiner Feigheit war ihm doppelt peinlich, also entzog er sich mehr und mehr, was Mathildes Leid verschärfte.

1930 war das Jahr, in welchem Getúlio Vargas Bundespräsident in Brasilien wurde. Er blieb es bis 1945 (Ende des Zweiten Weltkrieges). Als er gewählt wurde, galt er als ausgesprochener "Freund der Deutschen", dies änderte sich drastisch nach seinen ersten acht Regierungsjahren, als er fast alle Macht in eigenen Händen zusammengefasst, die Regierungsform in eine Diktatur umgewandelt und die Verfassung erneuert hatte. Es begann die Zeit eines übersteigerten lusobrasilianischen Nationalismus, in Brasilien "Nativismo" genannt.
Immerhin verdankt Brasilien ihm die ab 1934 gültige Neue Verfassung, die Einführung des Schulzwanges und Regelung des Schulwesens sowie die Einführung des Quotensystems in der Einwanderung nach Brasilien.
Übrigens war 1930 auch das Jahr, in dem die brasilianische Währung – damals hiess sie schon Milreis, das bedeutet "Tausend-Könige" mit der deutschen Reichsmark eins zu eins stand.

Familie Schinke in Neu-Hamburg

Nach dem "Grossen Rausschmiss" der drei Söhne plus Schinketante im Jahr 1921 hatte es im "Schinke-Haus" in Novo Hamburgo, grosse Veränderungen gegeben. Zunächst hatten die Eltern von ihren ehemals acht Kindern nur noch die beiden Töchter im Haus, Lotte und Oda, wobei Letztere, die jüngere, kurz vor ihrer Heirat mit dem Kaufmann Max Kürschner stand.

Dr. Günther Schinke, der "junge Doktor", der im Stadtteil Alt-Hamburg wohnte und praktizierte, hatte den "Rausschmiss" seiner Brüder nicht miterlebt. Er war völlig verblüfft und sprachlos, als er gelegentlich in sein Elternhaus kam und keinen seiner drei Brüder dort antraf. Vom Vater hörte er lediglich, dass dieser darüber nicht zu sprechen wünschte, das Thema sei TABU. Die Mutter erzählte nur einsilbig, ganz auf Seiten Odas und Max Kürschners, dass die Söhne sich "unbotmässig" verhalten hätten, dass sie schon lange eifersüchtig auf Max gewesen seien, was Günther – zumindest bezüglich Gerhard – kaum als alleinigen Grund für eine derart schwerwiegende Anschuldigung akzeptieren konnte. Immerhin hatte er bei Mutters Erzählung ihrer Version stumm zugehört, sich still zusammengereimt, was nur angedeutet wurde und es hatte ihn gegraust bei der Erkenntnis, wozu

209

sein Vater im Zorn und in dickköpfigem Groll imstande war. Die Tante Mathilde Weicht kannte er kaum, hatte sie nur zweimal gesehen, er verbot sich alle weiteren Mutmassungen und sagte seiner Mutter lediglich zu dieser Geschichte, "Ich hoffe für Euch, dass Ihr dies alles niemals möget bereuen müssen."

Welche Version er seiner Frau, Irmgard erzählte, bleibt nur zu vermuten, jedoch war es sicherlich eine gereinigte. Immerhin empfahl er seiner Mutter unbedingt, Oda keinesfalls auf einem brasilianischen Standesamt trauen zu lassen, da es in diesem Land keine juristisch anerkannte Scheidung gibt, sondern die Trauung auf dem deutschen Konsulat und nach deutscher Rechtsprechung durchführen zu lassen.... "Dies nur für alle Fälle...", war sein Argument. Lene konnte gut zustimmen und setzte die "deutsche standesamtliche Trauung" auf dem Konsulat mühelos bei Karl Wilhelm durch, der schon selbst zu dieser Lösung neigte.

Odas Hochzeit wurde ein rauschendes Fest, an dem fast die ganze Stadt teilnahm, obwohl nicht – wie ursprünglich geplant als "Doppelhochzeit" mit Gerhard und Gussy, die mittlerweile in Ungnade gefallen waren und nicht erwähnt werden durften. Man kann sich vorstellen, wieviel Geflüster von

Mund zu Mund ging. Alle Freunde und Bekannten waren gekommen, der Jubel enorm, Max und Oda waren ein "schönes Paar", wurden photographiert und beglückwünscht wie es Brauch und Sitte war. Da Gerhard nun nicht mehr die Buchführung im Ledergeschäft erledigte, war Max Kürschner der alleinige Chef, gleichzeitig Verkäufer, Einkäufer, Buchhalter, "Mädchen für Alles", wie er scherzend sagte, und leider musste während der Hochzeitsfeierlichkeiten und der nur sehr kurzen Hochzeitsreise nach Rio Grande das Ladengeschäft geschlossen bleiben. Oda erklärte sich "glücklich", die Eltern schwiegen beharrlich über den abscheulichen Rausschmiss der Söhne, das Thema war TABU und wurde totgeschwiegen.

Karl Wilhelm fühlte sich in seiner Praxis merklich entlastet durch den tüchtigen Sohn Günther. Die beiden Arztpraxen nahmen einander nichts - da die Arbeit immer mehr wurde und nach und nach gab es rechte Verehrer-Gemeinden, die einen schworen auf den "alten Doktor", die anderen auf "den Jungen". Beim "Jungen-Doktor" kam kurz vor Weihnachten desselben Jahres, am 16.Dezember 1921, der zweite kleine Sohn zur Welt, Henning Schinke; die junge Familie wohnte nach wie vor im sogenannten "Tschöpke-Haus" im Stadtteil "Alt-Hamburg". Ein ganzes Jahr lang, von 1923 auf

24 leitete Günther zusammen mit Dr.Schmidt eine gemeinsame Klinik in dem Städtchen "Dois Irmaos", das auf halber Höhe der damals noch so genannten "Königsberge" lag. Diese schönen Zwillingsberge, vor deren beeindruckender Silhouette man heute noch, von Porto Alegre kommend, die Stadt Novo-Hamburgo liegen sieht, heissen heute "Dois Irmaos" (=Zwei Brüder) wie das Städtchen.

Nach seinen Erfahrungen als Klinik-Arzt zog Günther mit seiner Familie wieder zurück nach "Alt-Hamburg", diesmal jedoch in ein anderes Haus, gegenüber dem katholischen Santa-Catarina-Stift.

Leider war es so, dass selbst Aussenstehende zu jener Zeit darüber flüsterten, dass es in der Ehe vom "jungen Dokter" nicht gar so herzlich zuginge, wie man es von einer wirklich guten Ehe hoffen könnte. Auch vertrug sich Irmgard nicht mit ihren Schwiegereltern, Karl und Helene, was beide Seiten zwar bedauerten, jedoch nicht zu ändern fähig waren.

Das grosse Schinke-Haus in Novo Hamburgo, in welchem die Familie des "alten Doktor" nun seit fünf Jahren wohnte, stand 1924 samt dem grossen Grundstück von Coronel Gälzer zum Verkauf. Da Karl Schinke damals zusammen mit dem Mietrecht auch das Vorkaufsrecht erworben hatte, bot ihm der Besitzer das Anwesen jetzt zum normalen Verkehrspreis an. Karl Wilhelm fand die Summe empörend hoch und konnte sich nicht genug darüber aufregen. Als er anlässlich gemeinsamer Arbeit zu seinem Sohn Günther darüber sprach, der inzwischen durch seine Suche nach einem geeigneten Mietobjekt mehr Ahnung von Immobilienpreisen hatte, versuchte Günther, dem Vater klarzumachen, dass der geforderte Preis angemessen sei und das Haus doch die Bedürfnisse der Familie aufs Idealste erfüllte.....

Der mürrische Vater murmelte Unverständliches und hatte vier Wochen später das Haus mit dem grossen Garten, der sich den halben Berg hinaufzog,   als Eigentum erworben.
Dieser Hauskauf war ein Glück für alle, am meisten für ihn selbst. Der grosse Garten – sein Berg – wie die Familie den unübersehbar weitläufigen Hang nannte, in den Karl Wilhelm sich zurückzuziehen pflegte, sobald ihn ein Problem, ein Ärger oder auch nur ein anstrengender Besuch plagte, war seine einzige Erholung. Er war "auf seinem Berg" nicht auffindbar, nicht erreichbar, verbat sich auch konsequent dort gestört zu werden, wenn er sich dorthin zurückzog.   Dort experimentierte er mit seinen Reben, die er in Südbrasilien heimisch machen wollte. Gleich nach

dem Erwerb begann er das Haus umzubauen. Er liess den Eingang aus der Mitte der Fassade an die Seite des Hauses verlegen, durch eine kurze überdachte Steintreppe zu erreichen. Dort trat man direkt ins geräumige Wartezimmer mit den hohen Fenstern, die zur Strasse sahen. Des Weiteren wurde ein grosses Tor angelegt, durch welches die Kutsche ein- und ausfahren konnte, sowie der Doktor zu Pferde auf Patientenbesuch ging oder heimkehrte. Auch die Nebengebäude wurden erweitert, eine wunderschöne überdachte Terrasse vergrössert, so dass der lange Esstisch besser hineinpasste und die riesige Zysterne, in der die Doktorfamilie das Regenwasser auffing.

Des Weiteren wurde vor der mit Bougainvillea berankten, schattigkühlen Terrasse ein mit Hecken eingefasster Sitzplatz unter freiem Himmel vor der Terrasse angelegt, für die kühlen Wintertage zwischen Mai-Juni unbd September, an denen man in Südbrasilien Sonne und Tageslicht sucht.

All diese Umbauten beschäftigten Karl und Helene sehr intensiv neben der täglichen Praxis und allen sonstigen Alltagstätigkeiten. Die Helfer, die sie in Otto und Mathilde bei der Arzt-Praxis hatten, in Herbert, der den Garten betreute, fehlten ihnen mehr und schmerzlicher als sie vor sich selbst und voreinander zugeben konnten.

Zur grossen Freude aller war von Oda die Nachricht gekommen, dass sie schwanger war und als Karl Wilhelm sie untersuchte, stellte er fest, dass sie Zwillinge erwartete.

Just zu dieser Zeit bemühte sich ein junger Mann, Herr Kircher, um die schöne, schüchterne Lotte. Er war mit einem aus Deutschland mitgebrachten Fest-Anzug zum Ball gekommen – vermutlich wieder ein Cut - und Lottes und Odas Freundinnen hatten hinter ihm hergekichert und sich über den "Gecken" lustig gemacht. Lotte war das schrecklich peinlich, zumal ganz offenkundig war, dass Herr Kircher sich sehr um sie bemühte. Sie genierte sich furchtbar. Er aber hatte sich sterblich verliebt in das hübsche Mädel und kam extra aus Porto Alegre – wo die angesehene Familie wohnte, - nach Neu-Hamburg, machte mehrmals seine Aufwartung, um mit ihr zusammen zu sein und schliesslich einen Heiratsantrag, den sie ablehnte. Es gelang ihm sogar, bis zu Karl Wilhelm vorzudringen und ihm gegenüber um Lotte zu werben. Jedoch hatte Lotte NEIN gesagt und auch die Mutter, Helene. Es war dem jungen Mann aber derart ernst, dass schliesslich seine Mutter angereist kam, um mit Helene bei einem Nachmittags-Tee für ihren Sohn ein gutes Wort

215

einzulegen. Jedoch blieb auch Helene eisenhart. Ebenso Karl Wilhelm.

Der junge Kircher, den Karl Wilhelm als „zu windigen Habenichts" und „nur Sohn seines Vaters…" abgelehnt hatte, gründete wenig-später zusammen mit seinem Partner die grosse Haushaltswaren-Firma "Kircher-Hillmann", die heute noch ein wohlbekanntes, angesehenes Unternehmen ist.

Gut denkbar ist auch, dass die schüchterne Lotte schon einen anderen Mann kennengelernt hatte, in den sie möglicherweise verliebt war, weswegen ihr Herr Kircher so ganz unmöglich war. Es war ein "richtiger Reichsdeutscher" – wie der Vater sagte - "....auch mal endlich einer mit einem richtigen Beruf...", der nämlich Bau-Zeichner, war. Er hiess Wilhelm August Egon Thilo Ulrich Emil Martin – letzterer war sein Nachname - und wir Kinder, zwanzig Jahre später, seine angeheirateten Neffen und ich, seine einzige Nichte, wir liebten ihn heiss und innig und genossen es, wenn er seine vielen Vornamen herunterschnurrte, nachdem wir ihn dazu gelöchert hatten; obwohl er sich immer mürrisch und übellaunig gebärdete, war er ein ganz gutmütiger, sensibler Mensch, ein richtiger "Onkel Willy" mit Glatze, Brille, grosser Nase, dickem Bauch unter einem weissen Kittel –

so haben wir ihn erlebt und ihn gern nachgeäfft, denn er sprach ein klein-wenig sächsisch, was ich perfekt nachmachen konnte. Er stammte aus Erfurt in Thüringen und erklärte mir einmal mit komischem Ernst, Erfurt habe diesen Namen, weil man angehalten sei, vor dieser Stadt Ehrfurcht zu haben...

Ziemlich früh begriff ich, dass Onkel Willy, der übrigens von mir, der sechsjährigen kleinen Nichte, zum Lieblingsonkel erkoren wurde, alkoholkrank war, was – wie meine Eltern mir erklärten eine richtige, schwere Krankheit sei.

Ob der junge Willy Martin, als er sich um die schöne, Arzttochter, Lotte, bewarb schon einen so starken Hang zum Alkohol hatte wie später, als ich ihn kennenlernte – kann niemand mehr beantworten. Jedenfalls wird es Karl Wilhelm und seiner Helene verborgen gewesen sein, als sie ihm ihre Tochter zur Frau gaben. Damals war er sicher ein "hoffnungsvoller junger Mann", dem Karl Wilhelm als Schwiegervater gern alle Wege ebnen, dem er ein Zeichenbüro einrichten wollte – wenn nicht das Drama mit dem Betrug des Max Kürschner dazwischengekommen wäre....

Allerdings wurde dem neuen Paar, schon als sie sich verlobten, von Anfang an gesagt: "Also

217

bitte, Ihr bleibt hier im Haus wohnen. Lotte muss unbedingt weiter im Haus und in der Praxis helfen." Somit war Lotte nach wie vor ZUERST für die Eltern da, ihr Mann und ihre Ehe kamen auf der Rangliste an die zweite Stelle.

Lotte und Willy heirateten 1926 und machten eine kleine Hochzeitsreise in die Bergstadt Caxías (sprich "Kaschihas") . Es war kein derart "rauschendes Fest" wie die Hochzeit Odas mit Max, sondern eher eine einfache, kleine Trauung mit einem grossen Churrasco-Spiessbraten im Freien, was Willy sehr entgegen kam, der sich in Südbrasilien wohlfühlte und schnell die Landessprache fliessend sprechen lernte.

Ganz kurz danach muss der grosse Zusammenbruch in der Oda- Max-Kürschner-Ehe und dem Ledergeschäft gekommen sein. Jedenfalls war der schon längst nicht mehr so charmante Max eines Sonntagsmorgens für seine Frau Oda verschwunden und sie – die nichts ahnte, wartete zunächst geduldig, dann immer besorgter, dachte vielmehr an ein Unglück, als an die tatsächlichen Gründe, so dass sie nach zwei Tagen erst die Eltern benachrichtigte. Die Kürschners wohnten in der Nähe des Ledergeschäfts in Rio dos Sinos. Es war für die

Frauen ganz unfassbar, was da geschehen war. Karl Wilhelm schwieg verbissen dazu und verschwand auf seinen Berg. Als er sich so weit gefasst hatte, dass er tätig werden konnte, alarmierte er höchstpersönlich die Polizei und liess Max Kürschner mit allen Kräften suchen. Der hatte nicht nur die gesamte Ladenkasse mitgenommen, sondern auch schon seit Langem die Einnahmen veruntreut, Rechnungen an Lieferanten offen stehen lassen, Wechsel unterschrieben und Berge von Schulden gemacht, bei Gläubigern, die er sämtlich mit dem guten Namen des Dr.Karl Schinke, seines Schwiegervaters, vertröstet und hingehalten hatte. Angeblich soll er sogar Karl Wilhelms Unterschrift auf Wechseln gefälscht haben.

Der Schaden für Karl Wilhelm war enorm.

Nicht genug damit, dass er das so erfolgreiche Ledergeschäft hergeben musste, die offenstehenden Schulden waren derart, dass er selbst noch 200.000,-- damalige Reis draufzahlen und sein neu-erworbenes Haus bis an die Grenze des Möglichen belasten musste.

Oda war in die Arme der Mutter zurückgekehrt - grenzenlos traurig, gedemütigt und beschämt. Sie brachte die Zwillinge tot zur Welt, die Babys hatten einander bei der Geburt mit der Nabelschnur stranguliert. Odas Migräne-Anfälle häuften sich, ihr Leid war kaum mitanzusehen und die Mutter spritzte tatsächlich Morphium, um "dem armen Kind Erleichterung zu verschaffen". Besser als diese Therapie war die Idee, mit der die Eltern schon seit Langem liebäugelten, nämlich endlich eine Deutschlandreise zu machen, um alle Verwandten dort zu besuchen und dazu ihre Tochter Oda mitzunehmen. Das würde sie wieder "auf andere Gedanken bringen". Dazu mussten sie allerdings erst einmal die verfahrene Situation des betrügerischen Max Kürschner klären, Odas Scheidung erreichen, Schulden tilgen und neue Einnahmen abwarten.

In dem "Desaster" mit Max Kürschners Betrug, der durch die grosse Anzahl von betrogenen Gläubigern allseits bekannt wurde, war Günther für den alten Vater die einzige Stütze. Er half mit Beratung, Beruhigung und einem guten Rechtsanwalt, Dr. Ebling, aus Sao Leopoldo, der es schaffte, den Konkurs und die Schuldenberge, bzw. deren Abtragung auf die kommenden Jahre zu verteilen und die erschreckend zusammengeschrumpften Reste des Dr.Karl-Wilhelmschen Vermögens derart überschaubar zu ordnen, dass die Panik, in welche Karl Wilhelm anfangs zu verfallen drohte, sich in schweigsame

Schwermut wandelte. Zwar musste die Familie kaum ihren Lebensstandard ändern oder auf Wesentliches verzichten – dank der Geschicklichkeit jenes Rechtsanwalts – jedoch war für Karl Wilhelm die Beschämung fast unerträglich, dass er damals, als er seine drei Söhne aus dem Haus wies, im Unrecht gewesen war. Übrigens wurde Oda Irmgard Schinke ohne grosses Aufhebens 1927 und in Abwesenheit des unauffindbaren Max Kürschner, geschieden.

Eines der ersten Dinge, die Oda tat, als sie wieder einigermassen klar denken konnte, war, dass sie sich an Pfarrer Stremme wandte mit der Bitte um die Adresse ihrer verjagten Brüder. Mit Recht nahm sie an, dass Gussys Eltern ihr dies würden erfüllen können. Sie schrieb an ihren Bruder Gerhard höchst reuevoll, schilderte so eindringlich all ihr Unglück und stellte nach einigen Briefwechseln, den Kontakt wieder her, sogar zwischen den Eltern und der Gerhard-Familie. Gerhard und Gussy waren viel zu christlich-gläubig, auch viel zu mitfühlend um nicht sofort ihren alten Groll zurückzustellen und sich der Versöhnung mit den Eltern in Neu-Hamburg geneigt zu zeigen. Allerdings erschien es ihnen beiden nicht erforderlich, dass sie, ihrerseits, den ersten Schritt zur Wieder-Annäherung an die

Eltern   machten.

Diese Frage löste sich wenig später auf unerwartete Weise.

Oda hatte auch an ihren Zwillingsbruder, Otto geschrieben, dessen Anschrift ihr von Gerhard zugesandt war. Der antwortete zunächst garnicht, dann sehr spät unter allerlei Vorwänden, da er keine Zeit und Gelegenheit gefunden habe.... und zeigte zwar höfliches Bedauern, jedoch drückte er aus, dass ihn die Begebenheiten nicht hätten überraschen können, solches sei zu erwarten gewesen. Gewiss tue sie – seine Zwillingsschwester - ihm herzlich leid, doch auch dies war schon so, als er das Vaterhaus habe verlassen müssen. Sein Brief klang nicht mitfühlend, Oda empfand ihn eher als "hartherzig", was sie auch in ihrem nächsten 'Brief schrieb, überdies erinnerte sie ihn an die Hartherzigkeit des Vaters, dem er vermutlich nicht ähnlich sein wollte. Auch dieser Brief blieb lange bei Otto liegen, bis er die Kraft fand, neutral und freundlich zu antworten, ob man – falls Oda die Korrespondenz beizubehalten wünsche, - nicht dieses Thema ein- für allemal aussparen könne..? Er, jedenfalls, verzichtete in Zukunft lieber auf den Briefwechsel, falls es ihr nicht möglich sein sollte, ihre Apelle zur Versöhnung mit den Eltern zu unterlassen.

222

Auch dieser offenstehende Konflikt löste sich wenig später ganz anders als gedacht.

Das junge Arzt-Ehepaar Günther Schinke und Irmgard Kalepky schickte Anfang des Jahres 1927 ihren ältesten Sohn, Ernst Günther, nach Kiel, wo der Junge im Haus der Eheleute Höppner in Pension gegeben wurde, um ab jetzt die dortige Schule zu besuchen.
Am 9.Mai desselben Jahres, 1927, wurde ihnen zu dem daheimgebliebenen fünfjährigen Henning, ein dritter Bub, Werner Helmut Erich Schinke, geboren. Dies ist nun mein lieber Cousin, Werner, den ich als kleines Mädchen schon sehr verehrte und mit dem mich eine kostbare Freundschaft verbindet, die weit über Familienbande hinausgeht. Zu unserer gemeinsamen Freude hat er viel Familienforschung betrieben und mir ganz unschätzbare Hilfen zu diesem hier vorliegenden Versuch einer chronologischen Aufarbeitung geleistet.

Karl Wilhelm und Helene atmeten ein wenig auf in dem Gedanken, dass die Geburt dieses dritten Kindes vielleicht ein Zeichen sei für gewisse Besserungen der bisher offenkundig schlecht gehenden Ehe ihres ältesten Sohnes. Es gab ihnen Hoffnung, das Kind würde die Ehe retten und zu einem für beide Seiten tragbaren Zusammenleben führen. Immerhin war auch zwischen der Schwiegertochter Irmgard Kalepky und Günthers Eltern das Verhältnis so schlecht, dass Karl und Helene ihre kleinen Enkel niemals zu Gesicht bekamen. Zwischen den Frauen der beiden Familien fand immernoch keine Verständigung statt. Lediglich die fachliche Zusammenarbeit des alten und des jungen Doktor funktionierte ausgezeichnet und war in keiner Weise beschädigt.

Karl und Helene, damit natürlich auch Oda, Lotte und Familie Günther Schinke, erhielten im Lauf des Jahres 1927 Nachricht von Herberts Tod im Amazonas-Gebiet.
Pfarrer Stremme war persönlich aus Igrejinha gekommen, um eine solche Nachricht nicht brieflich oder über Dritte an Dr. Karl Schinke zu übermitteln. Er wusste genau, wie schmerzlich es den "Alten-Doktor" treffen würde, natürlich war ihm die Kürschner-Tragödie genauestens bekannt, auch Odas Totgeburten. Er glaubte, einfühlsame Worte könnten Karl und Helene jetzt wohltun, denn von wem sollten sie dergleichen wohl sonst erwarten können, nachdem sie so gestraft waren. Er irrte sich schrecklich. Karl war ein harter Mann. Gefühle zu zeigen, war ihm schon frühzeitig

aberzogen und jetzt schlicht nicht mehr möglich –
schon garnicht DIESEM Mann gegenüber, der
damals seine von ihm verjagten Kinder
aufgenommen und versorgt hatte, der
anscheinend all dieses Unheil hatte kommen
sehen, der jetzt mit dieser Nachricht vor ihm stand.
Sein Schmerz über die grausame Nachricht
wandelte sich sofort in Zorn und Empörung auf
den Überbringer, der zudem noch einen guten
Kopf höhergewachsen war als Karl Wilhelm.
Stremme versuchte dem Doktor – wie es in
Brasilien Sitte ist – einen Arm um die Schulter zu
legen, oder ihm freundlich auf den Rücken zu
klopfen, aber Karl Wilhelm machte eine ganz
zufällige Ausweichbewegung, indem er kühl und
schneidend erklärte, er danke für die Übermittlung
der Nachricht, sei jedoch im Moment zu
beschäftigt und könne ihn hier nicht brauchen.
Falls er oder seine Frau einen Pfarrer benötigten,
so wisse er ja, dass es in Neu-Hamburg einen
Pfarrerkollegen gäbe, den er rufen lassen könne.
Eine echte Annäherung zwischen den beiden
Männern, hat es, soviel ich weiss, niemals mehr
gegeben.
Die Gewissheit über Herberts einsames, elendes
Sterben muss ein furchtbarer Schlag für Karl
Wilhelm gewesen sein. Mit Recht fühlte er sich
ganz persönlich damit gestraft , dass es nun

definitiv niemals mehr möglich würde, irgendeine Form von Absolution zu erhalten, seinem "Jungen" Abbitte zu leisten..., dass er etwas irreparabel zerstört hatte, etwas so Kostbares wie die gute Beziehung zum eigenen Sohn. Und so nutzlos und ungerecht.....dass er ausschliesslich seine eigene Handlungsweise dafür verantwortlich machen musste, die er sich selbst gegenüber nur als unbedacht, leichtfertig und falsch zu bezeichnen vermochte.

Pfarrer Stremme hatte beim Überbringen der Trauernachricht ganz beiläufig die genaue Adresse von Gerhard und Gussy Schinke in Sao Paulo hinterlassen.

Noch am selben Abend schrieb Helene an ihren Sohn Gerhard und ebenso tat es Karl Wilhelm. Die Antwort liess nicht lange auf sich warten. Gerhard schrieb sofort zurück, sehr bewegt, traurig, aber andererseits voller Dankbarkeit für die Gelegenheit einer Versöhnung mit dem Elternhaus. Er schrieb, dass er gern mit Familie im Sommer – wenn möglich sogar zu Weihnachten - ins Bundesland Rio-Grande-do-Sul reisen würde, im Gebirge bei den Schwiegereltern in Igrejinha seien die heissesten Wochen des Jahres viel besser zu ertragen als in Sao Paulo. Wenn er mit Familie willkommen sei, werde er in seinem Elternhaus in

Novo Hamburgo Station machen und nicht zuletzt seine ganze Freude, seinen kleinen Sohn Heinz, den Grosseltern vorstellen.

Es geschah so, wie er vorgeschlagen hatte. Karl und Helene lernten ihren kleinen Enkel, "Kerli" genannt, kennen und verliebten sich geradezu in den blitzgescheiten, freundlichen, wohlerzogenen Buben, der sich in dem grossen Haus, dem unerforschlichen Garten und all den wundersamen neuen Interessengebieten so wohl fühlte, dass die Eltern den Bitten der Grosseltern und des Kindes nachkamen und allein zurück nach Sao Paulo reisten, Kerli durfte noch bis er erwachsene Begleitung bekam, im Schinke-Haus in Novo Hamburgo bleiben.

Sowohl Oda als auch Helene hatten nach der Todesnachricht von Herbert auch an Otto geschrieben. Dessen Antwort liess sehr lange auf sich warten. Dann schrieb er reichlich reserviert und etwas knapp. Zwischen den Zeilen stand immernoch unterdrückter Groll. Er sei nicht abkömmlich, wolle das, was er unter vielen Opfern und Schwierigkeiten aufgebaut habe, - nämlich seine verschiedenen sozialen Projekte - nicht in Gefahr bringen. Auch habe er das Gefühl, nicht selbst Verursacher sondern Geschädigter dieser traurigen Katastrophe zu sein. Somit verstünde er nicht, wie man ihn auffordern könne, jetzt noch Zeit, Kraft, Geld und Nerven aufzuwenden, um seinerseits für etwas einzusstehen, was Andere sich zuzuschreiben hätten.

Der Hinweis auf den Vater war deutlich, wurde auch verstanden und Otto zunächst in Ruhe gelassen. Bei einem späteren Zusammensein mit seinem Bruder Gerhard fragte Gussy ganz geradezu, ob er, Otto, nicht selbst das Bedürfnis habe, sich mit den Eltern zu versöhnen, wie es doch eigentlich Christenpflicht sei.... worauf Otto widerborstig und störrisch verlangte, sie möge sich nicht in seine Privatangelegenheiten mischen.

Um Irmgard zu entlasten, nahm Günther, der "Junge-Doktor" im Jahr 1928 eine Deutsche, Eva Lipinsky, als "Haustochter" in ihren Haushalt. Dieses junge Mädchen war ein Jahr zuvor, nach dem Tod ihrer eigenen Mutter, der Witwe eines Brauereidirektors aus Bochum, mit ihrer älteren Schwester, Gertrud Lipinsky zu Besuch der dritten Schwester, Pfarrersfrau Lotte Schweinitz, nach Sao Sebastiao do Caí gekommen. Als Pfarrer Schweinitz versetzt wurde, bewarb sich Eva in den Günther-Schinkeschen Haushalt, in dem gerade ein deutsches Kindermädchen gesucht wurde und übernahm die zwei niedlichen Buben, Henning, den Grossen, der gerade erst in der Grundschule eingeschult worden war, und den kleinwinzigen Werner. Henning hat später über diese kurze Grundschulzeit bedauernd geschrieben, er habe so sehr wenig Portugiesisch gelernt in jener Grundschule, denn "....in den Häusern, Strassen, Fabriken und Ladengeschäften wurde fast ausschliesslich Deutsch gesprochen." So auch vermutlich innerhalb der Schule und auf dem Schulhof.

Der "junge Doktor" hatte sich ein Automobil angeschafft, es war das erste in dem Städtchen, Neu-Hamburg, wirbelte schrecklich viel Staub auf und brachte Kutsch- und Reit-Pferde zum Scheuen. der alte Doktor hielt diese Erfindung für vollkommen überflüssigen "Schnick-Schnack" - wurde aber nachdenklich, als er auf einem seiner Patienten-Ritte nach Estancia-Velha von Günther im Auto überholt und - er selbst immernoch auf dem Hin-Weg - seinen Sohn wieder entgegenkommen und zurück heimwärtsfahren sah, immer freundlich winkend - nach erfolgter Patientenversorgung in dem Ort zu dem er selbst nach wie vor unterwegs war.
Diese Begebenheit fand nur ein einziges Mal statt und reichte aus für das Umdenken von Karl Wilhelm, was für seine Flexibilität spricht.

Im Jahr 1928 kaufte der "Junge Doktor" ein sehr schönes, grosses Haus mitten in der Hauptstrasse von Neu-Hamburg, einen Häuserblock, also nur wenige Schritte vom Haus seiner Eltern entfernt. Auch er liess hier einige Umbauten vornehmen. Dieser Kauf erwies sich als äusserst klug und günstig, die Immobilie stieg im Wert derart, dass man noch bis zum heutigen Tag den Weitblick Günthers loben muss. Leider hatte seine Frau nicht die Freude an der neuen Umgebung, die er sich davon erträumte. Die Lage des Hauses mitten im Zentrum war ihr zu unruhig, bot auch nicht den Frieden, den sie zum Musizieren brauchte – ihr ganzes, geliebtes Hobby, dem sie viel Zeit und Kraft widmete, worin sie sich von ihrem Ehemann nicht "verstanden" fühlte..

Nach qualvollem Nachdenken hatte Karl Wilhelm sich entschlossen, Anfang 1928 zu einer Art "Gang-nach-Canossa" aufzubrechen, um das Grab seines Sohnes Herbert zu suchen. Und so ganz allein, nur zu diesem einen Zweck erschien ihm die weite Reise unverhältnismässig. In Wahrheit hatte er sich schon lange gewünscht, einmal den Amazonas-Strom zu bereisen, und zwar wenigstens bis in das Grenzstädtchen Iquitos, wo dasLand Ecuador beginnt, mitten in den Regenwald-Anden. Diese Idee reizte ihn schon seit vielen Jahren. Genau-gesagt, seit er von dem legendären "langen Marsch" des ungeschlagenen Heeres von Luis Carlos Prestes gehört hatte. Bisher wusste man nur, dass bei Iquitos nicht – wie zuvor vermutet – die Quellen des Amazonas-Stromes liegen, sondern dass dort einige Flüsse vom Andengebirge fallend zusammenkommen, die über die Grenze nach Brasilien als „Solimoes-"Fluss weiterfließen um dann viel entfernter, östlich von Manaus zusammen mit dem Rio Negro den gewaltigen Amazonas- Strom zu bilden. Mittlerweile war Karl Wilhelm auch klar, dass der Ort Santarem, wo Herberts Grab sich befinden sollte, am nördlichen Ufer des Amazonas liegt und erst auf halbem Weg nach Manaus, der Kautschuk-Welthauptstadt, wobei es von dort noch viele 'Tagereisen bis Iquitos sind...

Er hoffte auch, etwas über die Umstände von Herberts Tod ausfindig machen zu können.
Oda, die sich nach wie vor als Hauptschuldige an der Tragödie sah, flehte ihn an, sie zu Herberts Grab mitzunehmen, was er ablehnte, indem er ihr erklärte, dass er und Helene beschlossen hatten, den kleinen Kerli, der Ferien bei ihnen verbracht hatte, nach Sao Paulo zu seinen Eltern zurückzubegleiten, sie Oda, sei viel wichtiger bei

231

diesem Unternehmen. Wenn Gerhard und Gussy sich geneigt zeigten, würde er Helene und Oda bei der jungen Familie zurücklassen und selbst weiter reisen bis er in den Amazonas-Ort Santarém käme, in welchem Herbert beerdigt sein soll. Ob man diesen Ort zu Lande erreichen könne sei nicht klar, er vermute, dass man nur per Schiff dorthin komme, jedoch seien die dort eingesetzten Wasserfahrzeuge sicherlich nicht geeignet, eine blonde, junge Dame zu befördern. Von seinen Plänen, sogar bis Iquitos zu reisen, erwähnte er vorläufig noch nichts.

Es waren starke Argumente und selbstverständlich war Oda gewohnt, den Anordnungen des Vaters in jeder Hinsicht Folge zu leisten. So reisten Vater, Mutter und Tochter Oda mit dem kleinen Kerli nach Sao Paulo. Alle drei zusammen mit dem langentbehrten Söhnchen, Kerli, wurden liebevoll im Gerhard Schinke-Haus aufgenommen. Helene und Oda blieben gern, es gab viel zu besorgen. Sao Paulo bot fast so gute Einkaufsmöglichkeiten wie in Europa. Es tat ihnen gut, ohne den ungeduldigen Karl Wilhelm einzukaufen und diese echte Großstadt ausführlich kennenzulernen. Schon wenige Tage nach ihrer Ankunft reiste Karl Wilhelm allein weiter und kam tatsächlich bis Santarém, wo er die Grabstätte von Herbert Schinke von einem extra gemieteten

Photographen photografieren liess. Das Foto brachte er auf seiner Rückreise mit, es existiert noch heute. Er suchte auch den pfarrer auf, über den die Todesnachricht bis zu Pfarrer Stremme nach Igrejinha gelangt war und erfuhr von ihm, dass es ganz aussichtslos war, nach Cunany zu reisen. Dort sei lediglich Herberts Tod vom Polizei-Arzt festgestellt und bescheinigt worden. Das Fährschiff habe dort nur eine Zwischenstation mit wenig Aufenthalt. Dort fände sich gewisslich niemand, der Herbert genauer gekannt hätte, es sei nutzlos dorthin zu reisen. Herbert sei von viel weiter her gekommen, er selbst, der Pfarrer habe Genaues darüber nicht in Erfahrung bringen können. Also machte sich Karl Wilhelm mit den Fotos auf die ersehnte Weiterreise den Amazonas hinauf, zunächst bis bis nach Manaus, der beeindruckenden, glitzernden Kautschuck-Hauptstadt mit dem pompösen Opernhaus und der vom französischen Eifelturm-Architekten erbauten Markthalle. Von dort war es einfach, nach Iquitos zu reisen, per Schiff, was er dann schließlich doch enttäuschend, viel zu heiß, feucht, ungesund und unbeschreiblich schmutzig fand.

Immerhin brachte er herrliche Kalebassen, Kürbis-Schalen, schwarz gefärbt mit kunstvollen eingeritzten Mustern und Bildern von dort mit, dazu Para-Nüsse, die er dort noch in ihrer hölzernen, Original-Schale bekommen konnte. Da im Süden Brasiliens kaum jemand weiss, wie Para-Nüsse wachsen – nämlich in einem dicken, kugelförmigen Holzgehäuse, in dem sie aneinandergedrängt wie um einen Tannenzapfen herum angeordnet sind - erschien ihm das hochinteressant. Ausserdem nahm er noch schräg-durchtrennte Lianen-Stücke mit, um den Daheimgebliebenen die Hohlräume zeigen zu können, in welchen diese Handgelenkdicken Planzen-Taue Wasser speichern, um flexibel zu bleiben. Wenn man einen solchen Lianenstrunk schräg in Scheiben schneidet, sieht man die Wasser-Kammern, die ein Muster bilden, welches an ein "Eisernes Kreuz" erinnert. (Anmerkung: Das „Eiserne Kreuz" war eine der höchsten soldatischen Auszeichnungen im Ersten Weltkrieg.

Mit all diesem Gepäck machte er sich auf die Rückreise nach Sao Paulo, wo er - dieser Entschluss hatte sich an Herberts Grab noch einmal verfestigt - noch seinen jüngsten Sohn, Otto, aufsuchen wollte.

Helene und Oda hatten sich in der Zwischenzeit in Sao Paulo umgesehen, viel Zeit mit Gussy und dem Kind verbracht wobei Oda eine Reihe Postkarten nach Neu-Hamburg geschrieben hatte, von denen noch einige - heute in Werner Schinkes

Besitz - erhalten sind.

Von dem Besuch seiner Eltern und seiner Schwester in Sao Paulo bei Gerhard, hatte man Otto nicht informiert. Die Beziehung der Brüder war seit der Diskussion mit Gussy über eine mögliche Versöhnung, merklich abgekühlt. Die beiden Brüder begegneten einander täglich in den Büros der „Light & Power", jedoch wurde dort ausschliesslich Geschäftliches besprochen. Privates beredeten sie grundsätzlich nicht.

In seinem Schmerz über den Verlust des Bruders, einem Kummer der gewiss nicht frei war von Schuldgefühlen, weil er, Otto, damals nicht mehr Anstrengung darauf verwandt hatte, den Bruder bei der Begegnung mit den Heckenschützen zurückzuhalten, erfasste Otto immer wieder die helle Wut auf den Vater, der sie alle vor sieben Jahren so hartherzig und ungerecht hinausgewiesen hatte. In jenem väterlichen Starrsinn sah er die Ursache für den jämmerlichen Tod des geliebten Bruders. Daher die Härte mit der er Oda gegenüber brieflich erklärt hatte, er werde seinerseits gewiss nicht auf den Vater zugehen, der es bisher nicht für nötig befunden hatte, sich persönlich um ihn, den ungerecht behandelten Sohn, zu kümmern.

235

Ottos Tätigkeit bei bei "Light&Power" liess ihm nicht so viel Zeit für seine diversen Neben-Tätigkeiten, wie er es gern gehabt hätte. Allein sein Schreiben für die Zeitung erforderte Konzentration und Ruhe, außerdem hatten Cossel und er sich zur Aufgabe gemacht, eine funktionierende Anlaufstelle für die Nöte deutscher Bauern aus der Umgebung zu schaffen, einen fast ganz ehrenamtlicher Posten, der vom VDA mit einem geringen Pro-Forma-Betrag honoriert wurde, was kaum für die Unkosten des kleinen Büros reichte. Cossel, der Familie mit Kindern hatte, und dessen Leistungen auf anderer Ebene für die Ortsgruppe unentbehrlich waren, wurde von Wochenendtätigkeiten möglichst frei gehalten.

Otto, der gern als stellvertretender Ortsgruppenleiter arbeitete, sass jeden Samstag Nachmittag in jenem Büro im Wartburghaus in Sao Paulo, das Cossel und er für die Organisation und Administration ihrer unzähligen gemeinsamen Tätigkeiten nutzen durften. Eines Samstag-mittags meldete die Sekretärin, die ihn während der Sprechstunden für Anträge, Bittsteller und sonstige Problem-Lösungen entlasten sollte, es sässe ein alter Bauer im Wartezimmer, der sich hartnäckig weigerte seinen Namen, Herkunft und Anliegen vorzubringen, überhaupt ablehnte mit ihr zu reden. Erbost sagte Otto ihr, sie solle den Sturkopf warten lassen, notfalls bis zum Ende der Sprechstunde, er werde schon "weich werden", wenn er merkte, wie lange so etwas dauern könne. Abends, als das Wartezimmer endlich leer war, die Sekretärin nach Hause gegangen und Otto die Tür aufriss, um zu sehen,"... welcher Dickschädel da imernoch "rumsass" und Zigarretten rauchte , um ihm Zeit zu stehlen..." stand er seinem alten Vater gegenüber, der ihn nun höchst amüsiert durch die wohlgehörten Flüche zu einem guten, deutschen Bier einlud.

Sie sassen lange zusammen im "Wartburghaus", fast bis zum nächsten Morgen, redeten über "Gott und die Welt", vor allem jedoch über den verstorbenen Herbert, an dessen Grab in Santarém/Amazonas Karl Wilhelm gerade vor Kurzem noch gestanden hatte. Otto begriff, dass der alte Vater mit dieser Reise hatte versuchen wollen, Ruhe vor seinen Selbstvorwürfen zu finden und auch mit diesem toten Sohn "Frieden schliessen zu können", was ihm – wie Otto später meinte - "doch niemals mehr so ganz gelungen sei...".
Überhaupt sei in diesem langen, nächtlichen

Gespräch mit keinem einzigen Wort der "Rausschmiss" erwähnt worden, der Vater habe keinen Ausdruck der Reue, kein liebevolles Wort der Entschuldigung gefunden, er habe lediglich von dem enormen Schaden berichtet, den Max Kürschner in der Familie angerichtet habe. Viel erzählte der Vater von Günther, ...dass er sich ein Automobil gekauft habe, eines das auch die schwierigsten Wege aus gestampftem Lehm befahren könne, und dass es doch vielleicht eine ganz nützliche Erfindung sei. Er habe in Porto Alegre und in Sao Paulo, tatsächlich sogar in Manaus, schon mehrere davon gesehen, das seien ja auch derart grosse Städte mit vielen gepflasterten Strassen, für so etwas sei ein Automobil sicher gut, ... aber bis eine so teure Anschaffung rentabel für ihn sei, müsse man noch viele Strassen pflastern in Neu-Hamburg und Umgebung... Allerdings, für Günther scheine das seltsame Fahrzeug durchaus sinnvoll zu sein......

Übrigens, es sei wohl kein Geheimnis mehr, dass dessen Ehe mit Irmgard Kalepky auseinanderzugehen drohte - " man habe es ja schon lange geahnt...". Nachdem ihnen 1927 ein dritter Bub geboren war, - ein kleiner Werner Helmut Erich, - habe man gehofft, die Ehe sei somit haltbarer geworden, zumal Günther ein grosses Haus erworben habe in exzellenter Lage.... doch müsse man befürchten, dass auch diese Hoffnung umsonst gewesen sei. Von der Stadt Neu-Hamburg erzählte Karl Wilhelm, dass sie jetzt einen eigenen evangelischen Pastor habe; von Sao Leopoldo, Ottos Geburtstadt, wusste er über die Gründung des evangelischen Privatgymnasiums zu berichten, dem sogenannten "Pro-Seminar". Gründer und jetziger Leiter sei ein von Karl Wilhelm hochgeschätzter Mann, Hermann Dohms, den Otto vor sieben Jahren flüchtig kennengelernt hatte.

Otto seinerseits berichtete von seiner Tätigkeit im Sinne des V.D.A. und gemeinsam fanden sie sich im Lob dessen, wovon man aus Deutschland hörte, dass doch eine Rückbesinnung auf den Wert der Heimat stattfand, dass man wieder stolz den Kopf erhoben tragen durfte und dass der "Nationale Sozialismus" doch viel besser sei, als die sogenannte Republik, die nichts Rechtes zuwege gebracht hatte. Bei solchen Themen war es leicht, einander zuzuhören und zuzustimmen, auch als die Rede auf den Fussball-Sport kam konnte man das Thema lang und breit erörtern, ohne Missklänge befürchten zu müssen. Dies war der "Friedenschluss" des Vaters Karl Wilhelm Schinke mit seinen überlebenden

Söhnen, Otto Ernst und Gerhard mit Familie. Man "vertrug" sich wieder und versuchte, zusammenzuhalten. Der hartherzige "Rausschmiss" und der "Max-Kürschner-Reinfall" wurden als Schicksalsschlag getragen, behandelt und nie wieder erwähnt

Familie Günther Schinke in Novo Hamburgo

Im heissen Ferienmonat Januar des Jahres 1929 bat Günther seinen Vater, ihn in der Arztpraxis für drei Wochen zu vertreten, er wolle mit seiner Irmgard und dem fast siebenjährigen Henning einmal richtig entspannt Urlaub machen. Die Haustochter, Eva Lipinsky sei derart tüchtig, dass man ihr ohne Weiteres die Fürsorge für den kleinen Werner und das grosse Haus überlassen könne. Überhaupt habe sie schon derart viele Aufgaben übernommen, es sei ganz erstaunlich, wie gut der Haushalt laufe, seit sie da sei... und dabei sei sie ständig frohgelaunt, willig und liebenswürdig.....

So fuhren die drei zusammen mit dem Ehepaar, "Major Riebes" in den kleinen Strand-Badeort "Tristeza", der eine Autostunde hinter Porto Alegre am Guahyba-Gewässer gelegen sei, wo man herrliche Süsswasserstrände mit gefahrlosen Bademöglichkeiten, auch für kleine Kinder, hatte.

Es hätten herrliche drei Ferienwochen werden können, jedoch festigte sich lediglich der Wille zur Trennung zwischen den Eheleuten Schinke, deren Charaktere wohl gänzlich unvereinbar waren und blieben. Also wurden während dieses Strandaufenthalts lediglich die Form und die zu beschreitenden Wege besprochen und festgelegt, wie die Eheleute sich anständig trennen könnten um auch für die Kinder zu einer für alle Seiten erträglichen Lösung zu finden.

Die tüchtige und freundliche Haustochter Eva Lipinsky, die in Novo Hamburgo zurückgeblieben war, hatte nichts Eiligeres zu tun, als mit dem kleinen Werner zum Haus seiner Grosseltern zu gehen – es waren ja nur wenige Schritte – und dort zu klingeln, um Karl und Helene ihren Enkel einmal vorzustellen, da sie das Kind, das schon ein Jahr und sieben Monate alt war, noch niemals gesehen hatten.

In ihrem Tagebuch-Bericht beschreibt Eva sehr lebhaft, wie auf ihr Klingeln ein etwa sechsjähriger kleiner Bursche die Tür öffnete und liebenswürdig nach ihrem Begehr gefragt habe. Es war der kleine Enkel, Heinz, Kerli genannt, aus Sao Paulo, der auch jetzt wieder in der Ferienzeit bei den Grosseltern zu Gast war. Eva schildert ihn als kluges, ruhiges Kind mit sehr wachem, beobachtenden Blick, der seinem Grossvater, Karl Wilhelm, wie ein kleiner Schatten folgte. Der Besuch von Eva mit dem kleinen Werner muss für Karl und Helene eine wahre Wohltat gewesen sein, denn die Zeit verging ihnen im Flug. Eva erzählte sehr lebendig von ihrer eigenen Familiensituation, von ihren Schwestern, derjenigen, die in Sao-Sebastiao-do-Caí mit Pfarrer Schweinitz verheiratet, von der Älteren, Trudel genannt, mit welcher sie selbst nach Brasilien gekommen war, die jetzt noch im Pfarr-Haushalt-Schweinitz half, von ihren bisherigen Erlebnissen in Brasilien, schilderte die Günther-Irmgard-Söhne, die den Grosseltern ebenfalls ganz unbekannt waren.

Karl und Helene waren beeindruckt von Eva Lipinsky. In Bochum geboren, wo ihr Vater Direktor einer Brauerei gewesen war, dazu mit schlesischen Gutsbesitzer-Vorfahren, war sie eine lebhafte, schwarzhaarige, dunkeläugige Person, eine sehr rassige, attraktive und – wie man inzwischen mehrfach von Günther gehört hatte – auch sehr tüchtige junge Frau, die sich bisher in diesem fremden Land gut eingelebt und überall nützlich und beliebt gemacht hatte. Sie war zwar erst kurze Zeit im Hause des "Jungen

Doktor",   jedoch hatte sie bereits unzählige Aufgaben übernommen, die von Ehefrau Irmgard vernachlässigt waren. Günther hatte sie als unglaublich flink arbeitend geschildert,   sehr zuverlässig, von rasant-schneller Auffassungsgabe und ganz aussergewöhnlich intelligent.

Günther und Irmgard waren mit Henning kaum aus ihrem Urlaub in Tristeza zurückgekommen,   da wurde   überstürzt   und   unter   schwierigsten Stimmungsbelastungen   Irmgards und Hennings Abreise vorbereitet.   Mutter und Sohn reisten im Februar 1929 per Dampfer nach Kiel, wo Henning zu demselben Ehepaar Höppner in Pension gegeben wurde, wie schon sein grosser Bruder Ernst Günther, so dass die beiden Brüder beieinander waren und Halt aneinander fanden. Henning wurde in der "Hardenbergschule" in der Strasse gleichen Namens eingeschult, wo er die Grundschulausbildung fortsetzen konnte.

Während der Monate August, September und Oktober 1929 machte Frau Irmgard eine ausgiebige Reise durch das deutsche Rheinland. Auf ihrer Rückreise, in der Stadt Marburg/Lahn wurde am 24. Oktober 1929 die einzige Tochter der Eheleute Günther-Irmgard geboren und erhielt die Namen Gudrun Irmgard Elisabeth.

Günther hatte mittlerweile seinen Eltern von der geplanten Scheidung seiner Ehe mit Irmgard Mitteilung gemacht.

Fräulein Eva hatte, - als die Abreise von Irmgard Kalepky und Sohn, Henning, nach Deutschland mit Datum feststand, bei Karl und Helene angefragt, ob es wohl möglich sei, dass sie und der kleine Werner vielleicht im Haus der Grosseltern wohnen dürften, da es sich doch für ein junges Mädchen aus guter Familie "nicht schickte" mit einem alleinstehenden Mann unter einem Dach zu wohnen, sobald die Hausfrau abwesend war.

Die Eheleute Günther und Irmgard hatten sich verabredet, sich zunächst für ein ganzes Jahr zu trennen, da anschliessend die Scheidung rein-rechtlich kein Problem mehr darstellen könne und lediglich die Teilung des Vermögens ausstünde.

Fräulein Eva - wollte noch eine Weile bei dem kleinen Werner und seinem Vater Dienst tun, da sie das Kind liebgewonnen hatte und auch ihre Tätigkeiten im Haushalt-Günther nicht so überstürzt verlassen mochte. Sie plante, bis sie eine Fahrkarte auf einem deutschen Schiff erhalten könne, weiterhin den Güntherschen Haushalt und den kleinen Werner als Zugeh-Frau zu versorgen, auch möglichst eine Nachfolge anzulernen, aber dann – vielleicht in den deutschen Spätsommer/Herbst – abzureisen. Aus ihrer Familie war eine Bitte an sie gerichtet worden, sie möge für einige Zeit Haushalt und Guts-Administration auf dem Gut eines ihrer Verwandten in Schlesien übernehmen. Das wollte sie gern tun.

So wohnte sie im grossen Schinke-Haus bei Karl und Lenchen, ging morgens sehr früh in den Güntherschen Haushalt, holte den kleinen Werner manchmal erst ein wenig später zu sich, wobei sie ihn manchmal – wenn es Helene und Oda oder auch Lotte und Willy gut passte – über den ganzen oder einen halben Tag dort liess, da sie diverse Aufgaben im Günterschen Haushalt zu erledigen hatte, bei denen das Kind sich selbst überlassen blieb. Im grossen Schinke-Haus war die Anwesenheit von Fräulein Eva kaum zu bemerken. Sie drängte sich dem Familienleben nicht auf, blieb nur zu besonderen Anlässen und auf besondere Einladung bei der Familiengemeinschaft.

'Eines Abends, als Günther mit seinem Vater ein schwieriges medizinisches Problem diskutiert hatte und man noch beim Wein zusammensass, schüttete Günther seinen Eltern   das Herz aus, indem er klagte, dass er dringend eine Ehefrau und Mutter für seinen kleinen Werner brauche und wie solle er hier in diesem Land eine liebevolle, Deutsche finden, die all den Aufgaben gewachsen sein würde, die mit einem solchen Arzt-Haushalt auf sie zukämen.

Helene warf ihm einen unschuldigen Blick zu und meinte so beiläufig, wie sie konnte: "Wie wär's denn mit der Eva, die kennst Du nun schon und sie hat sich doch so gut bewährt....?"

Bei dieser Gelegenheit teilten die Eltern ihrem Sohn, Günther etwas mit, was sich gerade wenige Stunden zuvor für sie ergeben hatte. Karl Wilhelm hatte mit der letzten Schiffspost aus Deutschland, reichlich verspätet,   eine Einladung zu den Feierlichkeiten des fünfzigjährigen Stiftungsfestes seiner   Greifswalder   Studentenverbindung erhalten. Diese Einladung war endlos-lange unterwegs gewesen und nun drängte die Zeit sehr, da er zur festlichen Eröffnung gern anwesend sein wollte, was bedeutete, dass er und Helene eigentlich sofort ihre Koffer packen und mit dem allernächsten Schiff abreisen müssten. Sie beide hatten   schon   lange   eine   gemeinsame Deutschlandreise geplant, jedoch   immer wieder aufgeschoben. Karl Wilhelm hielt die Gelegenheit für günstig, während Helene seinen Plänen vollständig ablehnend gegenüberstand. Ihr fehlte für einen Deutschland-Aufenthalt die passende Garderobe, sie hatte nur noch sehr dünne Kleidungsstücke, die sich für die grosse Hitze in Südbrasilien eigneten, jedoch fehlte es an einem Mantel, Jacken, usw., ausserdem hatte sich ihre Figur in den vergangenen Jahren total verändert. Ihre Kleidungsstücke von früher würden jetzt ihrer Tochter Oda gut passen, sie selbst konnte davon nichts mehr tragen....

A-propos...Oda! Karl und Helene sahen einander an. Das Kind wird ja überhaupt nicht mehr richtig froh, fanden sie beide... Oda sei immernoch so niedergedrückt und geknickt, sie fände garnicht wieder zu ihrer alten Fröhlichkeit zurück, die man früher so an ihr geliebt habe.

Die Reise nach Sao Paulo zu Gerhard und Otto sei nicht sehr hilfreich für Odas Zustand gewesen, zumal die Brüder ihr sehr entfremdet und fern vorgekommen waren. Im Gegenteil, - bei jeder Gelegenheit seien Oda die Tränen gekommen, die Brüder seien für sie der "Lebendige Vorwurf", sie fühle sich nach wie vor schuldig an der Tragödie, besonders an Herberts Tod.

"Die Lösung ist sehr einfach", sagte Günther lächelnd: "Vater, Du nimmst anstelle Deiner

247

Ehefrau zum Stiftungsfest Deine Tochter, Oda, mit und Mutter kommt einfach später nach, wenn sich alle ihre Garderoben-Probleme gelöst haben. So ein grosses Fest wird mein Schwesterlein auf andere Gedanken bringen und alle alten Lasten in den Hintergrund drängen.

Vater, Du musst Dich allerdings sofort um Schiffspassagen kümmern, wenn wir jetzt die Post bekommen haben, wird das Schiff so bald wie möglich wieder auslaufen. Vermutlich fährt es noch bis nach Buenos Aires weiter – je nach Ladung. Jedoch wird es auf dem Rückweg nach Deutschland sicherlich nochmals hier vorbeikommen, schlimmstenfalls müsstet ihr bis Rio Grande mit dem Zug fahren und dort einsteigen. Auf jeden Fall tut grosse Eile Not. "

Karl Wilhelm handelte sofort. Es gelang ihm – wenn auch mit Mühe – noch zwei Fahrkarten, allerdings nur noch dritter Klasse, für die "Cap-Arcona" zu ergattern, seine Tochter Oda war schnell und gern überredet, mit ihm zur feierlichen Eröffnung des Stiftungsfestes nach Deutschland zu reisen. Die Garderobe ihrer Mutter passte mit einigen schnellen Modernisierungs- und Änderungs-Arbeiten, die von der Schneiderin in zwei Tagen erledigt waren.

Mitte-April 1929 reisten Vater und Tochter ab. Günther hatte die beiden per Automobil nach Porto Alegre gebracht.

Sie kamen sehr knapp vor dem Eröffnungsfest in Greifswald an. Karl Wilhelm, als einer der ältesten "Alten-Herren" der ATV-Studentenverbindung, und vermutlich der aus der grössten Ferne angereiste, hatte während der Reise eine kleine, launige Rede vorbereitet, mit der er seine Tochter vorzustellen gedachte. Einer spontanen Eingebung folgend hatte er in Brasilien auf einem Markt, wo das Schiff anlegte, ein kleines, ausgestopftes Krokodil gekauft, das er dem Vereinshaus zum fünfzigsten Stiftungsfest schenken wollte. Zeitlebens hatte er zu jeder erdenklichen Gelegenheit aus dem Stehgreif reden können, noch niemals war er davor aufgeregt gewesen, diesmal hatte ihn Nervosität erfasst, denn die Veranstaltung war doch sehr viel feierlicher, die Menschen so gut gekleidet, die Damengarderoben so aufwendig und die gesamte Atmosphäre unerwartet hochgestimmt, dass selbst er sich nur schwer auf seine vorgedachte Rede besinnen konnte.
Er hatte in der rechten Hand sein kleines Krokodil, an der linken seine Tochter, Oda, so betraten sie in letzter Minute, etwas ausser Atem den Saal, wo er

249

auch sogleich lautstark begrüsst und aufs Podium gezogen wurde. Die plötzliche Stille sagte ihm, dass man nun seine Ansprache erwartete. Es gelang ihm, sich so weit zu konzentrieren, dass ihm die vorgedachten Formulierungen wieder in den Sinn und über die Lippen kamen, nur verwechselte er die linke Seite mit der rechten und stellte dem verblüfften Publikum seine hübsche Tochter als junges Krokodil aus Brasilien vor. Der Heiterkeitserfolg war beispiellos und seine vor Verlegenheit dunkelrot gewordene Tochter wurde zum Star des Abends. Keinen einzigen Tanz durfte sie auf ihrem Platz sitzen, die Tänzer drängten sich vor ihrem Vater und baten um einen "Tanz mit dem hübschesten Krokodil der Welt". Bis an ihr Lebensende zehrte sie von diesem Abend, den sie als alte Frau noch uns, Neffen und Nichten, unzählige Male und immer mit neuem Genuss geschildert hat. Sicherlich hatte das fünfzigste Stiftungsfest noch diverse Höhepunkte, es wurde tagelang begangen und rauschend gefeiert. Die lebhafte, temperamentvolle Oda kam voll auf ihre Kosten und wurde, zur Freude ihres Vaters, wieder zur fröhlichen, lachlustigen, jungen Frau, die sie einmal gewesen war.

Drei Monate später, im Juli 1929, kam Helene

zusammen mit Eva Lipinsky auf dem Schiff "Monte-Oliva" in Hamburg an, wo Karl Wilhelm und Oda die beiden Damen abholten. Es gab in der Familie eine grosse Neuigkeit: Günther hatte inzwischen Mut und Gelegenheit gefunden, sein Fräulein Eva um ihre Einwilligung in eine spätere Ehe zu fragen, was von dieser zugesagt war. Die Verlobten waren übereingekommen, dass Eva jetzt zunächst ein ganzes Jahr in Deutschland bleiben sollte, dort eine Ausbildung zur Krankenschwester und Arzthelferin absolvieren und dann, wenn Günthers Scheidung rechtsgültig wäre, - was man innerhalb eines Jahres zu erreichen hoffte - würde sie nach Novo Hamburgo zurückkehren und der Trauung stünde nichts mehr im Wege.

Diese Verlobung sollte vorläufig noch geheim bleiben, es sollte niemand ausserhalb des innersten Schinke-Kreises davon erfahren, um Günthers Scheidung und Vermögensteilung nicht unnötig in Gefahr zu bringen.

Eva Lipinsky reiste zunächst zu ihren Verwandten nach Schlesien und bewirtschaftete stellvertretend das grosse Gut, was ihr derart gut gelang, dass die Verwandten ihr noch Jahrzehnte später dankbar waren.

Karl Wilhelm und seine Helene kamen im September jenes ereignisreichen Jahres, 1929, nach Südbrasilien, Neu Hamburg zurück. Sie empfanden die Ankunft gerührt als „Heimkehr", ihr kleiner Enkel, Werner, war sehr gewachsen, Lotte und Willy hatten ihn bestens versorgt. Günther und seine Schwester Lotte hatten gemeinsam die Praxis am Laufen gehalten. Der von Karl Wilhelm so geliebte Garten auf dem Berghang hinter dem Haus hatte seinen Herrn und Meister am meisten vermisst und Karl machte sich mit neuer Lust daran, ihn mit vielen neu- mitgebrachten Pflanzenstecklingen, Samen und Knollen in seine alte gute Form zu versetzen.

Oda war noch in Deutschland geblieben. Sie hielt sich überwiegend bei den Verwandten in Ellsnig auf, jedoch waren auch die Berliner Verwandten, Kleins, die Familie von Karl Wilhelms Schwester für sie eine beliebte Anlaufstelle. Der Vater hatte Odas Herzenswunsch nachgegeben und hatte einen jener modernen Apparate gekauft, die damals ganz neu und grosse Mode waren: ein Gramophon mit riesigem Ton-Trichter und Kurbel zum Aufziehen, dazu unzählige Schachteln mit Nadeln, die man ja nach jeder zweiten oder dritten Schallplatte wechseln sollte und die man womöglich in Brasilien nicht bekam. Das Gerät selbst hatten die Eltern mitgenommen auf ihrer Schiffsreise, aber Od-chen durfte Schallplatten kaufen mit aktuell-modernen Schlagern. Allerdings hatten sich die Eltern vorbehalten, es sollten Sachen sein, die allen gefielen, beziehungsweise, allen gefallen würden, wie Oda abschätzen musste . So wurde der Schlager vom "Bummelpetrus" ebenso erworben, wie eine Sammlung von Otto-Reuter-Chansons. Es war klar, dass eine solche Deutschlandreise nicht so bald würde wiederholt werden können, daher versuchte sie, das Modernste vom Modernen nach Brasilien mitzubringen, was man dortselbst nicht würde bekommen können..

Oda, die lebenslustige junge Frau, amüsierte sich in Berlin im Operettentheater, im "Wintergarten", im Cabaret und auf diversen Veranstaltungen zu denen die Verwandten sie mitnahmen oder begleiteten. Sie war "eine Zierde auf jedem Ball" – wie ihrem Vater schon vorher in Brasilien über seine beiden Töchter gesagt war - und sie hatte ihre natürliche Fröhlichkeit wiedergefunden, die in den schweren Erlebnissen der vorangegangenen Jahre verloren gegangen war.

Oda kehrte erst im Jahr 1930 nach Neu Hamburg zurück. Sie hatte derart lange nicht mehr

Brasilianisch gesprochen, dass sie, als sie in Hamburg auf's - diesmal portugiesische - Schiff stieg und feststellte, sie habe die Kabine mit dem Buchstaben "Q", den Steward brasilianisch ansprach und erklärte, sie suche die "Camarote Ku". Der Buchstabe "Q" spricht sich im Portugiesischen jedoch "Ke" aus, indessen ist das Wort "Ku" eine mehr oder weniger ordinäre Bezeichnung für das menschliche Hinterpförtchen.

Der Steward soll keine Miene verzogen haben – so erzählte 'Tante Oda später gern – und sagte lediglich: "Meine Dame, ich bin sicher, Sie haben die "Camarote Ke" gebucht und ich werde Sie dorthin   begleiten."
Oda mit ihrem Temperament war überzeugt, er meine den Buchstaben "K" und zückte nun siegesgewiss ihre Passage, auf der man den Buchstaben deutlich erkennen konnte, worauf der Steward todernst nickte, mit dem Finger darauf deutete und sprach: "Camarote   Ke"!
Oda löste das Problem mit ihrem unnachahmlichen Gelächter und liess sich schliesslich willig zur Kabine "Q" führen, erstaunt, dass dieser Buchstabe hier so ausgesprochen wurde. Selbstverständlich kannte sie das 'Wort, das auf Portugiesisch "Ku" gesprochen wird garnicht, wie es sich für junge Damen gehört und

erfuhr erst viel später von ihrem Bruder Günther, in welche Verlegenheit sie den jungen Steward gebracht hatte. Jedenfalls blieb ihr auf der gesamten Reise die Verehrung des Steward treu, der immer, wenn er sie sah, eine kleine Verbeugung andeutete und freundlich sagte, "Ah, die Dame von Camarote Ke!"

Als Oda Anfang 1930 in Rio 'Grande vom Schiff stieg, geriet sie mitten hinein in die Unruhen, die heute bekannt sind unter dem Namen "Getulio-Vargas-Revolution". Damals begann die Zeit des übersteigerten Nationalismus in Brasilien, die heute "Nativismus" genannt wird.

Die junge Frau kam heil und gesund in ihrem Elternhaus in Novo Hamburgo an und sprudelte über vor lauter Bedürfnis, ihre wunderbaren Reise-Erlebnisse zu erzählen. Es war so amüsant, ihr zuzuhören, dass die Eltern es liebten, wenn sie so lebhaft erzählte, wie es ihre Art war. Lotte, ihre "grosse Schwester", war eine wunderbare Zuhörerin. Sie hatte unterdessen den kleinen Werner versorgt, dem Vater in den letzten Monaten in der Praxis geholfen, zuvor – während der 'Abwesenheit der Eltern, die Patienten mit den leichten Beschwerden selbst angenommen, ihren Bruder Günther zu Rate gezogen, Spritzen verabreicht, Umschläge gemacht, Schienen angelegt und alles, was ihr Vater ihr beigebracht hatte, zur Anwendung bringen können. An Günther war weitergeschickt worden, was ihr zu schwierig war.

Ob ihre Ehe mit Willy damals noch glücklich war? Es hat sie nie jemand danach gefragt. Die Eltern hüteten sich, Allzugenaues wissen zu wollen, Oda vergass zu fragen. Es gab keinen Raum für Lotte, über sich selbst zu sprechen – das hatte sie auch niemals gelernt.

Eva Lipinsky und Günther Schinke wechselten in diesem Trennungsjahr unzählige Briefe. Es verging keine Woche, ohne dass einer vom Anderen Nachricht hatte, das war nicht einfach, da zu jener Zeit noch alle Post per Schiff transportiert wurde. Für die Verlobten war es ein schier endloses Jahr. Jedoch wussten beide, diese Trennung würde es für Günther erleichtern, im Scheidungsprozess schnell und komplikationsloser sein Ziel zu erreichen. Sicherlich würde die Scheidung teuer werden... aber dieser Aspekt erschreckte Eva kaum. Sie fühlte sich stark genug, an der Seite dieses Mannes, in den sie sich sterblich verliebt hatte, alle erdenklichen Schwierigkeiten zu meistern.

Neu-Hamburg hatte schon 1926 zu seiner evangelischen Kirche einen eigenen Pfarrer bekommen, - wurde also nicht mehr kirchlich von Alt-Hamburg aus mitversorgt - es war Theophil Dietschi, dessen Frau unterichtete in der gemeindeeigenen Grundschule, in welcher auch der kleine Werner eingeschult wurde.

Die Rio-Grandenser Synode - nach wie vor ehrenamtlich geleitet von Präses Rothermund - hatte sich 1928 als erste deutsche Kirche in Übersee dem Evangelischen Kirchenbund angeschlossen. Die deutsche Bevölkerung in Südbrasilien las nach wie vor die "Deutsch-Evangelischen Blätter für Brasilien" die von Pfarrer Paul Dohms herausgegeben wurden, dem Vater des Hermann Dohms, der 1921 die deutschsprachige Schule in Sao Leopoldo, das "Pro-Seminar" – eigentlich "Prä-theologisches Seminar" gegründet und seit 1924 geleitet hatte.

Später, 1935, wurde dieser Hermann Dohms der erste hauptamtliche Präses, also "Leiter" der Synode, somit Rothermunds Nachfolger. Familie Rothermund betrieb den einzigen, überaus wichtigen didaktischen Verlag in Südbrasilien, verlegte nicht nur Schulbücher, sondern auch Schreibhefte, Zeichenblocks und alles, was in

Schulen zum Unterricht an gedrucktem Material gebraucht wird. Es hat wohl keinen Menschen aus Südbrasilien in meiner Generation gegeben, der nicht auf "Rothermund"-Heften Schreiben gelernt hat. Natürlich unterhielt die Firma auch ein grosses Ladengeschäft in Sao Leopoldo, gleichzeitig Buchhandlung, in das jeder Schüler des Pro-Seminar jährlich-mehrmals gegangen ist, um Schulmaterial einzukaufen. Alle jungen Schinkes sind ins Pro-Seminar zur Schule gegangen, allen waren die Namen "Rothermund" und "Dohms" ebenso geläufig wie respektbeladen. Übrigens ist dem „Präses Hermann Dohms" das Kunststück gelungen, das Pro-Seminar einigermaßen unbeschadet durch die Nazizeit und durch den Zweiten Weltkrieg (1939-45) zu manövrieren. Angesichts der weitreichenden Verbote und Repressalien, denen deutsche Institutionen und die gesamte deutschstämmige Minderheit während des Weltkriegs in Brasilien ausgesetzt waren, ist dies als eine der besondern Leistungen von Präses Dohms Diplomatie zu werten.

Otto Schinke in Sao Paulo und das Ehepaar Lucht

Otto Ernst Schinke hatte anlässlich einer

Abendessen-Einladung im Hause Cossel das Ehepaar Fritz Lucht und Lotte, geborene Bauer, kennengelernt. Beide kamen aus Deutschland, hatten in Argentinien geheiratet und sich erst kürzlich in Sao Paulo niedergelassen. Fritz Lucht arbeitete im Auftrag einer deutschen Im- und Exportfirma, die Maschinen zur Papierherstellung vertrieb. Cossel und Otto hatten vor, ihn für die Jugend-Arbeit im VDA zu gewinnen. Fritz Luch würde sich dafür besonders gut eignen – wie sie meinten - da er in seiner Kindheit und Jugend sowohl deutscher Pfadfinder gewesen, als auch später der "Turnerschaft" und der Bewegung "Zurück zur Natur" angehört hatte. Er übernahm das Amt gern, hatte jedoch vorerst wenig Zeit für Unternehmungen, da er für seine Firma viel auf Reisen sein musste. Lotte Lucht hatte eine kleine Tochter aus erster Ehe mitgebracht, Karin Gottwaldt, genauso alt wie die jüngere der beiden Cossel-Töchter, Gisela, "Gisi" genannt, und schon bald deren engste Freundin. Auch die etwas ältere Schwester, Jutta von Cossel, spielte mit den beiden jüngeren Mädchen stundenlang und begeistert, so dass sich ein kindliches Dreigestirn mit Karin Gottwaldt bildete, deren Freundschaft ebenso haltbar war, wie die starke Beziehung, die sich zwischen deren Müttern entwickelte.

Lotte Lucht war die schönste und aufregendste Frau, der Otto in seinem ganzen bisherigen Leben begegnet war. Es muss heftig "geknistert" haben zwischen diesen beiden - so hat es jedenfalls Tante Trix vierzig Jahre später ausgedrückt

Alle "besseren Leute" - so Tante Trix - verbrachten damals von Sao Paulo aus die Sommer- und Schulferien-Monate zwischen Dezember und Februar an den paradiesischen Stränden von Santos - vorzugsweise in Guarujá. So auch Lotte Lucht und Cossels mit ihren Töchtern - während Fritz Lucht auf Geschäftsreise war und H.H.von Cossel in Sao Paulo arbeitete wobei die Männer nur an den Wochenenden zum Strand in den Familien- und Freundeskreis kamen.

Es muss schon eine starke Beziehung zwischen Lotte Lucht und Otto Schinke in diesen Zeiten gegeben haben. Eine Erzählung, aus ganz anderem Zusammenhang deutet darauf hin.

Bevor meine Mutter, Lotte Schinke, geborene Bauer, geschiedene Gottwaldt, verwitwete Lucht, starb, schrieb sie die Geschichten ihrer liebsten Schmuckstücke auf, es waren in der Tat sehr schöne Stücke und diejenigen, mit den wichtigsten Zusammenhängen hatte sie in der Hungerzeit nach dem zweiten Weltkrieg NICHT auf dem

Schwarzmarkt gegen Nahrungsmittel getauscht. Unter Anderem einen dicken Rubin-Ring, den sie ständig - und noch auf ihrem Totenbett - trug und über den sie verfügt hat, dass er nach ihrem Tod der einzigen Enkelin, meiner Tochter Katrin, gehören solle. Diesen Ring trug damals bei jenem Cosselschen Abendessen, als sie ihn in Sao Paulo kennenlernte, Otto Schinke. Der Anblick des Rubin-Rings an seiner Hand muss auf die damals noch junge Lotte Lucht eine geradezu elektrisierende Wirkung gehabt haben. (Übrigens stammte dieser Ring ursprünglich von der Schinketante, sie hatte ihn vor Jahren ihrem geliebten Ott-chen als Pfand ihrer Liebe geschenkt).

Lotte Lucht war das Kind eines reichen Fabrikdirektors in Königsberg/Ostpreussen gewesen. Als Zwölfjährige war sie einmal mit den Dienstmädchen ihres Vaterhauses auf dem Fischmarkt an eine Zigeunerin geraten, die den Dienstmädchen aus der Hand gelesen hatte. Lottchen hatte ihr Händchen der Alten auch hingehalten und niemals mehr folgende Weissagung vergessen: "Armes Kind! So viel Pech in der Liebe! Drei mal wirst Du heiraten, immer werden viele Männer um dich sein, aber erst der mit dem Rubin-Ring, der ist der Richtige."

Diesen Satz konnte sie noch mit siebzig Jahren auswendig hersagen, als sie selbst den besagten Rubinring immernoch trug.

Lotte Lucht war zu jener Zeit schon einmal geschieden. In erster Ehe hatte sie Gottwaldt gehiessen, diesen Namen, trug nach wie vor ihr Töchterchen Karin. Mit Herrn Lucht war sie erst seit Kurzem verheiratet. Sie hatte schon seit ihrer Kindheit in Königsberg, und als junges Mädchen auf die Ringe geachtet, die an manchen Männerhänden zu sehen waren, jedoch war niemals ein Rubinring dabei gewesen. Wenn Männer Ringe trugen, so waren es meist Siegelringe, oder mit schwarzem, seltener mit dunkelblauem Stein. Der sagenhafte Rubin an einer Männerhand, wovon jene Zigeunerin geweissagt hatte, schien ganz unmöglich, war vermutlich blosse Fantasieund reiner Aberglaube gewesen. Daher ihr elektrisiertes Zusammenzucken, als sie an des fremden Herrn Schinkes Hand den Ring bemerkte.

In den herrlichen Sommertagen und -nächten in Sao Paulos berühmtestem Badeort, Santos-Guarujá muss Otto Ernst Schinke ab und zu Zeit gefunden haben, sich mit Frau Lotte Lucht dort zu treffen. Jedenfalls stellte einer von beiden eines schönen Morgens bei Hellwerden fest, dass dem Ring an Ottos Hand der berühmte Rubin fehlte. Der Schrecken muss beide so sehr gepackt haben, dass sie zurück an die Stelle am Strand eilten, wo sie in der vorigen Nacht gewesen waren (-"im Sand gesessen hatten" - wie meine Mutter erzählte) und den ganzen Sand durchsuchten. Man kann es kaum glauben: sie haben den Stein, den Rubin, wiedergefunden.! Im Sand!!!.

Wenn man die Weitläufigkeit der Guarujá-Strände sieht, fragt man sich, wie es ihnen gelungen ist, sich die Stelle, wo sie "gesessen" haben derart genau zu merken. Und Otto hat einen Juwelier gefunden, der ihm den Stein (einen wirklich dicken Rubin!) über Nacht wieder in die verödete, leere Fassung eingelassen und befestigt hat, so dass die Schinketante diese Geschichte nie erfahren hat. Überhaupt haben die beiden ihr Geheimnis ein halbes Jahrhundert lang wohl gehütet.

Auch Tante Trix von Cossel kannte diese Geschichte nicht. Hingegen erzählte sie gern von dem Abend, als sie das Ehepaar Lucht zum allerersten Mal zu sich ins Haus eingeladen hatte. Es war dieser selbe Abend, an dem sich meine Eltern zum ersten Mal begegneten und Lotte so auffällig zusammengezuckt war, als sie den

263

Rubinring an Ottos Hand bemerkte. Sie trug an jenem Abend ein königsblaues Abendkleid, das sie lange nicht mehr angehabt hatte. Als man sich nach dem Essen vom Tisch erhob, Fritz Lucht hinter ihren Stuhl trat, um ihr bei Erheben behilflich zu sein, habe er ihr - als sie aufstand - ins Ohr gezischt: "Setz Dich sofort wieder hin!" - denn von ihrem Kleid fehlte die gesamte Sitzfläche. Der Stoff blieb in flockigen Placken auf Stuhl und Fussboden liegen und Lotte sass käsebleich wie angewurzelt auf ihrem Stuhl, am "abgegessenen Tisch", während Fritz Lucht sich bemühte, unbemerkt die Gastgeberin herbeizuholen. Die brach in fröhliches Gelächter aus, als sie das Unglück sah. Es war das Werk von sogenannten "Baratten", den Hühner-Ei-grossen Kakerlaken, die gern benutzte Textilien fressen, da wo sie menschliche Haut berührt und ein wenig Schweiss aufgesogen haben. Lottes blaues Kleid hatten sie an der Sitzfläche derart unterminiert, dass die Oberschicht noch zusammenhielt beim Anziehen - aber darauf zu sitzen und wieder aufzustehen, hatte das Gewebe nicht mehr ausgehalten. Lotte bekam einen Umhang, wurde ins Schlafzimmer geführt und erhielt ein Kleid von Beatrice geliehen, das ihr perfekt gepasst hat. Kennengelernt hatten sich die beiden Frauen schon lange vor diesem Abend auf dem Obst- und

Gemüsemarkt von Sao Paulo. Beatrice hatte Lotte angesprochen: "Sie bezahlen ja einfach immer die geforderten Preise. Ich beobachte Sie schon lange. Das dürfen Sie nicht. Die Leute erwarten, dass man sie runterhandelt! - Kommen Sie mal mit, ich mach´das für Sie!" Beatrice sprach fliessend die brasilianisch-portugiesische Landessprache und handelte mit den Verkäufern auf den Märkten hemmungslos "wie ein levantinischer Teppichhändler", erzählte meine Mutter, die weder Portugiesisch noch das Handeln jemals gelernt hat.   Dazu lachte und scherzte Beatrice mit den Markt-Bauern, als wären alle ihre persönlichen Freunde. - Von da an gingen sie immer gemeinsam Einkaufen, vor allem da sich herausgestellt hatte, dass sie in direkter Nachbarschaft im Stadtteil Santo-Amaro wohnten und gleichaltrige Töchter in derselben Schule hatten.

Lotte Luchts Einsätze in der "Frauenschaft" brachten ihr Begegnungen mit der Schinketante, die sie interessierte, da sie in ihr die aufopfernde Tante sah, die den alleinstehenden Neffen rührend versorgte und ihm den Haushalt führte.

Beginn der "dreissiger Jahre" und „nationaler Sozialismus" in Südbrasilien

Die Zeitung "Der Deutsche Morgen", die als Herausgeber O.E.Schinke/Sao Paulo nannte, wurde von vielen "Brasilien-Deutschen" begierig gelesen - unter Anderem tausend Kilometer weiter südlich im Schinke-Haus in Neu-Hamburg. Gerhard und Gussy, die mittlerweile in gutem Kontakt mit den Eltern und Geschwistern standen, hatten längst von Ottos Engagement im V.D.A. und beim Artikel-Schreiben berichtet. Von Otto selbst kamen die Nachrichten viel spärlicher, jedoch wusste der Vater, Karl Wilhelm viel Präzises über Ottos Tätigkeit, da der Sohn dem Vater an jenem "Versöhnungs-'Abend" im Wartburghaus" Genaues erzählt hatte. Fast in jeder Zeitungs-Ausgabe erschienen Fotos von Veranstaltungen, auf denen man Otto erkennen konnte. Sowohl Helene als auch Karl Wilhelm waren den Zielen, die der VDA verfolgte sehr gewogen, beide hatten schon seit ihrer Einwanderung die missliche Lage der deutschen Kolonisten in Südbrasilien sehr bewusst gesehen und begeisterten sich an der Idee, dass endlich "von oben her" etwas für die Verbesserung von deren Situation getan werde. Dass einer ihrer Söhne sich so kräftig für eine so gute Sache einsetzte, machte sie stolz.

Jedoch wollten die Eltern nicht über die "Unmoral" von Ottos Zusammenleben mit der Schinketante hinwegsehen. Oda muss derartiges geschrieben haben, denn es war ein Antwortbrief aus diesen Jahren von Otto erhalten, in welchem er sehr energisch erklärt, er würde sich auf gar keinen Fall - der zweifelhaften Moral zuliebe und schon garnicht diesen seinen Eltern zuliebe - von der Schinketante trennen... "selbstverständlich nicht!". Sie habe geholfen, als seine Brüder und er in Not waren, sie habe ihr letztes Geld und all ihre Habe mit ihnen geteilt - er könne sich "selbst ja niemals wieder ins Gesicht sehen", wenn er sie - die jetzt ihn und seine Hilfe brauchte - allein liesse, überdies gäbe es dafür nicht den allergeringsten Grund.

In Neu-Hamburg nahm man ein solch krasses "Bekenntnis zur Unmoral" mit Missvergnügen auf, unterliess jedoch von nun an jegliche 'Erwähnung oder Frage nach Mathilde Weicht. Man hatte ja gesehen, dass diese Frau nur Unfrieden in den Familien-Clan brachte......... dies war die vorherrschende Ansicht im grossen Schinke-Haus.

Anfang des Jahres 1930, ungefähr um dieselbe Zeit, wie Oda Schinke aus Deutschland nach Neu-Hamburg heimkehrte, kam Irmgard Kalepky, ohne ihre beiden Söhne, nur mit der kleinen Tochter, Gudrun, nach Neu-Hamburg, um ihre Scheidung von Günther und die Vermögensteilung zu klären.

Ab hier übersetze und kopiere ich einen Teil der von Henning Schinke (Werners nächstälterem Bruder, auf Brasilianisch geschriebenen Memoiren, deren Kopie mir Werner freundlicherweise zugeschickt hat:

„Die kleine Gudrun erkrankte in Neu-Hamburg schwer an Dysentherie. Günther, der sich weigerte, sein sehr zartes, schwächliches Töchterchen zu behandeln, legte es in die Klinik des Doktor Heinrich Schmidt in "Dois-Irmaos", in welcher er selbst früher mit besagtem Arzt zusammengearbeitet hatte. Das Kind starb am 02.02.1930 und wurde in dem Städtchen "Dois-Irmaos" begraben.

Nach erfolgter Scheidung kehrte Irmgard Kalepky, allein nach Deutschland zurück, holte ihre beiden Söhne aus der Obhut des Ehepaar Höppner zu sich und mietete eine Wohnung in Plön, ca. 30 Km von Kiel entfernt. Der junge Ernst Günther wurde in der "StaBilA" ('Staatliche Bildungs-Anstalt) angemeldet, einem Mittelschul-Internat, während ich, Henning, weiter in die Grundschule dieser Stadt ging. Irmgard selbst gelang es, eine

268

Anstellung in einer Buchhandlung zu bekommen, deren Besitzer, Herr Lüdke, ausgebildeter Buchhändler und Fotograf war. Dort erhielt Irmgard ihre ersten und wichtigsten Kenntnisse im Buchhandel, die ihr später so ungeheuer von Nutzen sein sollten. Aufgrund der heftigen ökonomischen Krise, die Brasilien in den dreissiger Jahren schüttelte und der resultierenden Inflation, stellte sich bald heraus, dass die Unterhaltszahlungen und sonstigen Einkünfte Irmgard Kalepkys nicht ausreichten, den gewohnten Lebensstandard beizubehalten. Daher entschloss sich die kleine Familie, nach Brasilien zurückzukehren. Ab 1931 lebte Irmgard mit uns beiden Buben in der Stadt Sao Paulo, wo sie zunächst ein Haus in der Rua Peixoto Gonide 223 mietete. Ernst Günther und Henning wurden in der deutschen '"Olinda-Schule" angemeldet (heute "Colégio Visconde de Porto 'Seguro"), deren Reifezeugnis in Deutschland für ein späteres, eventuelles Studium anerkannt war. Irmgard eröffnete eine deutsche Buchhandlung.

Ende des Jahres 1936 bestand Ernst Günther das Abitur der Olinda-Schule und reiste im darauffolgenden Jahr nach Deutschland, um ein Universitäts-Studium anzutreten. Wie jeder junge Deutsche in jener Zeit wurde er zunächst für sechs

269

Monate in den sogenannten "Arbeitsdienst" verpflichtet. So leistete er mit anderen jungen Männern zusammen Erntehilfe, arbeite beim Strassenbau, in der Wieder-Aufforstung der Wälder und half Sümpfe trockenlegen. Gleich im Anschluss an den Arbeitsdienst erreichte ihn die Einberufung zum Militärdienst. Angesichts der damaligen politischen Situation verpflichtete sich Ernst-Günther für längere als die normal-vorgesehene Zeit, um die Offizierslaufbahn anzustreben und nicht gleich nach den anderthalb Pflichtjahren ein bürgerliches Studium zu beginnen.

Ende des Jahres 1938 reisten Irmgard und Henning nach Kiel, um Ernst Günther, sowie die Kieler Verwandten im Krusenotterweg 42, zu besuchen. Zu der Zeit diente Ernst-Günther in Halberstadt, wo sein Regiment lag. Im Februar 1939 kehrten Irmgard und Henning nach Brasilien zurück und noch im selben Jahr wurde Henning zum Brasilianischen Militärdienst, dem sogenannten "Tiro-de-Guerra" einberufen, einer militärischen Ausbildung, die zum "Reservisten Zweiter Ordnung" führt und ein Jahr lang dauert. Im darauffolgenden Jahr bestand Henning das deutsche Abitur der Olinda-Schule. Irmgard und Henning wohnten weiterhin in Sao Paulo.

Im Herbst 1939, als der Zweite Weltkrieg begann, war Ernst-Günther bereits Unteroffizier. Leider wissen wir nicht, ob er am Polen- oder am Frankreich-Feldzug teilgenommen hat, da wir keine diesbezügliche Nachricht mehr erhielten. Ab 1941 wurde Ernst Günther als vermisst gemeldet. "

(Bis hierhin die Abschrift und Übersetzung der Memoiren des Henning Schinke).

Der Nationalsozialismus und Südbrasilien

1931 hatten H.H.von Cossel und O.E.Schinke erreicht, dass die zahllosen Vereine der Deutschen in einem einzigen Dachverband zusammengefasst wurden. Zumindest im Staat Sao Paulo gab es ab jetzt nur noch den "Verband Deutscher Vereine". Noch 1924 hatte es allein im Bundesstaat Rio Grande do Sul 335 verschiedene deutsche Vereine gegeben, die sich untereinander bekämpften. Ausserdem sorgten sie dafür das auch die entferntesten Bauernhöfe den "Deutschen Bauernkalender" geliefert bekamen, in welchem Ratschläge für die Aussaat, Ernte, Bodenbearbeitung, Düngung, etc., enthalten waren. Der erste Kalender dieser Art in Südbrasilien war schon 1922 in Porto Alegre deutschsprachig erschienen.

1933 brachte in Deutschland die sogenannte "Macht-Übernahme" der Nationalsozialistischen Partei Adolf Hitler zum Kanzler. Es setzte eine verstärkte Werbung für den allgemeinen sozialen Aufschwung und für die nationalsozialistische Partei im Ausland ein. Die "Vereinigung" VDA wurde "umgetauft" und hiess jetzt NSDAP, damit kam auch mehr Geld für die entsprechenden Unternehmungen nach Südbrasilien. Im darauffolgenden Jahr trat die neue Verfassung Brasiliens unter Getulio Vargas in Kraft mit Einführung des Schulzwanges und regelung des Schulwesens. Dazu gab es von nun an ein Quotensystem für Einwanderung nach Brasilien.

Die Parteizugehörigkeit erhöhte zunächst die Leistungskraft der Vereinigung Deutscher im Ausland ganz erheblich. Der "Siedlungsdienst" stellte Einwanderern Beratung zur Verfügung, es wurden "Bauern-Fachschulen" gegründet und "Landwirtschaftliche Versuchsanstalten" eingerichtet, dazu fand verstärkt hyghienische Aufklärung statt. Die Schaffung zentraler Abnahmestellen für die Genossenschaftsprodukte brachte den Bauern Gewinne, von denen sie bis dahin kaum zu träumen gewagt hatten. Es wurden in den Rundfunk-Sendern sogenannte "Deutsche Stunden" eingerichtet, in deren Verlauf in deutscher Sprache Berichte, Nachrichten und viel Unterhaltung gesendet wurde. 1934 soll es in Südbrasilien 24 Sender gegeben haben, die deutschsprachige Programme sendeten. In einem davon pflegte auch Otto Schinke persönlich zu sprechen und Programme zu redigieren. Über jede Verbesserung wurde gross-aufgemacht in den deutschen Zeitungen berichtet, die Bauern waren stolz, wenn "ihre" Genossenschaft, "ihre" Gemeinde, "ihr" Einzugsbereich erwähnt wurden. Bald hatte jeder Bauernhaushalt einen Rundfunkempfänger. Einer der ersten und grössten stand übrigens im Schinke-Haus in Neu Hamburg. Alle Fortschritte und Verbesserungen wurden gezielt "Hitlers Nationalsozialismus" zugute gerechnet und wurden von der Partei geschickt für Propagandazwecke genutzt.

Die Familie in Novo Hamburgo

Hier kopiere ich einen Bericht von Tante Eva, den sie auf meine Bitte hin schrieb

Günthers Scheidung:

Vor dem Gericht wurde ausgehandelt: Günther besass an Privatvermögen nur das grosse Haus in der Hauptstrasse von Neu-Hamburg. Der Wert wurde auf 50.000,--damalige „Cruzeiros"

273

geschätzt. Damit musste Frau Irmgard Kalepky gleichgestellt werden. Sie erhielt diesen gleichen Geldwert von ihm. Hinzu kamen für die beiden Söhne, die ihr zugesprochen waren, pro Kind 25.000,--Crs. Unterhalt und Ausbildungskosten. Dazu kamen die verschiedenen Reise-Spesen, (Frau Irmgard war mit beiden Söhnen nach Deutschland gereist und wieder zurück nach Brasilien, wo sie für sich in Sao Paulo, in einem ganz neu-angelegten Stadtteil ein Haus kaufte, in "Bairro Jardins", heute einer der teuersten und nobelsten Bezirke der Stadt) sowie der Neu-Anfang, die Anwaltsgebühren und Gerichtskosten. Insgesamt beliefen sich die Scheidungskosten für Günther auf 120.000,--Crs. Das war auch für einen bekannten und beliebten Arzt wie Günther Schinke eine enorm-große Menge Geld. Eine Schiffs-Passage auf der "Monte-Oliva" nach Deutschland kostete zur gleichen Zeit 2.000,- Cruzeiros. Günther hätte diese Beträge - zumindest die Unterhaltskosten - "stückeln" dürfen und in monatlichen Raten zahlen können. Es wurde ihm vom Gericht mehrmals nahegelegt. Er lehnte das jedoch strikt und trotzig ab, sondern bezahlte den horrenden Betrag innerhalb weniger Wochen komplett .

Günther fühlte sich durch Irmgards wiederholte

und definitive Verweigerung einer Versöhnung und durch ihr „Verlassen der Familie" derart tief verletzt und gedemütigt, dass er hoffte, mit der Vermögensteilung und seiner Auszahlung einen endgültigen Schlussstrich unter die Vergangenheit ziehen zu können. Keinesfalls wollte er bis in ferne Zukunft durch monatliche Unterstützungszahlungen und sonstige Verpflichtungen an diese als persönliche Niederlage empfundene Scheidung erinnert werden. Er zog das Risiko vor, sich in Neu-Hamburg unmäßig zu verschulden, sogar bei seinem Vater 70.000 Cruzeiros zu leihen, und überdies von Letzterem eine Bürgschaft in Anspruch nehmen zu müssen, um den märchenhaften Betrag aufzubringen und pauschal zu bezahlen.

(Bis hier Tante Evas Bericht)

Günther wollte einen „Neu-Anfang", und zwar von Grund auf. Es ist unwahrscheinlich, dass Günther seine ältesten Söhne, Ernst-Günther und Henning jemals widergesehen hat.

Dr.Günther Schinke und Eva Lipinsky heirateten am 04.07.1931 zivil auf dem deutschen Konsulat in Porto Alegre und kirchlich in der evangelischen

275

Kirche von Navegantes, eines Vororts dieser Hauptstadt. Gefeiert wurde die Hochzeit nur im allerengsten Familienkreis. Der kleine Werner war gerade drei Jahre alt. In Neu-Hamburg, wo Günther und die gesamte Schinke-Familie stadtbekannt waren, ist diese Heirat kaum oder erst viel später bemerkt worden. Günther und Eva waren ein denkbar-gutes "Gespann" und ergänzten sich aufs Beste. Eva hatte grosses organisatorisches und rechnerisches Talent, gleich am Anfang ihrer Ehe stellte sie fest, dass der Umbau des Güntherschen Hauses in der Rua Pedro-Adams-Filho auch noch nicht bezahlt war und schrieb in ihr Tagebuch, dass sie ".... genau 99.000,--Crs. Schulden hatten („…ein Tausender fehlt an der Million, was unsere Schulden betrifft, sind wir fast Millionäre..."). Zehn lange Jahre zahlte das Ehepaar getreulich und zuverlässig unter Evas Regie die Schulden ab. Dem Schwiegervater Karl zahlten sie monatlich sein geliehenes Geld zurück, und zwar mit 7% Zinsen. Eva wusste Gunthers Finanzen derart geschickt und klug zu verwalten, dass der Schuldenberg schneller abgetragen war, als befürchtet. Die heftige Inflation in der brasilianischen Wirtschaft gereichte ihnen zum Glück. Sogar eine Hochzeitsreise , die sie sich zunächst aus Sparsamkeitsgründen verkniffen hatten, wurde nachgeholt und der kleine Werner im Alter von sieben Jahren, mitgenommen. Nach Paranaguá hatten sie per Schiff reisen wollen, diese - damals einer der wichtigsten Zucker-Verlade-Hafenstädte -, liegt an einem schmalen, tief ins Land eingeschnittenen Fjord mit vom Meer her sehr schwieriger, weil schmaler, Einfahrt. In dieser Einfahrt, glücklicherweise hinter der schroff-felsigen Meer-Enge, lief ihr Schiff auf Grund, musste stundenlang "S.O.S." funken, da Wasser in den Innenraum drang. Schliesslich mussten alle Passagiere auf Barkassen "umsteigen" und wurden damit nach Paranaguá gebracht. Dieses spannende Abenteuer hat den kleinen Werner ungeheuer beeindruckt, so dass er es heute noch, im Alter von über achtzig Jahren, genau erzählen kann.

Übrigens führte jene Hochzeitsreise das Paar weiter nach Sao Paulo, wo sowohl die Gerhard-Familie, als auch Otto-Ernst besucht wurden, nicht privat, übrigens, die Schinketante blieb wieder im Verborgenen. Somit hatte Eva Schinke endlich die gesamte in Brasilien wohnhafte Schinke-Familie kennengelernt, zu welcher Mathilde Weicht nicht gerechnet wurde.

Es muss um diese Zeit gewesen sein, dass Oda Irmgard Schinke im deutschen Turnverein

"Frohsinn" einen Mann kennenlernte, in den sie sich verliebte. Der Mann hiess Fritz Eggler und arbeitete als Arzt im Inneren des Bundeslandes Rio Grande do Sul, im kleinen, deutsch-besiedelten Ort "Santa Clara", nur einen Tagesritt von der Bahnstation Lajeado-Estrela entfernt. Eggler war kein approbierter Arzt, sondern hatte in der Schweiz als Arztgehilfe und Krankenpfleger im Berner Krankenhaus gearbeitet. Dabei hatte er sich wohl einiges an Wissen und Können angeeignet.

Das Paar heiratete schnell und ohne grosses Fest. Oda zog mit ihm nach Santa Clara. Nach einem Besuch dort stellte Dr.Karl Wilhelm Schinke schriftlich in einem Brief an seine Frau fest: "
Er kann gut operieren, seine Fingerfertigkeit ist gut, - nur die Anatomie fehlt." Über Eggler hatte der Vater alle erdenklichen Erkundigungen eingezogen, er sei ..."ein besonders netter, seriöser Mensch...", war sein Ergebnis. Er wollte unbedingt vermeiden, "...dass es dem armen Mädel, der Oda, nochmals so schlimm erginge wie bei ihrer ersten Ehe...".
Dennoch wurde auch diese zweite Ehe schon nach wenigen Jahren geschieden. Oda, die genau wie ihr Vater an schweren Migräne-Anfällen litt, hatte zum wiederholten Mal ihren Gatten mit dem

278

Dienstmädchen erwischt. Ihre Verzweiflung über dieses "Scheitern" der zweiten Ehe, war derart gross, dass sie sich mit Morphium getröstet haben muss, eventuell getröstet wurde. Im Elternhaus wohin sie enttäuscht und suchtkrank zurückkehrte, hat ihr Bruder Günther sie mit einer langen Schlaf-Kur von der Sucht heilen können.

Mittlerweile hatte der wohlfunktionierende Haushalt mit Arztpraxis, Günther und Eva Schinke auch mit Evas älterer Schwester, Gertrud, sehr gute Beziehungen.

Gertrud Lipinsky war eine ganz besonders liebe, gütige Frau, verheiratet mit einem sympathischen, tüchtig wirkenden Deutschen, - Benno Rudoph. Das Ehepaar hatte drei kleine Töchter und lebte als Verwalterfamilie auf der "Fazenda da Cidreira", die Bennos Schwager, Ebling, gehörte, dem Ehemann seiner Schwester. Die Fazenda, - ein weitläufiges Landgut – lag völlig abseits, der nächste Nachbar wohnte vier Kilometer entfernt. Günther, Eva und der kleine Werner besuchten sie gern und Günther konnte sich in seiner geringen Freizeit dort gut erholen.
Günthers Freizeit-Unternehmungen wurden von Eva in jeder Hinsicht gefördert. Er war nicht wirklich Fussballbegeistert – es sei denn als

Zuschauer. Sein ganzes Vergnügen war ein Sport, der heute kaum noch oder garnicht mehr praktiziert wird – der Faustball. Günther schaffte es, in Neu-Hamburg einen Faustball-Verein zu gründen, im Lauf der Jahre erkundete das Ehepaar andere Städte, in welchen es Faustball-Mannschaften gab, Günther half mit Beratung und Empfehlung von Trainern, es fanden Wettspiele und Tourniere statt, von denen in meiner Kindheit, das heisst zwischen 1947 und 1960 viel die Rede war.

Am 25.Januar 1935 wurde dem Ehepaar Günther und 'Eva Schinke ein kleiner Junge geboren, Sigurd Gernot Schinke, für Karl und Helene endlich der erste Enkel, dessen Werden und Wachsen sie von Anfang an miterleben und sich daran erfreuen konnten.

Otto und Mathilde in Blumenau/Santa Catarina

Hans-Henning von Cossel erhielt 1934 einen Ruf in die Diplomatie. Er wurde zunächst deutscher Konsul in Sao Paulo und später nach Rio versetzt. Otto Ernst Schinke wurde ab 1934 zunächst Ortsgruppenleiter in Sao Paulo, später Kreisleiter der Nationalsozialistischen Partei im Bundesland Santa Catarina. Somit veränderte sich sein Arbeitsgebiet und er verlegte seinen Wohnsitz nach Blumenau. Dort erwarb er ein Grundstück auf dem Abhang hoch über dem Fluss Itajaí und liess für die Schinketante und sich zum ersten Mal in seinem Leben ein stabiles Steinhaus bauen. Im Bundesstaat Santa Catarina hatte das höchste deutsche Amt Herr Konsul Steimer inne, mit diesem konnte Otto sehr gut und harmonisch zusammenarbeiten. Wie zuvor in Sao Paulo, gab es auch hier in Santa Catarina die Gruppe der "Neu-Deutschen" (eben-eingewanderte Reichsdeutsche), die mit der Gruppe der "Alt-Deutschen" ständig im Streit lag, dazu kamen ungezählte kleinere deutsche Vereine und Grüppchen. Auch hier gelang es Otto Schinke, der – wie im Staat Sao Paulo – sehr viel reiste, Ansprachen und Reden hielt, die Grüppchen miteinander zu versöhnen und alle in "der Partei" NSDAP zusammenzufassen, was durch die vorzügliche Zusammenarbeit mit Konsul Steimer enorm erleichtert wurde. Besondere Unterstützung erfuhr das ganze Unternehmen des Zusammenschlusses der Deutschen durch die Familie Hering in Blumenau (damals die grösste Textilfabrikantenfirma in Brasilien, im Jahr 1978 die drittgrösste der Welt).

Otto Schinke arbeitete drei Tage pro Woche in Florianópolis, der per Dekret zur Bundesstaat-

Hauptstadt erhobenen Stadt auf der Insel von Santa-Catarina. Im Blumenau-Büro tat er an zwei bis drei weiteren Tagen Dienst und an den Wochenenden reiste er ins Innere des Staates, um Vorträge zu halten, häufig auf pompösen Bühnen zwischen Hakenkreuz-Fahnen. Die NSDAP in Deutschland zeigte sich sehr interessiert am "Hochhalten" des Deutschtums im Ausland und dafür gab es plötzlich auch Geldmittel. So bekam Otto ein Automobil zur Verfügung für seine weiten Fahrten, - mit Chauffeur - versteht sich. Auch für Bühnen und Fahnen gab es Geld , - lauter Dinge, die man sich vorher nicht leisten können. Sein Chauffeur - ein Deutscher Ingenieur, Lassmann mit Namen, der bis dahin keine Arbeit hatte finden können, wurde ein enger und treuer Freund, der selbst dreissig Jahre später, nämlich 1963-64 wieder zu Schinkes nach Frankfurt/Main fand.

Anfang der "dreissiger Jahre", in der Zeit seiner weiten Fahrten, lernte Otto Schinke auch Gerhard Peters kennen; dessen damals noch kleine Tochter, Gerda, ist eine meiner längstjährigen Freundinnen und lebt jetzt in Frankfurt am Main. Als sie damals noch ein kleines Mädchen war, hatte ihr Vater, Gerhard Peters in Joassaba/Santa Catarina die Vertretung für die Jeeps der Firma "Willy´s" übernommen. Er verkaufte und reparierte Autos und Motoren aller Art, arbeitete hart und fleissig, wie alle erfolgreichen Deutschbrasilianer und versuchte sich darüber hinwegzutrösten, dass seine erste Frau, Klein-Gerdas Mutter, ihn verlassen hatte. Gerhard Peters war im Grunde ein immer-fröhlicher, lebenslustiger Mensch, er sah dem Schauspieler, Hans Albers, zum Verwechseln ähnlich und mit Otto zusammen machten sich die Freunde oftmals einen Spass daraus, Leuten, die aus Deutschland kamen und sich mit dortigen Schauspielern auskannten, durch diese Ähnlichkeit Streiche zu spielen. Freundlich gab er auf deren Bitten Autogramme , zwar immer nur unter seinem „gut bürgerlichen Namen ‚G. Peters", niemals unter seinem wie er sagte, „Künstlerpseudonym, Hans Albers" … und die Freunde erlebten mehrmals, dass ihnen dafür dankbare Lokalrunden spendiert wurden.

Ein weiterer Freund aus dieser Zeit war Erich Reisky. Auch er erschien als alter Herr nach 1963 in der Münstererstrasse bei meinen Eltern und wärmte alte Geschichten auf. Besonders gern erzählte Herr Reisky, wie die Freunde, Lassmann, Schinke und Reisky sonntags-nachmittags, wenn "endlich diese offiziellen Veranstaltungen zu Ende

283

waren"..., ins Auto stiegen, über unbeschreiblich ausgehöhlte Lehm-Wege durch Urwälder nach Blumenau zurückfuhren und auf der Strecke irgendwo ausstiegen, in Flüssen oder Seen badeten - "splitternackt, wie Gott uns geschaffen hat", wie schön das war und wie sehr sie das alles genossen hatten.

Otto Schinke erfüllte sich einen seiner längstjährigen Träume: er gründete ein Laien-Theater in Blumenau. Lassmann und Reisky waren seine grossen Helfer dabei. Als einer der Bauern, die den Rütli-Schwur leisten, stand er endlich selbst in Schillers "Wilhelm-Tell" auf der Bühne. Zu einer richtigen Hauptrolle, wie er sie gern gehabt hätte, reichte seine Freizeit mit dem wöchentlichen Reise- und Arbeitsplan nicht.

Dann starb die Schinketante. Übrigens kannten auch Lassmann und Reisky sie nur unter diesem Namen. Sie sei vielleicht allerhöchstens etwas über sechzig Jahre alt gewesen, das schätzten sie alle, als ich danach fragte. Ob Otto bei ihr war, als sie starb? Ob er eine Todesanzeige in die deutsche Zeitung setzen liess? Mit Sicherheit hat er der Familie von Cossel Mitteilung gemacht, die seine Beziehung zu dieser bewundernswerten Frau am besten kannten.

Familie Schinke, jedenfalls, hat nichts über ihren Tod erfahren. Vielleicht gab es eine Todesanzeige in der örtlichen Blumenauer Zeitung, die war vermutlich nicht einmal seinem Bruder, Gerhard in Sao Paulo, zugänglich.

Woran mag sie gestorben sein? Sicher hat man medizinische Gründe gefunden, die sich gut anhörten und aussprechen liessen. Ich vermute, ihre Tapferkeit, die Verbitterung und der viele runtergeschluckte Kummer werden zur Ursache für benennbare Krankheiten geworden sein. Mein Vater erzählte, die Schinketante habe kurz bevor sie starb zu ihm gesagt, "Junge, wenn Du jemals heiratest, die Lotte Lucht, das wäre die richtige Frau für Dich", dies gehörte zu den letzten Worten, die er von ihr gehört habe...

Die Familie in Neu-Hamburg.

Gertrud und Benno Rudolph, Eva Schinkes Schwester und Schwager mit ihren drei kleinen Töchtern bewohnten und verwalteten noch bis zum Jahr 1936 das einsam gelegene Landgut "Fazenda da Cidreira" und ihre Sorge, wie und wo sie weiterhin leben und arbeiten könnten, wenn ihre Kinder ins Schul-Alter kämen wurde immer dringlicher. Im Jahr 1936 wurde ihre älteste

285

Tochter, Gerta, sechs Jahre alt und erreichte somit das gesetzliche Schul-Alter.

Günther und Eva sahen sich nach einem Landgut um, das sie erwerben wollten, einerseits als Hilfestellung, um die Schwager-Familie Rudoph vernünftig unterzubringen, andererseits auch als Nah-Erholung für Günther und Eva. Vielleicht – und nicht zuletzt – auch als Geldanlage und zusätzliche Erwerbsquelle, wenn man nur die richtige Pflanzung darauf anlegen würde. Eva mit ihrem brillanten Finanzverstand hatte begriffen, dass in der gegenwärtigen Inflation Günther Schulden die erdenklich-beste Geldanlage waren. Die Einnahmen aus der Arztpraxis überstiegen alle Erwartungen, jedenfalls dann, wenn man – wie Eva – die Preise ständig dem Markt anglich und die Rechnungen bei den Patienten pünktlich eintrieb. Statt Bank-Kredite abzutragen suchte sie lange und mit kluger Überlegung nach Grund und Boden. Am Ende fanden sie ein Landgut in der Nähe des kleinen Orts " Portao", nicht allzuweit von Sao Leopoldo entfernt, derjenigen Stadt, in der es alle erdenklichen Schulen gab. Es lag auch in der Nähe von Neu-Hamburg, somit von beiden Städten per ein- bis zweistündigem Fussmarsch zu erreichen. Auf dem Gut war fruchtbarer Boden, es gab saftige Weiden, einen eigenen Bach, der auch im Hochsommer nicht versiegte und glasklares Wasser aus eigenen Quellen führte. Teile des Landes waren mit Wald bestanden und legten den Handel mit Holz nahe, wenn man nur die richtige und begehrteste Holz-Sorte anpflanzen würde.....

Günther kaufte das Land, das übrigens direkt an der Landstrasse und der Eisenbahnlinie nach "Estancia Velha" lag, also dazu noch verkehrsmässig gut angebunden war. Als Verwalter, bzw. Pächter, setzten sie den Schwager Benno Rudoph ein, der mit seiner Familie dankbar und glückstrahlend in das grosse dort befindliche Bauernhaus zog. Von dort aus wurde die kleine Gerta Rudoph in der Grundschule eingeschult. Ihre beiden kleinen Schwesterchen hatten das gehörige Schul-Alter noch nicht erreicht.

Diese damals optimal erscheinende Lösung aller Probleme erwies sich dennoch nicht als zufriedenstellend. Benno Rudolph war ein ausserordentlich charmanter, liebenswerter Mensch dem es an fundierter Ausbildung, somit an Kenntnis und Wissen fehlte. Er verstand von allem etwas, aber von garnichts wirklich viel und fühlte sich schnell allen anderen Menschen unterlegen, was er wiederum hinter der Fassade des gewinnenden, Charmeurs verbarg und in 'Schnäpsen ertränkte. Sein übertriebener Hang zum Alkohol wurde immer drastischer in dieser Zeit in Portao. Seine Frau, Evas Schwester, die ich später nur als "Tante Trudel" kannte und sehr verehrte, muss sich in jenen Jahren schier kaputtgearbeitet haben, aber die Familie erwirtschaftete keinen wirklichen Gewinn, weder für sich selbst noch für Günther und Eva. Dennoch war die sogenannte "chácara" (sprich "Schahkara", Deutsch= Landgut) in späteren Jahren ein wahrer Segen! Auf diesen Besitz konnten Günther und Eva mit ihren Kindern ausweichen während des "Zweiten Weltkrieges". Die Deutschen und Deutsch-Stämmigen in Brasilien wurden in der Kriegszeit schikaniert und verfolgt, Günther war mit Berufsverbot belegt worden, so dass die Familie sich in dieser Zeit buchstaeblich mit eigenen Haenden ein huebsches Ferienhaus baute, worin sie die schwierige Zeit ueberstehen konnten. Noch viel später, nämlich 1947, nach dem „Zweiten Weltkrieg", als ich als kleines Mädchen mit meinen Eltern, Otto und Lotte Schinke nach Novo Hamburgo kam, wo schon kurze Zeit später die Polizei nach meinem Vater suchte, haben Günther und Eva uns in Portao ein Dreivierteljahr lang wohnen lassen und uns dadurch eine gewisse Atempause von Sicherheit verschafft.

Heute, während ich dies schreibe, hat mir mein Cousin, Werner die Szenen geschildert, die er 1942 mit Onkel Benno Rudoph in Portao erlebte, als er, Werner, ins Pro-Seminar zum Unterricht ging. Diese deutschsprachige Lehranstalt durfte während des Zweiten Weltkrieges nicht offiziell unterrichten, sie war eigentlich geschlossen, die Lehrer erteilten jedoch privat mehr oder weniger inoffiziell Unterricht. Die Schule befand sich auf dem sogenannten "Spiegelberg" in Sao Leopoldo. "......In den Jahren um 1942 bin ich mit Onkel Benno dreimal wöchentlich auf einem Pferdewagen (auf Brasilianisch "Aranha" genannt) von Portao bis auf den Spiegelberg in Sao Leopoldo mitkutschiert, wo er ganze zwei Kübel Milch in der Küche vom Pro-Seminar ablieferte. Ich bekam dafür Privatunterricht von Herrn Soth und Dr. Fülling. Nachmittags ging ich dann meist zu Fuss nach Portao zurück, wo meine Eltern wohnen mussten, da meinem Vater während des Krieges verboten war, seinen Beruf auszuüben.....

Alles, was Benno Rudolph an "Landwirtschaftlichen Produkten erwirtschaftete und hätte verkaufen können, bestand in zwei Kübeln Milch, die hinter dem Bock, auf dem wir sassen untergebracht waren und die auf dem Spiegelberg abgegeben wurden. Schon auf dem Hinweg liess er manchmal halten, um ein "Schnäpschen" zu sich zu nehmen. Auf dem Rückweg schlief er meistens tief und das abgemagerte Pferd fand seinen Weg allein...." (Ende des Zitats)

Aber nun zurück in die davor liegenden Jahre 1935 bis 38:

In Neu-Hamburg, der schnell wachsenden Stadt, hatten Eva und Günther Schinke 1935 beschlossen, in ihrem relativ grossen Garten ein zweites, kleines Haus mit zwei Räumen und Strom-Anschluessen zu bauen. Im grossen Wohnhaus, in dessen Straßenfront die Praxis und Behandlungsräume lagen, gab es kein rechtes Gästezimmer, sondern lediglich ein hellhöriges Dachgeschoss mit im Sommer sehr heissen Raumen. Es wurde "Kawalier-Haus" genannt, denn ursprünglich war darüber nachgedacht worden, dass es ja mindestens zwei Söhne gab – den 8-jährigen Werner und den kleinen Sigurd, die irgendwann halbwüchsig, später erwachsen sein würden, und die man in jenen Alters-Stufen ungern so sehr nah unter Aufsicht in Abhängigkeit hätte ...

ausserdem könne man Gäste wesentlich angenehmer unterbringen, sowohl im eigenen, wie auch im Interesse der Gäste. So bekam das Kawalierhaus eine winzige Kochgelegenheit und ein eigenes Badezimmer, der unabhängige Zugang durch Garten und Garage ermöglichte weitgehende Selbständigkeit. Nicht zuletzt hatte bei Günthers Entschluss, das Kawalierhaus dergestalt zu bauen, der Gedanke an seine Schwester, Lotte, eine Rolle gespielt, die mit ihrem Willy nach wie vor im Dachgeschoss des Elternhauses wohnte und keinerlei Unabhängigkeit genoss, was die Eheleute wiederholt und heimlich bitter beklagten. Mit dem schwierigen, sehr patriarchalischen Dr. Karl Wilhelm als Schwiegervater unter einem Dach auszukommen, muss äusserst schwer gewesen sein. Auch Helene war nicht die einfache, konziliante Mutter und Schwiegermutter, mit der auf die Dauer ein nach beiden Seiten respektvolles Zusammenleben und –arbeiten leicht gewesen wäre. Lotte liebte ihre Eltern und arbeitete gern mit Vater und Mutter, sowohl in der Praxis als auch in deren Haushalt. Aber die Perspektive, eine eigene, unabhängige Wohnmöglichkeit zu haben, war für das Ehepaar Martin unglaublich verlockend und schien der einzige Ausweg aus der Krise, in der sie sich momentan befanden. Also

zogen sie in das Günthersche Kawalierhaus...
arbeiteten beide an ihren Tätigkeiten, Willy
zeichnete Baupläne für Architekten, Bau-
Ingenieure und Bauherren, Lotte ging frühmorgens
im Elternhaus arbeiten und kam abends – oftmals
sehr spät - in ihr eigenes '"Nest" zurück. Leider
funktionierte auch diese so massgeschneidert
scheinende Lösung überhaupt nicht. Nach kurzer
Zeit schon, zogen die Eheleute Willy und Lotte
wieder bei Günther und Eva aus und zogen bei
Karl Wilhelm und Helene nochmals ein – in
dieselben Räume, die sie schon früher bewohnt
hatten.

Erstaunlicherweise wurde keine der beiden
Schinke-Töchter schwanger. Weder Tante Oda
noch Tante Lotte hatten jemals Kinder. Beiden,
jedoch hat der Vater in Abständen von Jahren je
eine kinderkopfgrosse Geschwulst aus dem Bauch
herausoperiert, die er als "gutartigen, jedoch
langsam wachsenden Risikofaktor" diagnostiziert
hatte. Beide Frauen hatten sich – vor der
Untersuchung durch den Vater - für "schwanger"
gehalten und sehr darüber gefreut, obwohl es in
beiden Ehen nicht zum Besten stand. Jede hatte
gehofft, ein Kind könnte die schwierige Ehe
retten...
Odas Ehe mit Fritz Eggler ging nach wenigen

Jahren auseinander. Oda wurde ein zweites Mal geschieden. Schwer suchtkrank und enttäuscht war sie plötzlich ins Elternhaus nach Neu-Hamburg zurückgekommen. Ob aus eigenem Entschluss oder ob Eggler sie verjagt hat, ist mir gegenüber niemals klar gesagt worden. Die Art ihrer Krankheit ist in meiner Kindheit niemals laut für die Ohren meiner Eltern bezeichnet worden. Aufgeschnappt habe ich, -- unter dem grossen Esstisch heimlich den Erwachsenen- Gesprächen lauschend, - daß Odas nicht auszuheilende Morphium-Sucht zur Scheidung geführt habe.

Den Ärzten in der Familie und - in erster Lnie natürlich - ihr selbst, scheint Odas Heilung gelungen zu sein, wobei ihre tagelangen Migräne-Anfälle, die sie stöhnend im verdunkelten Zimmer verbrachte, noch in meiner Kindheit von allen Hausbewohnern gefürchtet waren.

Hertha-Lotte und Willy Martins Ehe hielt bis ans Lebensende. Willys Alkoholismus wurde zur Zeit meiner Kindheit flüsternd von den Erwachsenen besprochen wie eine geheime Schande, die dem Ruf der Familie schaden könnte. Daß sie keine Kinder hatten, hielt Tante Lotte damals schon für besser "...wahrscheinlich ist es ein Glück, dass ich kein Kind von ihm habe, und dass meine vermeintliche Schwangerschaft damals nur eine gutartige Geschwulst war..." , hörte ich sie sagen. Dazu lachte sie glucksend und etwas bitter in sich hinein.

Zu dieser Zeit wohnte   das Ehepaar sehr selbstverständlich im "alten Schinke-Haus". Der Großvater, Karl Wilhelm, war längst, 1941, in meinem Geburtsjahr, gestorben. Willy fühlte sich und benahm sich als Haushaltsvorstand.   Er sprach gern und geheimnisvoll-wichtig von seiner kostbaren Briefmarkensammlung, die ihm und seiner Frau eine "Weltreise auf einem Luxusdampfer"   finanzieren   würde... „Was meinst Du wohl, was die alle für Augen machen werden..." sagte er mir, seiner kleinen Nichte   „...wenn sie Postkarten von mir aus Feuerland und Patagonien bekommen. Die werden sich alle noch ganz schön wundern !..", Bei solchen Gelegenheiten schloss er ein Schrankfach auf, entnahm ihm dicke, schwere Briefmarken-Alben, rückte seine Brille auf der gebogenen Nase zurecht und zeigte mir mit seinen nikotingelben Fingern die besonders kostbaren Marken aus den ehemals deutschen Kolonien in Afrika. Dabei erging er sich in Vermutungen, was diese oder jene Marke wohl bei einer internationalen Versteigerung einbringen würde. „...Falls ich sterbe, bevor Lotte und ich die

Weltreise gemacht haben, dann bekommst DU diese Briefmarkensammlung. Du bist die Einzige, die sie verdient hat." So sagte er bei solchen Gelegenheiten zu mir. Ich glaubte ihm damals getreulich und verehrte ihn sehr. Er muss das genossen haben. Die anderen Erwachsenen entzogen sich den Vorführungen seiner Sammlung mehr oder weniger geschickt. Tante Lotte, seine Frau, machte sich ganz offen darüber lustig und erklärte, aus der Sache würde sowieso niemals etwas.

Leider behielt sie Recht. Weder wurde die gemeinsame Weltreise noch überhaupt eine Reise realisiert. Als Onkel Willy in den 1970er Jahren starb, ging die Briefmarkensammlung an meinen Cousin, Werner, der sie getreulich aufbewahrte und später an mich weiterleitete. Die ganz besonderen, wirklich-wertvollen Marken seiner Samlung hatte er selbst vermutlich längst in Alkohol umgesetzt. Man konnte später noch die Lücken in den Albumseiten sehen, wo die kostbarsten Stücke der Sequenzen fehlten. Die sonstigen Marken waren durch unsachgemäße Lagerung in der hohen Luftfeuchtigkeit an ihren Rückseiten festgeklebt, so dass die Leimungen zerstört oder die Zackenränder nicht mehr intakt waren. Dies wurde meinem Mann und mir durch

295

einen Frankfurter „Vereidigten Sachverständigen für Briefmarken" in den 1980er Jahren gesagt und gezeigt.

Doch nun wieder zurück in das Jahr 1937:

Im Haushalt Dr.Günther und Eva erkrankte der erst zweijährige Sigurd an Kinderlähmung. Der Polio-Virus ging zu jener Zeit in Südbrasilien um, es gab sehr viele solche Krankheitsfälle bei Kleinkindern aus diesen Jahren. Für Eva Schinke war diese Erkrankung eine doppelte Katastrophe, denn sie hatte gerade die nächste Schwangerschaft überstanden und einen zweiten strammen kleinen Buben geboren, Volker mit Namen. Günther und Eva taten ihr Allermöglichstes, um die Polio-Erkrankung von Sigurd so gering und wirkungsarm zu halten, wie es ein Arzt-Haushalt eben kann. Eva war in Wahrheit rund um die Uhr beschäftigt. Der kleine Volker brauchte sie, der schwerkranke Sigurd benötigte sie in lebenswichtiger Weise. Der zehnjährige Werner hätte mehr Zuwendung sehr wohl brauchen können. Ihm, „dem Großen" wurde jedoch „Verständnis" abverlangt, er lernte viel zu früh, gutwillig und selbstlos hinter den kleinen Geschwistern zurückzustehen. Diese Haltung prägte ihn bis ins Erwachsenen-Leben und wurde später in unschöner Weise von seinen Eltern und dem Halbbruder ausgenutzt. Günther arbeitete unermüdlich und buchstäblich „rund um die Uhr" . Fortwährend erkundigte er sich über neue Erkenntnisse und Forschungsergebnisse in Sachen der Polio-Erkrankung, es wurden die bestmöglichen, schwer zu beschaffenden Arzneien verabreicht, die Eltern machten mit dem kleinen Kranken Gymnastik und alle sonstigen Arten von Körper-ertüchtigungs-Übungen, die irgendwo empfohlen wurden. Sie kämpften tapfer einen fast aussichtslosen Kampf. Im Hinblick auf die späteren Jahre hat sich der enorme Aufwand und die dem kranken Kind täglich zugemuteten Qualen tatsächlich gelohnt. Sigurd überwand die bittere Kinderlähmung in einer der bestmöglichen Formen. Zwar behielt er ein schwächeres, kürzeres Bein und einen schwächeren dünneren Arm, auch wuchs er nicht zu solcher Körperhöhe heran, wie es seinem grossen Bruder, Werner gelang. Er behielt die verkrümmte Wirbelsäule mit schiefer Schulter, das heißt, einseitig einen Höckerbuckelrücken zurück. Ein Lungenflügel musste mit Paraffin lahmgelegt werden, er atmete also nur noch mit einer „halben Lunge". Jedoch wurden all diese körperlichen Unzulänglichkeiten überstrahlt von seiner brillanten Intelligenz. – – dies war 1937 noch Zukunft. Zu dieser Zeit kämpften Eva und Günther erst verbissen und zäh ums Überleben, dann um die möglichst-geringe Behinderung und noch bis in Sigurds Gymnasial-Alter um einen normalen körperlichen Wuchs für ihren Jungen.

Einer der grausigsten Schicksalschläge in dieser langjährigen Günther-Eva-Ehe war die Tatsache, dass die Eltern eines Morgens ihren kleinen, gerade zweieinhalbjährigen Volker, der ihr ganzer "Sonnenschein" gewesen war, tot in seinem Bettchen fanden. Das Entsetzen, die Traurigkeit, die Selbstvorwürfe, die Unfähigkeit, sich mit dem Unfassbaren abzufinden waren unbeschreiblich und nahmen kein Ende. Dieser "plötzliche Kinds-Tod" mitten in dem Kampf um Sigurds Polio-Erkrankung ist niemals aufgeklärt worden. Die Eltern nahmen an, das Kind sei an Erbrochenem erstickt, jedoch war auch dafür medizinisch kein überzeugender Beweis zu finden. Eva konnte sich vom Entsetzen und der Traurigkeit über Volkers Tod kaum erholen. Hinzu kam das Leid um die Krankheit und Pflege des kleinen Sigurd, der Tag und Nacht Zärtlichkeit, Zuversicht und intensive Zuwendung brauchte. Insgeheim wußten beide Eltern, dass er niemals – auch mit dem Höchstmass an Einsatz - niemals ganz normalen Köperbau und altersgemäß-normale Leistungsfähigkeit erreichen könnte. Sicherlich hat die andauernde, schwere Arbeit Eva ablenken und von Grübeleien abhalten können. Vielleicht war auch der selbst so betroffene Günther in den schwersten Stunden noch eine Stütze für sie. Sicher ist, dass sie zeitweise in hektischen, übertriebenen Tätigkeitsdrang verfiel, dann wieder so abgrundtief traurig war, dass Günther um sie und ihre Nerven fürchtete. Selbstverständlich belastete der grosse Kummer auch die ehelich Beziehung empfindlich. Das Paar arbeitete ja täglich intensiv für die funktionierende Praxis miteinander, Günther wurde sehr häufig nachts übers Telefon zu Patienten gerufen. Eva und er waren buchstäblich Tag und Nacht aufeinander angewiesen, es blieb nicht aus, dass sie einander auf die Nerven gingen, wie sehr sie sich auch zu beherrschen vermochten.

Sicher ist, dass Eva noch eine dritte Schwangerschaft erlebte, die jedoch vorzeitig unterbrochen wurde durch einen Sturz - Gerüchte behaupteten es sei ein Verzweiflungs-Sprung gewesen - aus einem der oberen Fenster des Hauses.
Wo und auf welche Weise mag sie Trost gefunden haben? Ob es damals irgendeine Instanz gab, die versucht hätte, diesen unmenschlichen Kummer nur zu heilen, ohne auf eine eventuelle „Strafe

Gottes" hinzuweisen? Noch zu meiner Kinderzeit, ein Jahrzehnt nach diesen Ereignissen, wurde sogar in der evangelisch-deutschen Gemeinde gemunkelt, diese schweren Schicksalschläge auf das Ehepaar seien eine gewisse Strafe für die erste gebrochene Ehe. Und... wer weiß? Die junge, attraktive und temperamentvolle Eva war ja schon Kindermädchen im Doktorhaus gewesen, als die erste Frau noch darin waltete. Die hatte doch - man wusste das noch genau... - drei legitime gesunde Söhne mit diesem Mann zusammen zur Welt gebracht...... Wer katholischen Glaubens in diesem katholischen Land war, wusste es ganz genau. Gemunkelt und geklatscht wurde damals schnell, gern und VIEL mehr als heute. Nicht nur die Kirche, auch die Gesetzgebung erkennt in Brasilien eine Ehescheidung nicht an. Als einzig-rechtmäßige Erben galten noch bis 1960 die Kinder aus Günthers erster Ehe und seine erste Ehefrau. Eva und Günther kämpften mithilfe ihres Rechtsanwalts Dr. Alexandre Snel jahrzehntelang darum, dass Eva ein legitimes Anrecht auf die ihr vermeintlich zustehende „ideelle Hälfte" des von ihr und Günther gemeinsam erwirtschafteten Vermögens erhielte. Meine Eltern waren sehr häufig Gesprächspartner für dieses Dauerproblem.

Mir ist nicht klar, ob die Gesetzgebung Brasiliens noch vor Onkel Günthers Tod dahingehend geändert wurde, dass Eva vor dem Gesetz als rechtmäßige Ehefrau und Sigurd als rechtmäßiger Allein-Erbe nach ihrem Tod anerkannt wurde. Damals, Ende der dreissiger Jahre, als es Eva so schlecht ging, dass sie gern aus dem Leben gegangen wäre, - wenn sie den kleinen, kranken und höchst-pflegebedürftigen Sigurd nicht gehabt hätte - war es ungeheuer schwierig, eine Haushaltshilfe für das „Doktorhaus" zu finden. Keine Bauernfamilie vom Land wollte ihre Tochter in diesen Haushalt geben, auf dem – wie man munkelte – ein Fluch lastete, das hatte man ja deutlich gesehen....

Das Problem löste sich, indem ein sehr einfaches Bauernmädchen von einer der fern-abgelegenen Pflanzungen „...aus der Kolonie", wie man sagte von Günther gerettet wurde. Das sehr junge Mädel war schwanger geworden, von den Eltern und Geschwistern verjagt, da nicht klar war, WER sie geschwängert hatte. Sie versuchte abzutreiben und war – geschwächt, fast verblutet und mit einer Blutvergiftung – vom Doktor gefunden und geheilt worden. Da für Krankenhaus und Pflege keinerlei Mittel da waren, wurde sie im Doktorhaus aufgenommen. Nach ihrer Gesundung bleib sie dort, war Eva und Günther bis an ihr

301

eigenes Lebensende treu-ergeben und arbeitete so schwer und so viel wie nötig. Sie hieß Karline und wurde „Kaalin" gerufen. Tante Evas etwas schrille Stimme schallte oft den Korridor im Haus entlang, wenn sie aus dem Behandlungsraum gelaufen kam, um „Kaalin" Anweisungen für das Mittagessen zu geben, das pünktlich auf dem Tisch zu stehen hatte, wenn der Doktor die vormittägliche Sprechstunde unterbrach. Kaalin war sehr langsam, einfältig und begriffstutzig. Aber sie blieb „beim Doktor", den sie schrankenlos vergötterte, egal wie respektlos und geringschätzig Tante Eva sie ansprach und oftmals beschimpfte. Damals, Ende der Dreissiger Jahre, war Karline für den Haushalt von ‚Eva und Günther ein rechtes „Himmelsgeschenk".

Es kann mich – während ich dies schreibe – nur verwundern, dass in den enormen Turbulenzen, denen diese Ehe ausgesetzt war, der junge Werner aufwachsen konnte, - allerdings im Internat untergebracht und schon in sehr jungen Jahren mit eigener bezahlter Arbeit in den Ferien. Er war so erfolgreich in der Schule, so schnell und gescheit in der Auffassung, ein wahrhaft prächtiger junger Mensch. Er hatte früh hart arbeiten gelernt, sowohl körperlich als auch geistig. Er empfand es als „richtig" , dass seine Eltern sich viel intensiver um den kranken Sigurd und den kleineren Volker kümmerten, als um ihn, den Gesunden, Erfolgreichen, der ins Pro-Seminar nach Sao Leopoldo ins Internat gegeben wurde, das der Vater ja bezahlen musste. Er trieb viel Sport auf dem Spiegelberg, war eine große Hoffnung im Tennis-Team und in allen Fächern ein sehr guter Schüler. Schon in sehr jungen Jahren verdiente er sich eigenes Geld, arbeitete in den Schulferien, machte eine Bank-Lehre und es gab für ihn kein Zögern, er wollte Medizin studieren, wie sein Vater und der Großvater. Von seinem achtzehnten Geburtstag an, kostete er die Eltern keinen Pfennig mehr sondern verdiente sich sowohl den Lebensunterhalt als auch das spätere Studiengeld selbst. In seinem Bewusstsein war Eva seine Mutter, die er mit "Muttchen" oder "Mutter" ansprach und die er als wichtigste Bezugsperson kannte seit er denken konnte.

1938 und der "Zweite Weltkrieg" in Brasilien

1937 wurde Hans-Henning von Cossel als deutscher Konsul nach Rio de Janeiro berufen. Cossels gaben dort ein grosses "Einstands-Fest", zu dem auch Otto Schinke eingeladen war - und tatsächlich hinreiste. Er traf dort nicht nur seine

303

geheimnisvolle "grosse Liebesaffaire" wieder. War sie eine Konsulats-Angestellte, die mit Cossels "Stab" von Sao Paulo nach Rio gegangen war? Oder war ihr Ehemann ein solcher? Meine Mutter hat mir von dieser "grossen Liebesaffaire" erzählt, sie hatte die Frau selbst nicht gekannt, glaubte aber zu wissen, dass sie verheiratet gewesen sei und dass es ein Kind gegeben habe, es sei ungewiss, ob es nicht von Otto war . Sicher ist, dass die Frau später, nach Kriegsende 1945, meinem Vater noch geschrieben hat, - "sehr intime Liebesbriefe" - wie meine Mutter empört behauptete. Und Otto habe ihr nicht geantwortet, sondern sie selbst habe der Frau geschrieben und um deren Einsicht und Rücksicht gebeten, damit weitere Kontaktversuche unterblieben. Das habe geholfen.

In Rio erfuhr Otto Schinke auch, dass die Ehe zwischen Lotte und Fritz Lucht nicht mehr bestand. Es sei damals in Sao Paulo schon schlecht um sie bestellt gewesen, erzählte ihm Beatrice von Cossel. Lotte sei nach Deutschland zurückgekehrt und habe die Scheidung eingereicht, nachdem in Sao Paulo eine hässliche Affaire "ruchbar" geworden sei. Fritz Lucht, der seit 1933 die "Hitler-Jugend-Sao Paulo" geführt hatte, sei während eines Zeltlager-Ausflugs einem der Jungen "zu nahe getreten". Es sei zwar gelungen, die Angelegenheit zu vertuschen, aber Lucht habe Cossel gegenüber zugegeben, dass er seine homosexuellen Neigungen entdeckt hätte - dies sei auch der Trennungs-Grund von seiner Frau, Lotte.

Überdies sei Fritz Lucht schon seit langen Jahren nierenleidend gewesen. Wenige Wochen nach diesen Ereignissen sei er plötzlich an einem Herzanfall gestorben. Lotte habe die Scheidungsklage zurückgezogen und lebe – somit verwitwed - mit ihrer Tochter in Berlin.

Es gab noch eineüberraschende Begegnung in Rio auf der Cossel´schen Veranstaltung. Otto traf dort zu seiner übergrossen Freude einen Freund und Kameraden aus der "HAndelsmarine" wieder, der gerade auf seinem Segelboot - einer relativ kleinen neun-Meter-Yacht - über den Atlantik und an der brasilianischen Küste südlich entlang gesegelt war. Es muss für beide eine sensationelle Freude gewesen sein. Der Mann hiess Förster und war mit Ehefrau und einem zweijährigen Kind unterwegs.

Otto, in seiner Begeisterung, stieg zu ihm auf´s Boot und segelte mit bis Florianópolis. Dort blieb Förster längere Zeit, machte allerlei Ausflüge ins

Landesinnere, erledigte Reparaturen an seiner Yacht, hielt Vorträge in den deutschen Vereinshäusern und verfasste einen langen Bericht für die deutsche Zeitung.

Dann stieg Otto nochmals zu ihm aufs Boot und sie segelten bis zur südlichsten, brasilianischen Hafenstadt, Rio Grande und von dort in noch zwei weiteren Tagesreisen das enorme Süsswasser-Haff "Lagoa dos Patos" hinauf, das heisst nach Nord-Westen, bis in das Guahyba-Gewässer hinein zur Stadt Porto Alegre. Dort in dem Prominenten Yacht-Club "Veleiros do Sul" wurden sie von einem zahlreichen und prominenten Empfangskommitee begrüsst, das von Ottos Bruder, Günther angeführt wurde, der von Novo Hamburgo angereist war. Günther selbst stand am Quai mit Eva und seinem Sohn, Werner.

Werner, der im Alter von 77 Jahren Erinnerungen in brasilianischer Sprache aufgeschrieben hat, beschreibt diese Begegnung mit dem sehr bewunderten "Onkel Otto" auf dem Segelboot in Porto Alegre, die ihn als Zehnjährigen tief beeindruckt.

Ottos Verhaftung

1938 wurde Otto Schinke in Florianópolis "...von

der Strasse weg" verhaftet. So war seine Formulierung. Ich habe mir immer vorgestellt, wie er unbefangen den Bürgersteig entlangging - vielleicht um irgendetwas zu besorgen, Zigaretten oder eine Zeitung... plötzlich ging im gleichen Schritt an jeder Seite ein Mann in Zivil, fasste ihn am Ellebogen und einer wird leise und mit falscher Freundlichkeit gesagt haben, "Mach´ keine Schwierigkeiten, komm mit und steig´ in dieses Auto!"... so ähnlich wird es sich abgespielt haben - jedenfalls war er verblüfft, überzeugt, dass es sich um einen Irrtum handelte der leicht aufgeklärt würde und ging willig mit.

Er wurde in ein Gefängnis gebracht zu lauter abgestumpften Kriminellen, die ihm bedrohlich erschienen. Keiner kümmerte sich, keiner hörte ihm zu, niemand verhörte ihn, keiner wollte das Geringste über ihn oder von ihm wissen. Jeden Morgen hörte er Kinderstimmen die "Hymne an die Fahne" singen. Und jede Stunde sangen sie einen Ringelreihen-Vers. Immer und immer denselben. Es war eine Schule in der Nähe, der Ringelreihen markierte die Pausen. Der Rhytmus erleichterte das Zählen der Wochen und Stunden.

Im Jahr 1938 war in Brasilien ein Attentat auf den damaligen Präsidenten, Getulio Vargas, verübt

307

worden, das man Deutschen "als Drahtzieher" zur Last legte. Eventuell hatte die plötzliche Verhaftung damit zu tun...? Otto Ernst konnte sich dies zwar vorstellen, hatte jedoch keine Ahnung wie er derartige Unterstellungen hätte entkräften können. Sein Mitgefangener flüsterte ihm ständig zu, er solle alles zugeben, alles erzählen, man würde ihn foltern bis er – nur um der Folter zu entgehen – jeglichen Unsinn beschwöre... zum Beispiel, dass er selbst und seine Freunde brasilianischen Kautschuk nach Deutschland schmuggelten...

Otto Ernst, mein späterer Vater, war ein harmloser, immer fröhlicher Mensch, gutgläubig bis zur Naivität. Tatsächlich war er in keinerlei derartige Machenschaften verwickelt und sein Mitgefangener war nur zum Zweck des Aushorchens in seine Zelle gelegt worden, man hatte ihm ein milderes Urteil – wenn nicht sogar Freiheit versprochen, sofern er meinem Vater Geheimnisse zu entreissen vermocht hätte. So beichtete er nach einigen Wochen flüsternd und weinend mitten in der Nacht. Flehte um Mitleid und wenigstens um eine kleine Geschichte, die seine Geschicklichkeit bewiese und ihm das mildere Urteil verschaffen könnte. Am nächsten Morgen wurde der Mann aus der Zelle geholt, verfluchte, beschimpfte und bespuckte Otto Schinke wild, weil er ihm nicht geholfen hatte.

1938 war in Europa noch gar kein Krieg. Vielleicht herrschte außerhalb Deutschlands in den anderen Europäischen Ländern eine sorgenvolle, möglicherweise drohende Atmosphäre - so stelle ich es mir vor. Wieviel in Südbrasilien davon zu spüren war? Sicherlich hielten alle politisch interessierten Menschen die Luft an und fragten sich, ob und wie lange England und Frankreich noch "stillhalten" würden.

Seit der sogenannten „Machtergreifung" Hitlers im Jahr 1933 hatte Deutschland einen wahrhaft sagenhaften Aufschwung erlebt. Die Deutschen hatten neues Selbstbewusstsein gefunden, das Schildchen „Made in Germany" war zu einer gesuchten, hochgeschätzten Marke geworden, die „gallopierende Inflation" zwischen 1922 und 1924 überwunden, sogar der große Börsenkrach, der sogenannte „Schwarze Freitag" der USA mit nachfolgender Depression und Konkursen in Europa war fast nur noch „Geschichte". Krawalle und politische Morde waren aus dem Bewusstsein der Bevölkerung in Deutschland verschwunden,

1934 war die deutsche Bevölkerung viel mehr auf die Einführung des „Eintopf-Sonntag" konzentriert, als auf die Alarmzeichen, die deutlich hätten erkannt werden müssen: Hitler hatte alle Macht in seiner Hand zusammengefasst, seit Hindenburg gestorben war, hatte er sich zum Kanzler und Reichspräsidenten in einer Person erklärt und am selben Tag alle Soldaten neu vereidigen lassen: nicht mehr auf „Vaterland" oder „Verfassung" sondern allein auf seine Person, wobei es tatsächlich noch ein „heiliger Eid bei Gott" war, den er schwören ließ. Nur 10% aller Deutschen hatten bei der entsprechenden Volksbefragung zu diesem Eid mit „nein" gestimmt – vielleicht muß man sagen, wenigstens 10%! Niemand in Deutschland hatte es beunruhigt, dass schon 1932 die Länder-Regierungen aufgefordert worden waren, „…die Zuwanderung von Ausländern ostjüdischer Nationalität abzuwehren und eingewanderte möglichst zu entfernen…." Ebensowenig hatte es beunruhigt, dass 1933 das Gesetz zur „Zwangs-Sterilisation zur Verhütung erbkranken Nachwuchses" erlassen war.

1936/37 war die Arbeitslosigkeit in Deutschland von 6Millionen auf 1,5 Mio geschrumpft, der Arbeitsdienst, die Hitlerjugend mit „BDM" =Bund Deutscher Mädchen und die Frauen-Organisationen funktionierten begeistert, 1.450 Km Autobahnen standen fertig, 1.600 Km weitere waren im Bau, Albert Speers „Amt Schönheit der Arbeit" propagiert „Licht, Luft und Sonne" für alle Arbeits-Räume und Arbeiter-Wohnungen..

England und Frankreich wünschten vermutlich ein "starkes Bollwerk Deutschland" gegen die von Russlands Ideologien einsickernden Bolschewismus/Kommunismus/Sozialismus-Tendenzen und hatten schon aus diesem Grund vorher "stillgehalten" als Hitler 1935 das Saarland "heim in´s Reich" annektierte. Im Sommer 38 verwandelten die Nazis dann die Hälfte der Tschechoslowakei in "heim in´s Reich, Sudetenland" und erklärten die "Rest-Tschechei" als "Protektorat Böhmen und Mähren". Diese Tschechoslowakei hatte zuvor ein Bündnis mit England und Frankreich geschlossen - aber ein Land dieses Namens existierte nun nicht mehr und die braven Verbündeten wagten nicht einmal einen Protest oder Ähnliches.

Da muss doch Empörung gewesen sein - selbst wenn man nicht laut aufzuschreien wagte. So frage ich heute, wenn ich die historischen Ereignisse untereinandergeschrieben sehe. Damals sah man sie wohl mit anderen Augen. Offenbar gab es tatsächlich keine Empörung, nicht einmal bei Betroffenen.

311

Kann es denn sein, dass wirklich alle damit einverstanden waren? Der schnelle "Aufstieg" Deutschlands zur Macht hatte sicherlich bei allen "kleinen Leuten", den Reichs- und den Auslandsdeutschen, eine Art "Taumel der Begeisterung" hervorgerufen. Jedenfalls weiss ich, dass die in Südbrasilien lebenden Österreicher, Tschechen, Slowaken, Ungarn und Polen – sofern sie deutschsprachig waren wurden sie von den Südamerikanern ohne Unterschied mit "den Deutschen" in einen Topf geworfen – noch zwanzig Jahre später stolz waren auf die vermeintlichen Leistungen der Nationalsozialisten, auf den wirtschaftlichen, sozialen, sogar auf den militärischen Erfolg, dass sie stolz waren, dazugerechnet zu werden, dass sie auf Bewunderung hofften, die sie häufig sogar bekamen. Den Holocaust an Juden, rassischen Minderheiten und Andersdenkern hat man in Südbrasilien noch infrage gestellt und geleugnet als ich 20 Jahre später dort das "Colegio" besuchte.

Jedoch hat die übermässige Expansion in anderen Ländern auch Angst gemacht. Während meiner Schulzeit in Südbrasilien, 1955-59, als ich begann Fragen zu stellen, erzählten mir Eltern und Grosseltern der wenigen Portugiesisch-stämmigen

Schulkameraden, dass Brasilien mit Sorge auf die ständig erstarkende deutsche Minderheit in ihrem Land gesehen habe. In den "End-Zwanziger Jahren sei unter den deutschstämmigen Einwohnern ein Hang zum deutschen Nationalismus gewachsen, den es zuvor nicht gegeben habe. Brasilianische Bürger, deutscher Abstammung, hätten sich als reichsdeutsche Bürger gefühlt. In jeder grösseren suedbrasilianischen Stadt habe es Rundfunkstationen mit deutschsprachigen Sendungen, deutschsprachige Zeitungen, deutsche Krankenhäuser und Schulen gegeben - man habe sich "als Brasilianer kaum mehr zu Hause fühlen können"....

1930 bis 1945 war die Regierungszeit des Getúlio Vargas und es setzte nach und nach ein übersteigerter luso-brasilianischer Nationalismus ("Nativismus") ein.

Im ersten Jahr nach Getúlios Wahl 1931 konnte sich im Staat Sao Paulo unter der Ägide von Hans-Henning von Cossel und Otto Ernst Schinke noch der "Verband Deutscher Vereine" bilden lassen, der aus den unzähligen kleinwinzigen Gesang-, Kegel- und Skat-Vereinen ein wesentlich mächtigeres Organ machte.

313

1932 entstand im Bundesland Paraná unter der Leitung von Oswald Nixdorf bei Londrina die Kolonie Rolandia, ein Jahr später gründete Andreas Thaler die tirolerische Kolonie "Dreizehnlinden" im Bundesland Santa Catarina, das 1938 in "Trezetílias" umbenannt werden musste.

1934 erhielt Brasilien eine neue Verfassung und zum ersten Mal seit seiner "Entdeckung" wurde ein Quotensystem für die Einwanderung ins Land eingeführt. Am wirksamsten jedoch war das Inkrafttreten des neuen Schulzwanges und die folgenreiche Regelung des Schulwesens.

Jedoch wurde noch im selben Jahr das "Deutsche Krankenhaus" in Rio eröffnet. Noch 1937 konnten deutsche Franziskaner aus Fulda die "Mission Mato Grosso" übernehmen und mehr als ein Dutzend Pfarreien betreuen. Ausserdem wurde noch 1938 in Sao Paulo das "Hans-Staden-Institut" gegründet.

Zu der Zeit gab es allein im Bundesstaat Rio Grande do Sul mehr als eine halbe Million (570.000) Deutschstämmige, die sich für "Deutsche" hielten (..."mir sein ganz rischtische Reichsdeitsche, grad so wie ihr!" hiess es noch 1947 als ich, sechsjährig, den ersten erinnerten

314

Kontakt mit Deutschbrasilianern hatte). Ausserdem umfasste die Rio-Grandenser Synode, die sich zehn Jahre zuvor als erste deutsche Kirche in Übersee dem Evangelischen Kirchenbund angeschlossen hatte, 1938 vierhundertsechzig (=460) deutsche Gemeinden, jede davon mit sehr grossem Radius von ca. 40 bis 50 Km.Umkreis, die ein einziger Pfarrer zu versorgen hatte.

Die starke, chauvinistische Strömung in Brasilien setzte 1938 durch, dass in Kirchen und Schulen nur noch die portugiesische Sprache benutzt werden durfte. Die sogenannte "Nationalisierung" führte zur Vernichtung des deutschen Schul- und Vereinswesens: 1.300 deutsche Privatschulen und ca. 2000 Vereine wurden vom Staat geschlossen, bzw. beschlagnahmt. 70 deutschsprachige Zeitungen und Zeitschriften, sowie 10 Kalender wurden verboten. Alles "Deutsche" wurde verfolgt und unterdrückt. Auch das mit so viel Mühe und Einsatz von Otto Schinke aufgebaute bäuerliche Genossenschaftswesen ging zugrunde, worunter die deutschsprachigen Bauern, die in Ermangelung von Staatsschulen kein Portugiesisch sprachen, erheblich gelitten haben.

Ab 1939 (Kriegsbeginn in Europa) durfte auch privat in Brasilien kein Deutsch mehr gesprochen werden – geschweige denn in der Öffentlichkeit auf Strassen und Plätzen. Dies bewirkte eine Lawine von privaten Tragödien, das Denunziantentum blühte auf, Nachbarn belauerten einander und führten ihre privaten Rachefeldzüge gegeneinander aus. Mit besonderer Strenge wurde das Verbot durchgesetzt, den Deutschen Rundfunksender aus Berlin abzuhören – bei welchem übrigens seit 1939 Otto Schinke als Sprecher arbeitete.

Hans-Henning von Cossel schrieb mir in seinem schon erwähnten Brief, er wisse, dass in den Jahren 1937 bis 39 von den US-Amerikanern ganz gezielt in Brasilien Stimmung gegen die Deutschen gemacht worden sei. Als besonders infam empfand er es, dass man bei den Brasilianern die Angst nährte, Hitler-Deutschland könnte Gebietsansprüche auf Südbrasilien ausdehnen. So sei absichtsvoll das verhängnisvolle Wort " Alemanha Antartica" in die Welt gesetzt worden, just um den Verdacht zu nähren, die Nazis hätten längst diesen Namen für die deutschbesiedelten Gebiete Brasiliens gefunden und planten, eine weitere Besitzergreifung. Tatsächlich war die Befürchtung, dass Hitler Südbrasilien - das ja schon mehrfach mit blutigen Aufständen Abspaltungsversuche unternommen hatte - "heim in´s Reich" annektieren könnte, garnicht sooo lächerlich, wie sie mir zwanzig Jahre später im Colégio vorkam - und die Befürchtung war verbreiteter als ich gedacht hatte. Meine Mitschüler neigten ebenfalls zu der Annahme, dass jene Befürchtung von den Amerikanern geschürt worden sei - unter deren Druck Brasilien schliesslich als einer der Aliierten 1942 in den Krieg eintrat und zwei Bataillione nach Italien geschickt hat, die dort – so sagten es "böse Zungen" - wie Kanonenfutter verheizt worden seien.

Meine Verwandten und die deutschstämmigen Freunde erzählten in meiner Kindheit oft und gern, wie rabiat die Brasilianer nach dem "offiziellen Kriegsausbruch" - also ab Oktober 1939 - mit ihren "Auslandsdeutschen" verfahren seien. Alle männlichen Deutschstämmigen wurden verhaftet, bzw. in Arbeitslager gesteckt (sogenannte "Colonia Penal") die Haushalte geplündert, Besitztümer beschlagnahmt.

Deutsch wurde aus Orts-Namen ebenso gestrichen wie aus dem Geburtenregister. Deutsche Rechtsanwälte, Ärzte, Bauzeichner, Buchhalter, bekamen Berufsverbot und Arbeitsverbot - falls sie überhaupt aus dem

Arbeitslager herauskamen. Günther Schinke wurde zunächst ins Arbeitslager gesteckt. Dort herrschte grosser Ärzte-Mangel, so dass man ihn als Arzt dort dringend brauchte und als solchen arbeiten lassen musste. Später, als man genug andere deutsche Ärzte verhaftet hatte, wurde er zwar aus dem Arbeitslager entlassen, durfte jedoch nicht als Arzt praktizieren und zog mit seiner ganzen Familie auf den Landsitz nach Portao, wo er mit seiner Frau und dem 13-, 14-jährigen Werner eigenhändig ein hübsches Landhaus aus Backsteinen baute. Im Verlauf der Vorbereitungen für besagten Hausbau musste ein ganzer Abhang von hohen, dornigen Unkrautbüschen freigegraben und ein Teil planiert werden, wobei der jugendliche Werner sehr schwere körperliche Arbeit geleistet hat. Noch heute in seinem hohen Alter klingen ihm die Worte seiner Stiefmutter, Eva, in den Ohren: "Junge, dass Du hier so schwere Arbeit machen musst, wird Dir später einmal zugute kommen. Dies alles wird ja einmal Euch beiden gehören, Dir und Sigurd..." Der Klang hat ihm damals Kraft und Begeisterung gegeben wenn er allzu erschöpft war. Heute haben sie einen ganz falschen, fast höhnischen Klang, denn der gesamte Landsitz „ Portao", ist noch zu Onkel Günthers Lebzeiten verkauft worden, um

318

Geld flüssig zu machen für den Bau eines zu vermietenden Bürohauses, welches allein auf Tante Evas Namen eingetragen wurde. Nach ihrem Tod, fiel sowohl dieser Besitz, als auch das noch später gebaute grosse Wohnhaus an Sigurd, als Tante Evas einzigem lebendem Nachfolger. Werner wurde weder von Eva noch von Sigurd als Erbe in irgendeiner Weise bedacht.

Zu jener damaligen Kriegszeit, zwischen 1939 und 45, war der vorher erwähnte Benno Rudolph, Onkel Benno genannt, noch Verwalter in Portao und Werner fuhr mit diesem auf dessen Pferdewagen zweimal wöchentlich nach Sao Leopoldo ins "Pro-Seminar". Zurück lief er jedoch zu Fuss, wie schon früher beschrieben.. Übrigens hat das "Pro-Seminar" – Dank der unglaublichen Geschicklichkeit des Präses Hermann Dohms die Kriegsjahre einigermassen gut überstanden. Dohms wurde später zum evangelischen Bischoff ernannt.

1938 war auch das Jahr, in welchem die Familie von Gerhard und Gussy Schinke aus Sao Paulo wieder zurück nach Deutschland zog. Ihr Beweggrund war, dass ihr einziger Sohn, Heinz, gerade siebzehn Jahre alt und in Brasilien geboren, demnächst zum Militärdienst des schon erwähnten "Tiro-de-Guerra" einberufen wurde. Es war beiden Eltern ganz unmöglich, sich vorzustellen, dass dieser einzige, so sehr geliebte Sohn, auf brasilianischer Seite mit einer Waffe in der Hand Militärdienst – womöglich gegen Deutschland - würde leisten müssen.

Da Gussys Familie, die Pfarrersleute Stremme, in Deutschland, genauer in Berlin Stansdorf ein grosses Haus besassen, zögerten sie nicht lange und zogen mit ihrem Sohn dorthin und „heim ins Reich". Gerhard muss recht schnell wieder eine gute Anstellung gefunden haben und Heinz, der eng befreundet mit seinem gleichaltrigen Cousin, Werner Stremme war, freute sich, mit diesem so nah zusammensein zu können. Was keiner von beiden erwogen hatte, trat wenig-später ein, nämlich, dass die jungen Männer zunächst zum Arbeitsdienst, anschliessend direkt zum deutschen Militär und in den Krieg mussten. Beide haben den Krieg überlebt, jedoch starb Gerhard Schinke 1947 in einem Lager in Kevelaer/Holland, an Unterernährung. Gussy lebte nach dem Krieg wieder in Brasilien, zunächst bei ihren Stremme-Verwandten, später im Haushalt ihres Sohnes Heinz in Porto Alegre. – Aber dies ist weit vorgegriffen, erst müssen wir zurück zu den Ereignissen im 1938-39:

Das krasse Vorgehen der "nativistisch" gesonnenen Brasilianer gegen alles Deutsche hatte besonders starke Formen angenommen nach Kriegsbeginn, 1939. und verschlimmerte sich erheblich gegen 1941-42, nachdem Brasilien in den Krieg eintrat.

Die Deutschstämmigen hatten sich in Brasilien vor 1938 sehr sicher gefühlt, ihr Deutschtum mit zum Teil unangenehmem Hochmut und demonstrativem Stolz vor sich hergetragen. Seit 1933 hatten die Brasiliendeutschen, wie sie sich selbst lieber nannten, ihre Begeisterung für's Vaterland und den Nationalsozialismus kaum verborgen sondern gesteigert. Dies war von der NSDAP in Deutschland systematisch gesteuert worden. Ab 1936 gab es selbst in kleinsten Ortschaften weit im Hinterland geräuschvolle Veranstaltungen mit Hakenkreuzfahnen, Ansprachen und "deutschem Gruss" von den entsprechenden Ortsgruppen der NSDAP. Die Partei war "freigiebig und grosszügig". Endlich wurde für den "kleinen Mann auch mal was getan...". 1937 wurden in Brasilien unter Getulio 'Vargas nicht nur die NSDAP. sondern sämtliche Oppositionsparteien Brasiliens verboten.

Otto Schinke fuhr zwischen 1936 und 38 nach wie

vor als Ortsgruppenleiter per Auto ins "Hinterland", brachte immer einen grossen Radio-Apparat mit wenn Hitler- oder Göbbels-Reden zu erwarten waren, die Bauern wurden versammelt, Otto selbst sprach einführende Worte und man hörte gemeinsam die jeweilige Rede - soweit nicht atmosphärische Störungen das Verstehen ganz unmöglich machten. Mit dem "Verstehen" hatten die deutschbrasilianischen Bauern sowieso ein Problem. Ihre Vorfahren, zumeist mit den grossen Einwanderungs-Schüben zwischen 1824 und 1890 gekommen, hatten genug damit zu tun gehabt, um ´s Überleben zu kämpfen - schulische Unterweisung hatte es nicht von der Regierung gegeben. Jedoch gab es fast in jeder Kolonie die "Gemeindeschule" neben der Kirche, diese wurden meistens von den Pfarrern aus Deutschland betreut, wenn nicht, dann von einem besser unterrichteten Mann, der als Lehrer (siehe Erich Schulz, Werners späterem Schwiegervater), eingesetzt und von der Gemeinde bezhalt wurde, diese Regelung galtr seit etwa 1850. Der von den Einwanderern mitgebrachte Dialekt war durch brasilianische und indianische Brocken angereichert - der Wortschatz war eher vermindert. Schnell-gesprochenes Hochdeutsch zu verstehen, dessen Inhalte zu begreifen - womöglich durch schlechte Kurzwellenübertragung erschwert – war annähernd unmöglich.

Es war meistens Otto Schinke selbst gewesen, der Inhalte begreiflich machte und die "hehren Ziele" des Nationalsozialismus, den er selbst auch nur vom Ausland aus kannte, den Bauern in ihre Sprache übersetzte. Darin muss er meisterhaft gewesen sein. Gründlich und überzeugend. Noch zwanzig Jahre später habe ich erlebt, wie alte Bauern ihn wiedererkannten und schwärmerisch anhimmelten. Oft wurde in meiner Gegenwart von ihm erzählt, ohne dass ich als seine Tochter identifiziert war, - wie hilfsbereit, zuverlässig, immer-fröhlich, wie echt und bescheiden er gewesen sei. Keiner von den grosstürischen Nazibonzen. - Einer, dem man alles geglaubt hat. Denn er selbst glaubte mit voller Überzeugung an die Richtigkeit dessen was er tat und versprach. Segen des Nationalsozialismus. Er glaubte, im besten Sinne.

In dieser Zeit kam sein grösstes Talent zum Tragen: Menschen für sich zu gewinnen. Er gewann sie mit seiner Person, seiner Ausstrahlung und gewann sie damals für den Nationalsozialismus. Möglich, dass ihm dieses selbe Talent im Gefängnis das Leben gerettet hat. Dass er mindestens einen Menschen für sich zu gewinnen verstanden hat, denjenigen der seine Nachricht an Hans-Henning von Cossel aus dem Gefängnis herausgeschmuggelt hat.

Vorläufig hörte er die "Fahnen-Hymne" täglich — diese aber wenigstens nur einmal. Hingegen den Ringelreihen, "Escravos de Jó" unzählige Male stündlich. Er hat beides niemals wieder hören können, ohne körperlich zu leiden, bekam Schweißausbrüche und sein Magen revoltierte. Irgendeines Tages holte man ihn aus der Mehrfachzelle und stiess ihn vor einen Schreibtisch mit einem Beamten. Dem durfte er keine Fragen stellen, aber man zeigte ihm die meistgelesenen Tageszeitungen des brasilianischen Südens. Darin stand seine eigene Todes-Anzeige mit falsch klingenden Trauerbekundungen. Er sei bei einem bedauerlichen Verkehrsunfall ums Leben gekommen. Sentimentale Floskeln des Bedauerns überall in den übergrossen schwarzgebändelten Anzeigen sogar ausnahmsweise in deutscher Sprache, die zu diesem Zeitpunkt schon verboten war. Angewidert und entsetzt stellte er darin einige kleine Grammatik- und Formulierungsfehler fest. Offensichtlich hatte jemand die Texte "zusammengestoppelt", der nicht sicher in deutscher Sprache war.

"Guck mal", sagte der Beamte, "Du bist ein Toter!"

"Du existierst eigentlich garnicht mehr. Dich wird keiner vermissen, weil alle Deine Verwandten und Freunde wissen, dass Du tot bist. Keiner wird nach Dir suchen, nach Dir fragen. Die halten schöne Trauerfeiern für Dich ab.

"Nur wir brauchen Dich noch. Uns musst Du alles erzählen was wir wissen wollen, und dann wirst Du uns anbetteln, dass Du sterben darfst, Du Landesverräter."

Dann wurde er von den "Kriminellen" zu den "Politischen" verlegt in eine winzige Einzelzelle. Dort hörte er dieselben Schulkinder mit denselben Liedern jeden Vormittag. Wenigstens wusste er nun, dass man ihm Landesverrat vorwarf. Sein Zellen-Nachbar zur Rechten wurde gefoltert. Sie stellten ihn aufrecht, nackt in einen winzigen Metall-Käfig, dessen Stäbe elektrisch geladen waren. Auf seinen Kopf fielen von oben Wassertropfen. Wenn er versuchte denen auszuweichen oder aus Erschöpfung zusammensackte, geriet er an das Metall der Stäbe und damit an den elektrischen Schock. Seine Schreie waren für Otto die Schlimmste - und, soweit er erzählte - die einzige Tortur. Sein Zellen-Nachbar zur Linken erhängte sich an einem aus dem Bettuch zusammengedrehten Strick. Otto musste ihn abnehmen und wurde tüchtig von den Gefängniswärtern ausgelacht, als er sich dabei übergab.

Auf welche Weise und wann es ihm gelang, die Nachricht an Cossel zu geben, wird nicht mehr zu ermitteln sein. Auch Cossel konnte es nicht mehr beantworten. Jedenfalls richtete die Deutsche Regierung eine "Offizielle Anfrage" an die Brasilianische und da man nicht "locker liess", hatte man Otto nach genau acht Wochen frei. Für ihn selbst war es die grösste Überraschung.

In einem geschlossenen Polizei-Auto, in Begleitung von zwei Beamten wurde er aus dem Gefängnis gefahren, und noch stundenlang weiter, wobei er schliesslich einschlief. Irgendwann hielt der Kastenwagen, man gab ihm einen eleganten Koffer, der alles enthielt, was ein Mensch brauchte, obenauf lagen seine Ausweise, Pass mit Ausreise-Stempel, seinen persönlichen Besitz hatte man offenbar aus seinem Haus geholt und mit Umsicht verpackt. Eine Reisetasche enthielt Kleidung und Kosmetika - Handtuch und Schlafanzug. In dem Auto musste er sich umziehen, "sich wieder in einen normalen Zivilisten verwandeln" pflegte er zu sagen, wenn er diese Geschichte erzählte, dann ging einer der Beamten mit ihm in ein öffentliches Bade-Haus, dann zum Barbier und stand daneben, während er duschte, ihm Haar und Bart, Finger- und Fussnägel geschnitten wurden - am Ende "sah ich wieder aus wie ein Mensch...". Dann durfte er einsteigen und diesmal vorne beim Fahrer sitzen, der ihm sogar eine Zigarrette anbot, als wäre er einer seiner Freunde. Zu Ottos Überraschung befand er sich in Rio, nicht mehr in Florianópolis. Der Wagen hielt am Hintereingang der deutschen Botschaft, Cossel kam in den Hof, Otto durfte kurz aussteigen, die beiden Männer sollen sich angeschaut und umarmt haben .. ..". da kamen mir die Tränen", erzählte er später. Cossel habe noch gesagt "... wir sprechen uns erst in Deutschland wieder." -

Dann brachte das Auto Otto zum Hafen und er bestieg den edelsten deutschen Luxus-Dampfer, die "Cap-Arcona", die am selben Abend noch auslief und ihn auf Kosten der Brasilianischen Regierung nach Deutschland brachte.

Die Dammpferfahrt erster Klasse auf dem luxuriös ausgestatteten Schiff stellte ein wundersames, balsamisches Kontrastprogramm für Otto Ernst Schinke dar. Er hat später beim Erzählen immer

327

gesagt, das Schaukeln habe ihn auf dem Schiff nicht nur garnicht gestört, es habe ihn immer "beglückt". Damit habe er das "Schlafen wieder gelernt". Das konnte er zeitlebens prächtig. Ich habe wenig Menschen gekannt, die so tief und fest schlafen konnten und derart rasch einschliefen wie er. Was er auch zwanzig und dreissig Jahre später nicht aushielt, war die Hymne an die Fahne und das Ringelspiel-Liedchen "Escravos de Jó", das manchmal in der Nähe von Schulhöfen erklang und das auch ich später von meinen wenigen Schulbesuchen in Brasilien arglos mit nach Hause brachte.

Den Hintergrund zu dieser Verhaftung hat mir mein Patenonkel Hans-Henning von Cossel erst vierzig Jahre später erzählt, als mein Vater gestorben und ich interessiert genug war, nach dergleichen zu fragen. Die Deutschen hatten versehentlich eines der beiden einzigen brasilianischen U-Boote versenkt - in dem Glauben es sei ein englisches (die Brasilianer hatten das abgetakelte Boot gerade von England gekauft). Wieso die Deutschen 1938 - als noch gar kein Krieg war - ein vermeintlich englisches U-Boot vor der brasilianischen Küste versenkten, hat folgende Vorgeschichte: Schon ab 1933, als die Beziehungen zwischen beiden Ländern noch optimal waren, kauften die Deutschen von den Brasilianern Schiffsladungen mit riesigen Mengen Kautschuk für die Herstellung von Gummi-Reifen. Man benötigte dieses unersetzliche Rohmaterial für die damals aufblühende Automobil- und sicherlich auch für die kriegsvorbereitende Rüstungsindustrie (Lastwagen und Militärfahrzeuge). Da England aufmerksam wurde, den Kautschuk selbst haben wollte, jedoch nicht kapitalkräftig genug war, ihn so pünktlich, so hoch und getreulich wie die Deutschen zu bezahlen, begannen die Engländer mit einer ebenso heimlichen wie wirksamen Piraterie, indem sie die Frachtschiffe inoffiziell beschädigten bis versenkten, die Frachten häufig schon kaperten bevor sie auf die Schiffe verladen waren, oder aus den sinkenden Schiffen holten.

Politisch setzten die Engländer Brasilien mit allerlei Embargos unter Druck und versuchten, die USA auf die von Deutschland drohenden Gefahren aufmerksam zu machen. Auch die Amerikaner wollten und brauchten Kautschuk. Schliesslich bewirkten England und USA gemeinsam, dass die Brasilianer keinen Kautschuk mehr an die Deutschen verkaufen oder an ihren Küsten verladen durften. Das Resultat war ein blühender Schwarzhandel und der Ausweich-Weg über den

Paraná-Fluss in die La-Plata-Häfen.

Als die nicht nachzuweisende Schiffspiraterie vor den brasilianischen Küsten immer mehr zunahm, liessen die Deutschen ihre Fachtschiffe zunächst von Marine-Schutzschiffen, später von U-Booten begleiten, die Piraten und englische U-Boote aufspüren und abschiessen sollten, worin sie auch sehr erfolgreich waren. So spielten sich vor den Küsten Südbrasiliens (im Norden, vor Recife hatte das einstmals begonnen) geheime Unter-Wasser-Jagden ab, wovon offiziell niemand etwas wusste. Und genau in der Nähe der Insel Florianópolis wurde versehentlich das brasilianische U-Boot versenkt, das nichts mit jenem Kautschuk-Krieg zu tun gehabt hatte, sondern nur überführt werden sollte.

Otto Ernst Schinke, der als gebürtiger Brasilianer im Dienst des deutschen Nationalsozialismus in Brasilien für die Nazis warb, von dem man wusste, dass er während des ersten Weltkrieges zur See gefahren, dass er Anfang 1938 - also desselben Jahres seiner späteren Verhaftung - an der brasilianischen Küste entlang gesegelt war (um die Küste auszuspionieren???) und dass er beide Sprachen gleichermassen fliessend beherrschte, war als Spion verhaftet worden.

Es habe viel "gezielte Intervention gekostet" ihn frei zu kriegen, hörte ich später von Onkel H.H.von Cossel.

Otto Schinke war volle sechs Wochen auf dem Dampfer unterwegs. In dieser Zeit schwur er sich, niemals mehr in irgendeiner Form in Politik oder Diplomatie aktiv zu werden. Als das Schiff in Hamburg anlegte, stand ein Empfangskomitee der NSDAP am Kai, die ihn erwarteten, als Helden zu feiern gedachten und mit dem "deutschen Gruss" begrüssten. Das sei ihm "unendlich peinlich" gewesen, erzählte er. Die Herren bestanden darauf, ihn zur Mitarbeit in der Partei nötigen zu wollen, wobei er in "Panik" geriet und ablehnte. Zu der Zeit wurde festgestellt, dass er niemals ordnungsgemäss "in die NSDAP eingetreten" sondern nur so "reingerutscht" war. Man hielt das für einen sehr guten Witz, da er doch im Dienste derselben viel bewirkt und ein hohes Amt bekleidet hatte. Dieses Mal blieb Otto unerbittlich. "Die acht Wochen Kittchen in Brasilien haben gereicht", pflegte er zu sagen, Ihr müsst doch einsehen, "....dass ich die Nase gestrichen voll habe!", waren seine Worte.

Die Partei wünschte sich erkenntlich zu zeigen, man bot ihm eine Auszeichnung an, die lehnte er ab. Dann schenkten sie ihm eine golddurchwirkte Dammast-Tischdecke mit zwölf passenden Servietten (die besitze ich heute noch) und dazu eine grosszügige "Entschädigungszahlung für den in Blumenau zurückgelassenen Besitz". Das nahm er an.

Den vielen Bemühungen der Partei, ihn für die Mitarbeit zu gewinnen, wenigstens seine Sprachkenntnisse zu nutzen, ist es zu verdanken, dass ihm das Propaganda-Ministerium in Berlin und der neu eingerichtete "Reichs-Rundfunk, Richtstrahler Südamerika" auf die Spur kam. Die suchten einen Rundfunksprecher, der brasilianischsprachig Nachrichten nach Südamerika sprechen sollte. Es war genau das, was Otto Schinke suchte, was ihm entgegenkam, was ihm unpolitisch genug erschien und ihn mit dem Völkchen zusammenbrachte, das er am meisten verehrte. Die Gesellschaft von Künstlern und solchen, die es sein wollten. Natürlich bekam er den Job und traf dort alte Bekannte genug, um sich sofort wohlzufühlen. Immer wieder sagte man ihm - wie vorher schon in Sao Paulo und Blumenau - was für eine schöne "Mikrophon-Stimme" er habe. Seine Arbeitszeit war so eingeteilt, dass er jeweils fünf Tage Dienst und fünf Tage Frei hatte - währenddessen sein Kollege,

Hans Dohms, die Sendungen übernahm. Die Dienstzeit betrug nur sechs Stunden, nämlich von 23:00h abends bis 05:00h morgens.

Gleich in der allerersten Berliner Zeit muss er sich sein heissgeliebtes Ruderboot gekauft haben. Vermutlich von dem Geld aus der Entschädigungszahlung der NSDAP. Das Boot bekam einen Liegeplatz am Wannsee und er konnte ein Zelt darüber aufspannen, das eine Art Kajüte ergab, in der man übernachten konnte. Das ging sogar zu zweit.

Gleichzeitig arrangierte er eine Wieder-Begegnung mit Lotte Lucht, die diese für eine Fügung des Schicksals, eine rein zufällige Begegnung halten sollte.

Zuvor hatte er über Beatrice von Cossel, die mit Lotte Lucht in Verbindung stand erfahren, dass letztere mit Tochter Karin schon 1934 wieder nach Deutschland - und zwar nach Königsberg, ihrer Geburtstadt, zurückgekehrt war. Dort arbeitete sie sehr angestrengt als Ortsgruppenleiterin der NSV (=Nationalsozialistische Volks-Wohlfahrt, "Hilfswerk Mutter und Kind"). Aber, sie hatte häufig in Berlin zu tun, heilt Vorträge und bildete Nachwuchskräfte aus. In solchen Fallen wohnte sie bei einem entfernten Cousin, in

Köpenick/Spindlersfelde, bei Jochen und Hanna Brämer. Mit denen muss Otto Schinke sich in Verbindung gesetzt, und allen seinen Informanten Stilschweigen auferlegt haben.

Jedenfalls begegneten sich Otto Schinke und Lotte Lucht in der endlos-langen Köpenicker Allee, wobei Otto einen grossen Rosenstrauss vor sein Gesicht hielt während er auf sie zu ging. Es war eines Sonntags, sehr früh am Morgen. Sie war unterwegs zum vereinbarten Sonntagsfrühstück bei Brämers.

Mir erschien immer erstaunlich, dass er es geschafft hatte, so pünktlich zu sein, denn das fiel ihm doch zeitlebens schwer...., dass es ihm gelang, Lotte genau auf dem Fussweg in der langen Allee abzupassen .

Sie erinnerte sich, dass sie bei herrlich-leuchtendem Frühsommerwetter unter den Alleebäumen entlang ging und ihr die Gestalt und der Gang des entgegenkommenden Herrn bekannt vorkam, sie sogar momentweise an Otto Schinke dachte, von dem sie seit Jahren nichts gehört hatte und den sie in Brasilien wähnte.

Otto muss ihr ungläubiges Staunen genossen haben. Auch das schon bereitstehende Frühstück im Hause Brämer, wo man beide erwartete und man Otto aufnahm, als wäre er ein langjähriger Freund der Familie, wurde von Lotte richtigerweise als " schlau eingefädeltes Komplott" gedeutet.

Karin, Lottes elfjährige Tochter, war in Königsberg bei der Grossmutter, Lene Bauer, geblieben, denn Lotte hatte ja schon vorher gewusst, dass sie in der ganzen folgenden Woche noch in Berlin zu tun haben würde.

So verbrachten die beiden nicht nur den ganzen Sonntag miteinander. Ob Lotte ihn schon an diesem ersten Wiedersehen bis in sein Zimmer begleitete, weiss ich nicht, jedenfalls geschah das bald.

Schaudernd erzählte sie später von dem Raum, den er damals zusammen mit einem Freund bewohnte. Die Fensterscheiben hatten sie mit Packpapier zugeklebt, erstens sollte niemand hineinsehen können, zweitens brauchte man die Scheiben nicht zu putzen. Es gab zu diesem Zeitpunkt noch keinen Verdunklungs-Zwang - der Krieg begann erst einige Monate später. Unter der Zimmerdecke war eine Wäscheleine gespannt, über welche die Männer ihre Kleidung warfen. An Möbeln habe es nur ein niemals gemachtes Bett, als Lampe die Glühbirne am Kabel gegeben, die

Tag und Nacht brannte, weil ja kein Tageslicht zu den Fenstern herein konnte und Otto Dunkelheit nicht gut aushielt. Mit seinem Mitbewohner hatte Otto ein Abkommen geschlossen, das besagte, falls einer von ihnen weiblichen Besuch mitbrachte, wurde ein U-Bahn-Fahrkärtchen von aussen sichtbar unter der Türritze durchgeschoben, das diente dem Anderen als Zeichen, dass er nicht zu stören habe.

Otto war im Januar desselben Jahres 39 Jahre alt geworden. Nach allem, was er bisher erlebt hatte, war ihm klar, dass er nie wieder allein leben mochte. Die Tatsache, dass Lotte zur Zeit unverheiratet und frei war, erschien ihm wie eine glückliche Fügung des Schicksals und in seinem Bewustsein gab es noch die Erinnerung an die Empfehlung der Schinketante.....“Junge, wenn Du jemals heiraten solltest, die Lotte Lucht, das wäre die richtige Frau für Dich...“ Lotte Emma Nancy Bauer, geschiedene Gottwaldt, verwitwete Lucht – das war damals der vollständige Name dieser Frau von der Otto Ernst Schinke so fasziniert war, - meiner späteren Mutter. Zunächst wurde ihm klar, dass er so gut wie gar nichts von ihrem bisherigen Leben wusste, - sie tatsächlich nur sehr wenig kannte...

Lotte

Lotte Lucht war mit ihrem Töchterchen aus erster Ehe, Karin Gottwaldt, schon im Jahr 1934 aus Sao Paulo/Brasilien wieder zurückgegangen nach Deutschland in ihre geliebte Heimatstadt Königsberg/Preussen. Den Entschluss hatte sie gefasst angesichts der Tatsache, dass ihre Ehe mit Fritz Lucht nicht mehr zu retten war. In einer für sie schauderhaften nächtlichen Szene hatte dieser hochgewachsene, gut aussehende Mann ihr verzweifelt weinend seine homosexuelle Neigung gebeichtet und ihr gestanden, dass er sich vor ihr und ihrer körperlichen Gegenwart ekelte. Sie hatte ihn von seiner Selbstmordabsicht zunächst abbringen können, indem sie - auch um für sich Zeit zu gewinnen - ihm eine einvernehmliche Scheidung vorschlug, die sie tatsächlich beide noch in Sao Paulo auf dem deutschen Konsulat beantragten. Im Anschluss daran war Lotte mit Karin und einigen geringen Habseligkeiten nach Europa zurückgekehrt.

Lottes Elternhaus in Königsberg, die große Villa „Am Oberteichufer Nr 14", war 1927/28 nach dem Schlaganfall des Vaters, Wilhelm John Bauer, verkauft worden; seine Studentenverbindung hatte das Haus erworben, Lotte selbst – damals

noch verheiratete Gottwald, schwanger mit Karin –
hatte in Vertretung des gelähmten Vaters die
Verhandlungen geführt und den Vertrag
unterschrieben; ihr gegenüber, als
Rechtsbevollmächtigter der Studentenverbindung
hatte ihre erste große Jugendliebe gesessen, jetzt
Herr Dr.Jur. Werner Perrey. Das Haus hatte
verkauft werden müssen, weil das
Handelsimperium des vom Schlaganfall halbseitig
gelähmten Vaters, eine Großhandelskette mit
zeitweise zwölf, damals neun eigenen Fabriken
1926 nach der „galoppierenden Inflation" in
Konkurs gegangen war.

Nach dem Verkauf der Bauerschen Villa waren
Lottes Eltern in eins der beiden etwas kleineren
Häuser gezogen, die Wilhelm John schon vor zehn
Jahren, nach dem „Ersten Weltkrieg" hatte bauen
und vermieten lassen, immer im Gedanken, seine
total geschäftsunkundige und –unwillige Frau
ausreichend abzusichern, falls eine
Wirtschaftsflaute kommen sollte, was dann auch
prompt geschehen war.

Den Konkurs seiner Großhandelskette hatte
Wilhelm John Bauer noch selbst - nicht nur erlebt
- - sondern nach überstandenem Schlaganfall
sogar selbst geleitet. Seine Lieblingstochter, Lotte,

Gottwaldt, hatte ihn dabei gestützt, unterstützt und seine unermüdliche Disziplin restlos bewundert; der Schlaganfall hatte ihn rechtsseitig gelähmt und überraschend schnell hatte er gelernt, mit Links zu hantieren, sogar leserlich und notariell anerkannt links zu unterschreiben. Da er sich per Rollstuhl bewegen musste war es nötig geworden, ihn sogar auf die Toilette zu begleiten, was für Lotte ebenso quälend war, wie für ihn selbst entwürdigend, zumal er ständig versuchte, mit kleinen Witzeleien solchen Peinlichkeiten die Spitze zu nehmen, wobei ihm die Tränen übers Gesicht liefen.

1928 war Lottes und Alfred Gottwaldts Töchterchen, Karin, geboren, eine der ganz großen Freuden für den Großvater Wilhelm John. Er starb am 2.Juli 1931; die kleine zweieinhalbjährige Enkelin stand danach auf dem Balkon, winkte zum Himmel hinauf mit ihrem Taschentüchlein und warf ihm Kusshändchen nach, wobei sie ernsthaft die Englein bat, lieb zu ihm zu sein.

Nach seinem Tod hatte sich Lotte „im Blitzverfahren" von Alfred Gottwaldt scheiden lassen, der von nun an ihr und Karin eine äußerst großzügige „Pension" zahlte. Die Ehe war schon lange Zeit zuvor schlecht gewesen, Lotte hatte es den Eltern verschwiegen um den Vater zu schonen, zumal Wilhelm John sich häufig sehr zufrieden geäußert hatte, dass wenigstens seine Tochter Lotte in dieser Ehe mit dem Inhaber des größten „Ost-Asien-Importgeschäfts für Drogeriewesen" auf Lebenszeit, wie er meinte, bestens abgesichert war. Lottes 6 Jahre ältere Halbschwester, Gerda, verheiratete Finsterer, war schon im Jahr zuvor im Kindbett gestorben, ähnlich wie deren Mutter, Wilhelm Johns erste Ehefrau.

Lotte selbst, nach der Aufsehen erregenden Scheidung von einem der reichsten und angesehendsten Männer Königsbergs beschloss, mit Alfred Gottwaldts Tante zusammen, nach Buenos Aires zu reisen, einerseits um dem Skandal in Königsberg den Rücken zu kehren, andererseits um selbst „ein neues Leben anzufangen", wie sie meinte.

Alfred Gottwaldts Tante, Bertha Sperling, lebte schon seit Jahrzehnten in Argentinien/Buenos Aires, wohin sie ehemals geheiratet hatte. Ihr verstorbener Ehemann hatte ihr eine florierende „Hotel-Pension" im damals hochgeschätzten Vorort „Villa Ballester" hinterlassen, die Bertha genug

Geld einbrachte, um ihr ein angenehmes Leben und von Zeit zu Zeit eine Deutschlandreise mit mehrmonatigem Aufenthalt zu ermöglichen. Bertha, mit der sich Lotte ganz besonders gut verstand, trat nun ihre Rückreise nach Argentinien an, hatte Lotte schon seit Jahren immer wieder nach dort eingeladen – nun war es dieser höchstwillkommen, dem Scheidungs-Skandal auszuweichen, die Umgebung zu wechseln und auf diese Weise einer eventuellen Depression nach missglückter Ehe entgehen zu können. So nutzte sie die Gelegenheit und stieg mit ihrem Töchterchen Karin und Tante Bertha zusammen in Hamburg auf's Schiff . Die Depressionen, denen Lotte hatte ausweichen wollen, suchten sie dennoch zuweilen heim. Häufig musste „Tante Bertha Taschentücher reichen, wobei sie Lotte immer wieder mit einem Gläschen Vermouth zu trösten suchte und den Spruch prägte: „Trink man Kindchen, Vermouth macht mehr Mut!"

Auf der 6 Wochen dauernden Überfahrt war Lotte der unwahrscheinlich gut aussehende Fritz Lucht begegnet, der ihr stürmisch den Hof machte, sogar ihretwegen nicht – wie geplant – schon in Brasilien an Land ging, sondern bis Buenos Aires mit ihnen fuhr. So sterblich-verliebt waren die beiden Menschen in einander, dass sie sich in

341

Buenos Aires auf dem Deutschen Konsulat eiligst trauen ließen, um sich schon wenige Wochen später in Brasilien, Sao Paulo, als junges Ehepaar nieder zu lassen, wohin Fritz Lucht von seiner deutschen Handelsfirma vertraglich verpflichtet war..

In Sao Paulo lernte Lotte Lucht Beatrice von Cossel kennen und in deren Haus begegnete ihr Otto Ernst Schinke zum ersten Mal. Außerdem trat Lotte in Sao Paulo der dortigen NSDAP bei. Dies hatte weit weniger mit ihrer politischen Überzeugung zu tun, als mit der Tatsache, dass es dadurch viel häufiger zu Begegnungen mit Herrn Schinke kam. Leider war die Ehe zwischen Fritz Lucht und Lotte keineswegs der erhoffte „himmlische Zustand", sondern eher langweilig bis bedrückend, da Herr Lucht von seiner Firma ständig auf weite Reisen ins Landesinnere geschickt wurde und zudem von der Leitung der NSDAP mit „Jugendarbeit" beauftragt wurde, was bedeutete, dass er an den seltenen freien Wochenenden, die er hätte zu Hause verbringen können, mit halbwüchsigen Buben per Zeltlager auf Ausflüge ging, Frau und Kind-Karin sich selbst überlassend.

Nach drei Jahren sogenannter Ehe, war das

Zusammenleben zwischen Lotte und Fritz Lucht derart zerrüttet, dass der endgültige Bruch anstand und die Scheidung eingereicht wurde.

Lotte und Karin kehrten nach Deutschland, Königsberg zurück, wo sie in Oma-Bauers geräumigem Haus gut aufgenommen wurden. Kaum in Deutschland richtig angekommen, erreichte Lotte die Nachricht, dass Fritz Lucht, der schon jahrelang nierenleidend gewesen war, in Sao Paulo einem Herzinfarkt erlegen und gestorben war. Daraufhin zog Lotte die Scheidungsklage zurück und galt fortan als „verwitwete Frau Lucht".

Lotte Lucht, geborene Bauer, geschiedene Gottwaldt, verwitwete Lucht besann sich auf ihre lange zurückliegenden „Stenotypistinnen-Kenntnisse", frischte diese auf und fand sehr schnell eine gute Anstellung bei einem Firmen-Chef mit dem schönen Namen „Eitel-Fritz Lange von Stockmeyer". Leider war dieser Herr genau so wie man sich jemand dieses Namens vorstellen würde, nämlich unmäßig eitel, anmaßend und diktatorisch.

Lotte, die eine auffallend schöne, vitale und tüchtige Frau war, wurde ständig von ihrem Chef schikaniert und beschimpft. Als sie eines Tages

343

sehr unausgeschlafen und schlecht frisiert im Büro erschien, warf er ihr ausschweifenden Lebenswandel vor, mangelnde Moralbegriffe, usw..., was man – wie er sich ausdrückte - ..."von Leuten ihres Schlages wohl kaum anders erwarten könne..."

Lotte hatte in der vorangegangenen Nacht kaum geschlafen, da ihre Tochter Karin schwer an Bronchitis erkrankt mit hohem Fieber fantasierend im Bett lag und arg pflegebedürftig war. Über die Beschimpfungen ihres Chefs war sie derart entrüstet, dass sie ihn wegen Beleidigung bei der „Nationalsozialistischen Deutschen Arbeitsfront" „DAF" telefonisch anzeigte. Schon wenige Minuten später erschien ein „Syndikus für Arbeitsrechts-Anwaltswesen" bei Herrn Lange von Stockmeyer und verließ dessen Büro nicht eher, als bis der Herr sich bei seiner Angestellten in aller Form wegen „Ehrenkränkung" entschuldigt, ihr eine hohe Entschädigungssumme vertraglich zugesagt und ihre fristlose Kündigung angenommen hatte.

Dies war nicht die einzige Folge von Lottes hastiger Beschwerde. Die Leitung der NSDAP war aufmerksam geworden auf die junge Frau und bot ihr eine bessere Position in der Gau-Amts-Leitung

der NSV, "Nationalsozialistische Volksfürsorge"
an, die sie sofort annahm und alsbald antrat.
Aufgrund ihrer schnellen Auffassungsgabe und
Tüchtigkeit wurde sie von der Berliner Gau-Amts-
Leitung sehr bald in einem 3-monatigen Kurs als
„Volkspflegerin" ausgebildet. Da ihre Karin unter
chronischer Bronchitis zu leiden schien, hatte die
Partei das Kind für die gesamte Zeit von Lottes
Ausbildung in eine Klinik in den Bergen verschickt,
wo es kostenlos behandelt wurde.

Die drei Monate von Lottes Ausbildung in einem
Internat-ähnlichen Schulungszentrum der NSDAP
gehörten zeitlebens zu Lottes schönsten und
liebsten Erinnerungen. Sie war in einem
Doppelzimmer mit einer anderen jungen Frau
zusammen, die zu einer ihrer liebsten Freundinnen
werden sollte: Gretel Becker, von Lotte gemäß der
damaligen Mode „Gretsch" genannt, die ebenfalls
dort als NSV-Pflegerin ausgebildet wurde. Die
beiden Frauen teilten das Zimmer und heckten
gemeinsam Streiche aus, die sie sowohl ihren
Ausbildern als auch anderen Teilnehmerinnen
spielten. Gretel Becker lernte längst nicht so
mühelos und leicht wie Lotte, die einen Text oder
Vortrag einmal hörte und schnell wörtlich
widergeben konnte. Ihr rasches Auswendig-Lernen
erleichterte ihr das Leben seit der Kindheit ebenso

wie ihr gutes Gedächtnis. So versuchte sie, auch ihrer Freundin Gretel die zu lernenden Fakten dauerhaft beizubringen, was dieser ungleich viel schwerer fiel. Eines Tages, als beide Frauen im Badezimmer ein Vollbad nehmen wollten und Gretel in der Badewanne lag, hielt Lotte ihr in unbekleidetem Zustand einen Vortrag, da sie am nächsten Morgen im Unterricht „die nationale Erhebung" auswendig sollten hersagen können. Um die stufenweise „Erhebung" recht deutlich zu machen, war Lotte zunächst auf einen Stuhl gestiegen, anschließend auf den höheren Tisch, den sie nahe an den Badeofen schob, stellte schließlich den Stuh auf den Tisch um von dort aus auf den Ofen zu klettern, von wo aus sie in Hockstellung unter der Zimmerdecke die Herrlichkeit der völlig erhobenen, erhabenen Nationalsozialistischen Partei preisen konnte. Völlig unerwartet und behände stieg Gretel aus der Wanne, zog Tisch und Stuhl unter dem Badeofen wieder weg, wickelte sich selbst in ihr großes Badehandtuch, schloss die Tür auf und verließ das Badezimmer, indem sie schadenfroh murmelte ... „denn sieh man zu, wie die Partei da wieder runter kommt..."

Lotte saß ziemlich verzweifelt in luftiger Höhe splitternackt auf dem Badeofen und es blieb ihr nichts anderes übrig, als so lange zu rufen, bis eine andere Schülerin, die zufällig im Korridor vorbei kam, sie aus dieser Situation befreite. Als sie ins Zimmer kam, schlief Gretel bereits tief – oder heuchelte solches – und ließ sich ungerührt von Lotte beschimpfen, die allerdings inzwischen schon wieder über die Situationskomik lachen musste.

Lotte arbeitete fortan fast vier volle Jahre für die NSV und die Begeisterung für die „gemeinsame Sache" wurde nicht geringer, ihr Einsatz auch nicht.

Als sie Otto Ernst Schinke Anfang des Jahres 1939 „…so ganz zufällig…" in Berlin wiederbegegnete hatte sie dreieinhalb Jahre NSV-Arbeit hinter sich; sie war häufig in anderen Städten oder Gebieten außerhalb Königsbergs eingesetzt worden, ihre Tochter Karin, die mittlerweile als „BDM-Mädel" von der chronischen Bronchitits genesen, aber nach einer sehr schmerzhaften Mandel-Operation schon zwei mal an Lungenentzündung erkrankt war, wurde fast gänzlich von der geliebten Omi-Bauer versorgt. Karin war ihrer Mutter ein wenig „entwachsen" und entfremdet, die „Rund-um-die-Uhr-Tätigkeit" für die NSV strengte Lotte viel mehr an als sie sich eingestehen mochte und es rumorte in ihr eine Art von „schlechtem Gewissen", weil sie sich mehr um die Misere fremder Menschen kümmerte, als um die ihres eigenen Kindes.

Mitten in die anstrengenden Turbulenzen und Anforderungen die ihre „NSV-Arbeit" in dieser Zeit des Empfangs, der Verteilung und Unterbringung von Flüchtlingen aus den Ostgebieten, mit sich brachte, fiel die Wiederbegegnung und anschließende Werbung des Otto Ernst Schinke – und es war immerhin „der Mann mit dem Rubinring", der sich um sie bemühte.

In ihrer Königsberger Kindheit. Als sie einmal von ihrer gestrengen „Mutti" die Erlaubnis erhalten hatte, war sie mit den Dienstmädchen zum „Altstädtschen Fischmarkt" gegangen, dort hatten sich die Mädchen von einer Zigeunerin wahrsagen lassen. Die romantisch bunt gekleidete Frau hatte am Ende die Hand des zwölfjährigen Kindes genommen, hinein geschaut und den niemals vergessenen Satz gesagt: „Ach, du armes Kind, kein Glück in der Liebe, drei mal wirst du heiraten und erst der Mann mit dem Rubinring ist der Richtige....". In Klein-Lottes Tagebuch war diese Weissagung eingetragen, tausende mal schwärmerisch gelesen und wieder gelesen worden, bis sie im Alter von 18 Jahren dergleichen „entwachsen" war, Weissagungen für „altmodischen Unsinn" und Zigeuner für „Volksschädlinge" hielt. Erst zwanzig Jahre später als ihr bei einem festlichen Abendessen im Hause Cossel in Brasilien ein fremder Herr gegenüber saß und ihr Blick auf den Rubinring an dessen Hand fiel traf sie blitzartig die Erinnerung an die Worte jener Zigeunerin. Zu jenem Zeitpunkt war sie grade als „Frau Lotte Lucht" sehr unglücklich verheiratet und nach einer heftigen aber kurzen „Affaire" mit jenem „Rubinring" geriet ihr dessen Besitzer wieder aus den Augen - aus dem Sinn - bis zur von ihm arrangierten Wiederbegegnung vier Jahre später in Berlin-Köpenik.

Im Juli 1939 hatten Hitlers Truppen Militärmanöver an der polnischen Grenze veranstaltet. Es kam zu allerlei „Drohgebärden" bezüglich des sogenannten „Polnischen Korridor" und der bis dahin „Freie Stadtstaat Danzig" wurde als deutsches Eigentum deklariert und annektiert. Karins Vater, Alfred Gottwaldt, Lottes erster Ehemann, erhielt seine „Einberufung für den Ernstfall" am 25. August 39. Nur zwei Tage zuvor hatten Hitler und Stalin ihren berühmten „Nicht-Angriffs-Pakt" geschlossen.

Für die deutsche und deutschstämmige Bevölkerung in den Grenzgebieten der östlichen Nachbarländer hatten Zeiten schwerer Feindseligkeiten und Bedrohungen begonnen. Seit Juli-39 kamen Flüchtlinge aus den Ostgebieten auf den Bahnhöfen in Ostpreussen an, besonders in Königsberg waren die NSV-Frauen Tag und Nacht auf den Beinen, die Familien unterzubringen, die erschöpft und verängstigt aus den von Osten einlaufenden Zügen quollen. Lotte und ihre Helferinnen hatten sich Feldbetten auf dem Bahnhof bereitgestellt, wo sie sich abwechselnd ein wenig ausruhen konnten, ansonsten war dieser 24-Stunden-Dienst nicht zu schaffen. Als Karins Sommer-Schulferien begannen, nahm sich die völlig erschöpfte Lotte drei Wochen frei und man fuhr mit ihrer „Mutti" in das Bauersche Familien-Strandhaus nach Neukuhren. Dorthin wurde auch Herr Otto Ernst Schinke eingeladen, er kamm für 4 Tage, dann musste er seinen Dienst in Berlin wieder aufnehmen.

Lotte wurde zu ihrem großen Bedauern vorzeitig zu der anstrengenden NSV-Tätigkeit zurückgerufen. Nur Oma-Bauer und Karin genossen die Schulferien bis zu deren Ende. In jenem Sommer 1940 machte sich noch niemand ernsthafte Gedanken über einen drohenden Krieg, die Bevölkerung war allgemein berauscht von Hitlers fabelhaften Erfolgen beim Aufbau des „Deutschen Reichs", seinen Autobahnen, dem Arbeitsdienst, der Jugendarbeit, den sozialen Neuerungen und Verbesserungen, man bejubelte voreilig auch jede sonstige Entscheidung. Wer so viel richtig gemacht hatte „zum Wohl der Allgemeinheit" der konnte nicht mehr irren.

In Berlin las Otto Ernst Schinke im Reichsrundfunk täglich seinen Hörern in Südamerika vor, wie dringlich und intensiv Adolf Hitler Frieden anmahnte, wie eindringlich er die östlichen Nachbarländer aufforderte, Ruhe zu bewahren und wie innig er bedacht war, Krieg zu vermeiden, sich und „das Deutsche Volk" nicht provozieren zu lassen.
Indessen empörte sich die Bevölkerung in Deutschland ebenso wie die Rundfunkhörer in Sübrasilien darüber, welch „unangenhme Zwischenfälle" die Polen an den deutschen Grenzen vom Zaun brachen, welch entwürdigende Maßnahmen die deutsche Reichsbahn ergreifen musste, um zwischen Königsberg und Berlin durch das Gebiet des sogenannten „Polnischen Korridor" fahren zu dürfen. Die Züge wurden „versiegelt", durften in jenem Bereich nicht mehr

halten, die Fenster der Waggons wurden hermetisch verschlossen, man durfte nicht mehr heraus schauen, feindselig blickende polnische Bahnbeamte gingebn durch den Zug und kontrollierten die Fahrgäste....Dabei wusste jedes deutsche ‚Schulkind zu jener Zeit, dass das ganze Gebiet eigentlich „Westpreussen" und „Provinz Posen" hieß und jahrhundertelang rein deutsch – nein preussisch - gewesen war.

Am 31. August/1.September 1939 marschierten Hitlers Truppen – unter vielen Anderen Major Alfred Gottwaldt – in Polen ein. Der „Zweite Weltkrieg" hatte begonnen. Schon am 3.September 39 erfolgte die Kriegserklärung Englands und Frankreichs an Deutschland, jedoch war es zunächst mit dieser offiziellen Erklärung getan.

Für Lotte und ihre NSV-Helfer begannen noch schwerere Zeiten als zuvor, der Flüchtlings-Strom war kaum mehr zu bewältigen. Immer wieder musste Lotte, die das gut konnte, Ansprachen an die ansässigen Bürger halten, die Flüchtlingsfamilien freundlich, ja liebevoll aufzunehmen und so hilfreich wie möglich zu behandeln, da sie schwere, grausame Erlebnisse hinter sich hatten.

Am 27.September 1939 kapitulierte Warschau und in der Nacht zum 28.September, morgens um 04:30Uhr rief Otto Ernst Schinke vom Telefon des Funkhauses aus bei Lotte Lucht in Königsberg an, von der er genau wusste, dass sie ein Telefon direkt neben ihrem Feldbett auf dem Bahnhof hatte. Das Gespräch dauerte eine ganze Dreiviertelstunde, alle 10 Minuten unterbrochen von der Stimme des „Fräulein vom Amt", die sagte, „bitte machen Sie die Leitung frei", worauf Otto Schinke ebenso regelmäßig konterte: „…hier Propagandaministerium, Reichsrundfunk Berlin, dies ist ein kriegswichtiges Gespräch, bitte unterbrechen Sie nicht." Für Lotte war das Ganze höchst peinlich, sie wusste genau, worauf er hinaus wollte, mochte es ihm jedoch nicht leicht machen. Er schilderte wortreich wie unendlich mühsam das Überleben als lediger Mann geworden sei, der Umgang mit der „Rationierung", den „Lebensmittel-Marken" den „Bezugs-Scheinen" für jedweden Bedarf, sei es ein Kleidungsstück, Handwerkszeug oder ein Kochtopf für Alles müsse man Anträge stellen und schriftlich die Notwendigkeit nachweisen.… es sei für einen alleinstehenden, hilflosen Mann lebensgefährlich und da sie, Lotte, bei der Volksfürsorge arbeite sei sie dafür zuständig ihn zu retten, es sei geradezu ihre Pflicht, für ihn zu sorgen….usw. Bis er − auf ihre geheuchelte Verständnislosigkeit - sie schließlich konkret bat, ihn zu heiraten.

Lotte verlangte Bedenkzeit und fragte zu Hause ihre Karin, obwohl sie selbst längst entschlossen war, seiner Bitte nachzugeben. Karin war begeistert von der Idee und soll am näuchsten Morgen hüpfend und jubelnd ihrer Lehrerin in der Schule entgegen gelaufen sein mit dem Ruf…."Fräulein Sommer, Fräulein Sommer, wir heiraten wieder! „

Am 6.November 1939 wurden Otto Schinke und Frau Lotte auf dem Standesamt Berlin/Schöneberg getraut. Dank Lottes hervorragenden Beziehungen zu NSV und Wohnungsämtern − sie hatte ihre Tätigkeit beizeiten umgemeldet nach Berlin − bekamen sie vergleichsweise schnell eine 3-Zimmer-Wohnung in einem vor drei Jahren gebauten Mehrfamilienhaus in Steglitz, Birkbuschgarten 12, zugesprochen, die zwar noch nicht sofort beziehbar war, jedoch mit allergeringster Wartezeit. Lotte schenkte ihrem neuen Ehemann einen wunderschönen blauen Lapislazuli Siegelring, den er von diesem Hochzeitstag an dauernd getragen und vor seinem Tod dem Enkel Peterhans zugesprochen hat.

Ottos, für Lotes legendären Rubinring ließ sie für sich selbst umarbeiten und hat ihn bis zu ihrem eigenen Tod nicht mehr abgelegt.

Kurz bevor sie starb hat sie ihn schriftlich ihrer Enkelin Katrin Hafner vererbt.

In der wilden, gesetzlosen Nachkriegs-Schwarzmarkt-Zeit, als Lotte all ihren kostbarsten Schmuck im zerstörten Deutschland gegen Lebensmittel eintauschen musste, trug sie diesen Ring eingenäht im Büstenhalter um ihn keinesfalls hergeben zu müssen.

Bibliografische Information der Deutschen Nationalbibliothek:
Die Deutsche Nationalbibliothek verzeichnet diese Publikation in
der Deutschen Nationalbibliografie; detaillierte bibliografische
Daten sind im Internet über http://dnb.dnb.de abrufbar.

© 2017 Helga Hafner
Satz, Umschlaggestaltung, Herstellung und Verlag:
BoD - Books on Demand

ISBN: 978-3-7448-9209-4

FSC
www.fsc.org

MIX

Papier aus ver-
antwortungsvollen
Quellen
Paper from
responsible sources

FSC® C105338